LAURENTINO GOMES

ESCRAVIDÃO

Do primeiro leilão de africanos em Portugal até a Lei Áurea: versão da trilogia condensada e adaptada ao público jovem

Adaptação
Luiz Antonio Aguiar

GLOBOCLUBE

Copyright © 2023 by Editora Globo S.A. para a presente edição
Copyright © 2023 by Laurentino Gomes

Todos os direitos reservados. Nenhuma parte desta edição pode ser utilizada ou reproduzida — em qualquer meio ou forma, seja mecânico ou eletrônico, fotocópia, gravação etc. — nem apropriada ou estocada em sistema de banco de dados sem a expressa autorização da editora.

Texto fixado conforme as regras do Acordo Ortográfico da Língua Portuguesa (Decreto Legislativo nº 54, de 1995).

Editora responsável: Amanda Orlando
Assistente editorial: Isis Batista
Preparação: Mariana Donner
Revisão: Marcela Ramos, Laize Oliveira e Bruna Brezolini
Capa, diagramação e gráficos: Miriam Lerner | Equatorium Design
Imagem de capa: Geff Reis/AGB Photo Library

1ª edição: 2023

CIP-BRASIL. CATALOGAÇÃO NA PUBLICAÇÃO
SINDICATO NACIONAL DOS EDITORES DE LIVROS, RJ

A23e

Aguiar, Luiz Antonio
Escravidão : do primeiro leilão de africanos em Portugal até a Lei Áurea : versão da trilogia condensada e adaptada ao público jovem / Laurentino Gomes ; adaptação Luiz Antonio Aguiar. - 1. ed. - Rio de Janeiro : Globo Livros, 2023.
320 p. ; 23 cm.

ISBN 978-65-85208-12-3

1. Escravidão - Brasil - História. 2. Brasil - História - Abolição da escravidão, 1888. 3. Tráfico de escravos - Brasil. I. Gomes, Laurentino, 1956-. II. Título

23-84946
CDD: 326.80981
CDU: 326(091)(81)

Meri Gleice Rodrigues de Souza - Bibliotecária - CRB-7/6439

10/07/2023   13/07/2023

Direitos exclusivos de edição em língua portuguesa para o Brasil adquiridos por Editora Globo S.A.
Rua Marquês de Pombal, 25 — 20230-240 — Rio de Janeiro — RJ
www.globolivros.com.br

Para todos aqueles que morreram,
os que sobreviveram
e os que ainda hoje resistem.

"O Brasil tem seu corpo na América e sua alma na África."

PADRE ANTÔNIO VIEIRA,
missionário jesuíta na Bahia, 1691

Sumário

Linha do tempo 11
Aos leitores.. 17

PARTE I: DO PRIMEIRO LEILÃO DE CATIVOS À MORTE DE ZUMBI DOS PALMARES 25
   1. A Porta do Não Retorno 27
   2. Ferida aberta.. 35
   3. Especiarias 39
   4. O massacre 45
   5. África 51
   6. Ruínas de um sonho..59
   7. O negócio 67
   8. Visão do inferno... 75
   9. A guerra pelas pessoas escravizadas.............................. 89
   10. Histórias africanas...93
   11. Palmares 99

PARTE II: DA CORRIDA DO OURO EM MINAS GERAIS ATÉ A CHEGADA DA CORTE DE DOM JOÃO AO BRASIL........................ 107
   1. Ouro! Ouro! Ouro! 109
   2. Salvo da falência 115

3. Fome, impostos, censura e atraso.. 125
4. Piratas e outros bandidos 135
5. A onda negra... 139
6. Áfricas brasileiras...151
7. O sagrado 159
8. O cotidiano dos escravizados... 169
9. Chica na terra dos diamantes 183
10. O medo.. 187
11. A liberdade é branca 195

PARTE III: DA INDEPENDÊNCIA ATÉ A ABOLIÇÃO DA ESCRAVATURA... 205
1. O ciclo da Independência 207
2. Para inglês ver 215
3. Os esquecidos.. 221
4. O império escravista.. 225
5. A desumanização 233
6. África ferida... 237
7. Do medo ao pânico 243
8. O fim do tráfico..249
9. A luta abolicionista 261
10. O país se divide... 273
11. A Lei Áurea.. 281
12. As consequências 289
13. Hoje... 293

Para saber mais 297
Apêndice...299
Créditos das imagens por página 317

Linha do tempo

Alguns acontecimentos e transformações que marcaram o Brasil e o mundo entre o primeiro leilão de africanos em Portugal e os anos seguintes à Lei Áurea:

1444 >> Primeiro leilão de africanos escravizados em Portugal.

1453 >> Tomada de Constantinopla pelos turco-otomanos.

1454 >> Publicação da Bíblia de Gutenberg.

1492 >> Chegada de Cristóvão Colombo à América.

1494 >> Assinatura do Tratado de Tordesilhas entre Portugal e Espanha.

1498 >> A esquadra de Vasco da Gama chega à Índia.

1500 >> Em 22 de abril, Pedro Álvares Cabral chega à Bahia.

1503 >> Leonardo da Vinci pinta a *Mona Lisa*.

1511 >> Chegam a Portugal 35 indígenas brasileiros escravizados.

1534 >> O Brasil é dividido em capitanias hereditárias.

1535 >> Primeiros registros de africanos escravizados no Brasil.

1549 >> Fundação de Salvador, primeira capital brasileira.

1554 >> Fundação da cidade de São Paulo.

ESCRAVIDÃO

1565 >> Fundação da cidade do Rio de Janeiro.

1572 >> Publicação de *Os Lusíadas*, de Luís Vaz de Camões.

1580 >> Com a União Ibérica, Portugal passa a ser governado pela Espanha.

1605 >> Miguel de Cervantes publica a parte I de *Dom Quixote*.

1612 >> Os franceses invadem São Luís do Maranhão.

1615 >> Miguel de Cervantes publica a parte II de *Dom Quixote*.

1630 >> Os holandeses ocupam Pernambuco.

1632 >> O bandeirante Raposo Tavares escraviza milhares de indígenas.

1640 >> Fim da União Ibérica.

1654 >> Os holandeses são expulsos do Recife.

1666 >> Londres é destruída por um incêndio.

1695 >> Morre Zumbi, último líder do Quilombo dos Palmares.

1697 >> Chega a Lisboa o primeiro carregamento de ouro de Minas Gerais.

1700 >> O Brasil tem cerca de 300 mil habitantes, sem contar os indígenas.

1706 >> Dom João V assume o trono em Portugal.

1707 >> Início da Guerra dos Emboabas, em Minas Gerais.

1715 >> Morre Luís XIV, o Rei Sol, da França.

1724 >> O Daomé se consolida como grande fornecedor de cativos na África.

1726 >> Jonathan Swift publica *As viagens de Gulliver*.

1727 >> Início do cultivo de café no Brasil.

1729 >> Anunciada a descoberta de diamantes em Minas Gerais.

LINHA DO TEMPO

1750 >> Pelo Tratado de Madri, Portugal e Espanha definem novos limites de suas colônias.

>> Na Jamaica há doze africanos escravizados para cada morador branco.

1751 >> Começa a ser publicada a *Enciclopédia* francesa, com 10 mil artigos.

1752 >> Benjamin Franklin inventa o para-raios.

1755 >> O terremoto de Lisboa mata mais de 30 mil pessoas.

>> Sebastião José de Carvalho e Melo, futuro marquês de Pombal, governa Portugal.

1759 >> Os jesuítas são expulsos de Portugal e suas colônias.

1763 >> A capital do Brasil é transferida de Salvador para o Rio de Janeiro.

1769 >> Nasce Napoleão Bonaparte.

>> O britânico James Watt patenteia a máquina a vapor.

1776 >> Independência dos Estados Unidos.

1780 >> O tráfico da África para a América atinge 100 mil cativos ao ano.

1786 >> Estreia em Viena *As bodas de Fígaro*, de Wolfgang Amadeus Mozart.

1788 >> Abolicionistas ingleses fazem manifestos contra o tráfico de pessoas escravizadas.

1789 >> Queda da Bastilha, em 14 de julho, durante a Revolução Francesa.

1791 >> Levantes de pessoas escravizadas no atual Haiti.

1792 >> Enforcamento de Tiradentes, em 21 de abril, no Rio de Janeiro.

1796 >> Chica da Silva morre em Minas Gerais.

1798 >> A Coroa portuguesa sufoca a Conjuração Baiana, em Salvador.

1801 >> Thomas Jefferson, dono de pessoas escravizadas, é eleito presidente dos Estados Unidos.

1804 >> Em Paris, Napoleão coroa a si mesmo imperador da França.

1806 >> Napoleão decreta o Bloqueio Continental contra a Inglaterra.

1807 >> Proibição do tráfico de pessoas escravizadas na Inglaterra e seus domínios.
>> Napoleão invade Portugal, que não aderiu ao Bloqueio Continental.
>> A corte portuguesa de dom João foge para o Brasil.

1808 >> Depois de uma escala em Salvador, dom João chega ao Rio de Janeiro.

1815 >> Dom João promove o Brasil à condição de Reino Unido.
>> Napoleão é derrotado na Batalha de Waterloo.

1816 >> Independência da Argentina.

1817 >> Revolução republicana é sufocada em Pernambuco.

1820 >> Revolução Liberal do Porto exige a volta de dom João VI a Lisboa.
>> Convocação das Cortes Constituintes em Portugal.

1821 >> O inglês Michael Faraday inventa o motor elétrico.
>> Dom João VI retorna a Portugal.
>> Napoleão Bonaparte morre na ilha de Santa Helena.
>> Proibição do tráfico de pessoas escravizadas no México.

1822 >> No "Dia do Fico", dom Pedro desafia ordens das cortes e decide ficar no Brasil.
>> Em 7 de setembro, dom Pedro proclama a Independência do Brasil.
>> Em 1º de dezembro, Pedro I é coroado imperador do Brasil.

1823 >> No dia 2 de julho, tropas portuguesas são expulsas da Bahia.

1824 >> Dom Pedro outorga a primeira constituição brasileira.

1825 >> Inaugurado na Inglaterra o primeiro trem de passageiros.

1831 >> O imperador Pedro I abdica o trono e é expulso do Brasil.

>> O Brasil proíbe o tráfico de africanos, a "lei para inglês ver", que jamais seria cumprida.

1835 >> Revolta dos Malês, liderada por escravizados muçulmanos, na Bahia.

1840 >> Aos catorze anos, Pedro II assume o trono brasileiro.

1850 >> Lei Eusébio de Queirós proíbe o tráfico da África para o Brasil.

1856 >> Última chegada documentada de africanos escravizados ao Brasil.

1864 >> Início da Guerra do Paraguai.

1865 >> Fim da Guerra da Secessão nos Estados Unidos, em que morreram 750 mil pessoas.
>> O congresso ratifica a abolição da escravidão nos Estados Unidos.
>> O presidente Lincoln, dos Estados Unidos, é assassinado.

1869 >> O poeta baiano Castro Alves publica *O navio negreiro*.

1870 >> Fim da Guerra do Paraguai.

1871 >> A Lei do Ventre Livre liberta filhos de pessoas escravizadas nascidos a partir de 28 de setembro deste ano no Brasil.

1872 >> Censo revela que o Brasil tem 8.419.672 habitantes livres e 1.510.806 escravizados.

1873 >> Abolição da escravidão em Porto Rico.

1876 >> Alexander Graham Bell inventa o telefone.

1879 >> Thomas Edison patenteia a lâmpada elétrica.

1881 >> Machado de Assis publica *Memórias póstumas de Brás Cubas*.

1882 >> Morre Charles Darwin, autor da Teoria da Origem e da Evolução das Espécies.
>> Morre em São Paulo o ex-escravizado e advogado abolicionista Luiz Gama.

1883 >> Morre Karl Marx, autor do *Manifesto Comunista*, de 1848.
>> Em Londres, Joaquim Nabuco publica *O abolicionismo*.
>> Fundação, no Rio de Janeiro, da Confederação Abolicionista.

1884 >> A escravidão é abolida no Ceará e no Amazonas.

1885 >> A Lei dos Sexagenários liberta as pessoas escravizadas com mais de sessenta anos no Brasil.
>> Morre, em Paris, o escritor Victor Hugo, autor de *Os miseráveis*.
>> Potências europeias reunidas em Berlim dividem a África entre si.

1886 >> Inaugurada em Nova York a Estátua da Liberdade.
>> O farmacêutico John Pemberton inventa a Coca-Cola.
>> Abolição da escravidão em Cuba.
>> A pena de açoites é extinta por lei no Brasil.

1887 >> Chegam a São Paulo 34.710 imigrantes europeus, a maioria italiana.
>> Fuga em massa de pessoas escravizadas no interior de São Paulo.

1888 >> A princesa Isabel assina a Lei Áurea, pondo fim à escravidão no Brasil.

1889 >> Nasce o austríaco Adolf Hitler, futuro chanceler alemão.
>> Inauguração da Torre Eiffel, em Paris.
>> Proclamação da República no Brasil, em 15 de novembro.

1890 >> O ministro Rui Barbosa manda queimar os arquivos da escravidão brasileira.

Aos leitores

Mineápolis, Estados Unidos, 25 de maio de 2020

George Floyd, um homem negro, foi estrangulado por um policial branco que o imobilizava, no chão, pressionando seu pescoço com o joelho, enquanto a vítima, em desespero, gritava: "Eu não consigo respirar!". A cena da morte de Floyd, capturada em vídeo que circulou em poucas horas pela internet, provocou protestos no mundo inteiro e deu força ao movimento Vidas Negras Importam, contra a violência da polícia norte-americana em relação aos negros.

Rio de Janeiro, Brasil, 6 de maio de 2021

Na Favela do Jacarezinho, a ação policial mais letal já realizada no estado causou a morte de 28 pessoas. Algumas das vítimas eram moradoras sem antecedentes criminais. Outras foram executadas de forma sumária depois de se entregarem. Eram, em sua maioria, homens e mulheres negros. A comunidade ergueu um pequeno monumento, em memória dos mortos, com seus nomes gravados. Em maio de 2022, a polícia invadiu de novo o Jacarezinho e, sem autorização, a golpes de marreta e investida de blindados, demoliu o monumento.

UMBAÚBA, SERGIPE, BRASIL, 25 de maio de 2022
    Genivaldo de Jesus Santos, homem negro de 38 anos e com problemas psiquiátricos, foi parado na rua por agentes da Polícia Rodoviária Federal, numa ação urbana, fora das estradas, no mínimo incomum. As gravações mostram que Genivaldo apenas passava pelo local, sem mais, e não reagiu à revista. Apesar disso, foi trancafiado na caçamba de uma viatura, dentro da qual os policiais detonaram bombas de gás lacrimogêneo. Genivaldo morreu sufocado, gritando que não conseguia respirar — como George Floyd, assassinado no mesmo dia, dois anos antes.
    Esses três episódios, dramáticos e recentes, mostram que a história não é apenas coisa do passado. Pelo contrário, está viva entre nós. Acontecimentos, personagens, ações e fenômenos das gerações que nos precederam têm consequências no presente. E podem ter repercussões também no futuro, se nenhuma providência for tomada para corrigir as injustiças do passado. Por isso é tão importante estudar história. Quem não estuda história não consegue entender a si mesmo nem o mundo em que vive. E provavelmente não estará bem preparado para construir o futuro.
    Assim tem sido com a história da escravidão. O tratamento que o Brasil e outros países, como os Estados Unidos, dedicam às pessoas negras ou mestiças, descendentes de africanos escravizados, é reflexo direto de um sofrimento antigo, uma ferida que até hoje nunca foi curada.
    Num relatório referente a 2020, a Rede de Observatórios de Segurança registra que, entre aquele ano e o anterior, somente no Rio de Janeiro, 89,7% dos mortos pela polícia eram negros e pardos. E o Rio de Janeiro, apesar da fama, é superado nessa proporção, embora não em números absolutos, por Salvador, Recife e Fortaleza, cidades com 100% das vítimas entre negros e pardos. Esses números — que talvez horrorizassem o poeta Castro Alves mais do que a sua visão de um navio negreiro — provavelmente se repetirão no futuro, caso não seja resolvida uma dolorosa pendência na nossa história. A escravidão, como a própria história, não é algo do passado. Oficialmente, o Brasil aboliu o cativeiro com a chamada Lei Áurea, de 13 de maio de

1888, mas seu legado está presente em diferentes formas na sociedade brasileira, como na desigualdade social, na pobreza, na falta de oportunidades e na violência que atingem a população negra e parda. Maioria no país, essa parcela da população é vulnerável ao chamado "racismo estrutural" — o racismo entranhado, naturalizado, por vezes quase invisível, especialmente para aqueles que se recusam a vê-lo (em geral, porque acham que não existe).[1]

A escravização de africanos e de indígenas brasileiros vitimou milhões de seres humanos e se prolongou por quase quatro séculos. O Brasil arrancou da África cerca de 5 milhões de pessoas em regime de cativeiro. A população indígena foi quase dizimada por doenças, guerras, invasão de seus territórios e captura para escravização. Foi o país da América que mais demorou a acabar com o comércio de gente e o último a abolir a própria escravidão. O resultado disso pode ser observado atualmente, na forma como uma parte da população vive, trabalha e é tratada pelos demais brasileiros.

Essa é uma história que precisa ser estudada e recontada. Nem tudo o que se escreveu e ensinou a respeito dela até hoje é verdadeiro.

Você, jovem leitor, provavelmente já ouviu falar que nosso país seria uma "grande democracia racial" e que o regime de cativeiro entre nós teria sido brando, até bonzinho, melhor do que em outros territórios escravistas. Talvez já tenha ouvido a conversa de que eram os próprios negros que escravizavam pessoas na África e que os brancos colonizadores europeus não teriam culpa alguma. Bem, nada disso é verdade. Ou melhor, essa é a versão que convém a quem descende de escravizadores ou não se preocupa com a herança perversa do escravismo entre nós. A escravidão no Brasil foi violentíssima, tanto quanto em qualquer outro lugar do mundo. Toda riqueza brasileira foi construída com sangue, suor e sofrimento de pessoas escravizadas. Até as vésperas da Lei Áurea, fugitivos das senzalas eram punidos com o corte de uma orelha, centenas de chicotadas e marcas

---

[1]. Silvio Almeida, *Racismo estrutural*. São Paulo: Pólen, 2019.

de ferro quente pelo corpo. Os reincidentes podiam até ser mortos. Na África, pessoas eram escravizadas em guerras e sequestros com participação de chefes africanos, mas eram os europeus que estimulavam o comércio, as rivalidades e os conflitos internos do continente, fornecendo aos sócios locais armas, munição, mercadorias e dinheiro. A alta demanda de mão de obra cativa por parte dos compradores e colonizadores brancos europeus desestabilizou e, de certa forma, inviabilizou o futuro do continente africano.

Durante a campanha abolicionista, pessoas como o engenheiro baiano André Rebouças (1838-1898), entre outras, defendiam que a escravidão no Brasil precisava acabar de imediato. Ressalvavam, porém, que só a abolição não seria suficiente para remediar os males causados. Seria necessário também adotar um programa de inserção dos ex-escravizados e seus descendentes na sociedade. A falta disso só traria a marginalização daqueles que, a partir de então, seriam chamados de "libertos". Rebouças propunha o que chamava de "Democracia Rural", com reforma agrária, distribuição de terras, oportunidades e alfabetização em massa para ex-escravizados. O pernambucano Joaquim Nabuco (1849-1910) defendia, igualmente, que o país jamais progrediria enquanto não enfrentasse a herança da escravidão. Ou seja, além da abolição, era preciso corrigir os efeitos da escravidão na sociedade brasileira, dando oportunidade para que a população negra tivesse acesso à propriedade da terra, ao trabalho, à renda, à educação e à própria cidadania. Outros dois grandes abolicionistas, o baiano Luiz Gama e o fluminense José do Patrocínio, ambos negros, insistiam que, mesmo com a abolição oficial do cativeiro, a situação dos ex-cativos não seria em nada diferente se não fosse acompanhada de reformas mais profundas na sociedade brasileira.

Infelizmente, nada disso aconteceu. Os negros escravizados e seus descendentes foram abandonados à própria sorte. E assim permanecem ainda hoje.

A luta abolicionista brasileira foi longa e árdua. No final do século XVIII, a Revolta dos Escravos, ocorrida no atual Haiti, que levara à tomada do poder na ilha caribenha, assombrava um Brasil em que a grande maioria da população era composta de cativos negros e pardos. O crescimento da resistência dos escravizados era evidente. Ocorriam mais e mais fugas em massa, além de rebeliões, num nível de violência e confronto alarmantes. O maior medo das elites brasileiras era que as revoltas, até então localizadas, se unificassem país afora. Nas vésperas do Treze de Maio, a situação se aproximava de um clímax explosivo.

As pressões internacionais para que o Brasil encerrasse o tráfico se intensificavam. Ampliava-se a opinião pública abolicionista no país e no exterior. Enquanto isso, o governo de Pedro II se mostrava condescendente com os grandes fazendeiros detentores de escravizados — mesmo quando o comércio de pessoas se tornou ilegal. O governo e os representantes das elites no parlamento proclamavam-se contra o "trabalho servil", mas suas ações apontavam para a manutenção do escravismo pelo máximo de tempo possível. Os chamados barões do café, maiores latifundiários e proprietários de pessoas escravizadas, ameaçavam os abolicionistas com suas milícias armadas.

Com tudo isso, o Brasil foi o último país do mundo ocidental a oficializar o que já era uma imposição das circunstâncias: a escravidão se tornara insustentável. Foi assim que nasceu a Lei Áurea. Mas, infelizmente, a previsão de Rebouças, Nabuco, Gama e Patrocínio se comprovou. Seria preciso fazer uma segunda abolição, dando terra, educação e oportunidades para os ex-escravizados, o que nunca foi feito. Ainda hoje vivemos nesse dilema, e o país não sairá do atraso crônico sem promover a inclusão das camadas mais vulneráveis da população — entre as quais, repita-se, a imensa maioria é de negros e pardos. Precisamos resgatar a dívida que a escravidão pregou em nossa história. A segunda abolição continua à espera.

Estudar os últimos séculos pelo viés da escravização de pessoas transforma a história. Muda a imagem que guardamos de muitos episódios e celebridades. Seria o tráfico de escravizados a principal motivação das chamadas grandes navegações, que produziram, entre outras coisas, a revelação do Brasil para a Europa? Será que figuras celebradas de nossa história deveriam sua riqueza e seu prestígio — e até títulos de nobreza — ao tráfico de gente? Setores de nossa economia, hoje tidos como modernos, não somente descendem do capital produzido pelo escravismo, que os gerou, como mantêm, em alguns de seus segmentos, certo ranço atrasado e reacionário em relação ao resgate dos mais desassistidos. Quanto da situação desesperadora de muitas nações africanas da atualidade surgiu da exploração e do despovoamento — em proporções raramente divulgadas — do continente, pela captura e sequestro de pessoas, trazidas feito carga, ou com ainda menos cuidado, em navios que eram chamados de "tumbeiros", ou seja, túmulos flutuantes?

Nos navios negreiros, a mortandade a bordo, devido às péssimas condições dos porões onde os cativos eram jogados, à falta de comida e de água, além dos maus-tratos, alimentou os tubarões do Atlântico por quatro séculos. E isso era somente o prenúncio de uma existência de trabalhos forçados, humilhações e truculência que os esperava no Brasil. Raramente, nem mesmo na lavoura, no garimpo ou no serviço urbano e doméstico, um escravizado sobrevivia mais do que os primeiros anos da idade adulta. A vida dos escravizados era dura, violenta e curta. Não existiu escravidão branda. A pessoa escravizada morria cedo porque custava menos para o

Uma fábrica de farinha de mandioca.

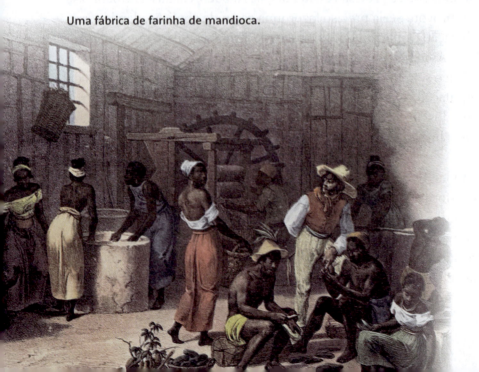

dono comprar novos cativos do que fornecer alimentação e cuidados médicos equivalentes a seu esforço diário ou poupá-lo de castigos físicos que nada mais eram que tortura — além de uma forma de convencerem a si mesmos de que não estavam lidando com seres humanos, seus semelhantes.

Até o final do século XIX, o Brasil foi um território viciado em escravidão. Todo o trabalho manual e braçal era executado pelos cativos, enquanto os proprietários de pessoas escravizadas viviam naquilo que estrangeiros, espantados, classificavam como "ócio branco". Dizia-se que tudo que "se movia, produzia, trabalhava e carregava no Brasil era negro".

O tráfico de escravizados teria se iniciado no país por volta de 1535 — ou seja, algumas décadas após a chegada da esquadra de Pedro Álvares Cabral à Bahia —, com o objetivo inicial de prover mão de obra em quantidade e preço lucrativo o bastante para sustentar a produção de açúcar no Nordeste. No entanto, rapidamente a escravidão se tornou a base de todos os segmentos da economia e da sociedade, a ponto de, na época da Independência, quase todos os brasileiros livres serem donos de pessoas escravizadas, incluindo inúmeros ex-cativos que, depois de libertos, também compravam os seus próprios.

Por isso, a voracidade por mais e mais cativos tornou o tráfico de pessoas o maior negócio do Ocidente.

A escravidão é tão universal e antiga quanto a humanidade. É vista em quase todas as civilizações. E não somente na África. Também entre os povos árabes, na China antiga, na Índia, na Pérsia — por toda parte, desde sempre. Por aqui, promoveu o quase extermínio dos povos indígenas, que combateram corajosamente o invasor, sacrificando 70% da sua população, cerca de 4 milhões de indivíduos, sem poupar mulheres, idosos e crianças. Foi um dos maiores genocídios da história — que, por outros meios e para favorecer outros ganhos, permanece até hoje.

Praticamente todas as potências europeias, além dos Estados Unidos e da América Espanhola, comerciavam escravizados. A escravidão era disseminada e a base das economias africanas séculos antes da chegada dos europeus. As leis e os costumes, mesmo variando muito de uma etnia para outra, tinham em comum a legitimação do cativeiro, e o tráfico negreiro não teria sido tão bem-sucedido na África se não dispusesse de uma estrutura já preexistente, com a qual soube muito bem negociar — quando não se impunha aos reinos mais resistentes, pela força das armas, canhões, deposição violenta de soberanos e destruição de cidades.

No entanto, o caso do Brasil é especial, já que nos tornamos o maior território negro fora da África.

Assim como a Independência é contada como o ato isolado de um príncipe e seu brado forte, negando-se a luta que a precedeu e que se seguiu, as inúmeras revoltas e os muitos e muitos que tombaram por essa conquista, também a abolição não é revelada em todo o seu longo, penoso e heroico processo, que encurralou o poder imperial, forçando-o a reconhecer o que o mundo exigia e o país não suportava mais deter. Nossa história incompleta, a história que nos é usualmente contada, sem luta, não é feita para nos conferir orgulho de ter conquistado qualquer porção da liberdade.

Prepare-se, portanto, para rever muito do que você sabe sobre o Brasil — e sobre quem somos, por que e como somos, e quem é você — nas páginas a seguir.

Começamos no distante ano de 1444, em 8 de agosto, quando os moradores de Lagos, um vilarejo no sul de Portugal, são despertados por um acontecimento inédito. Meia dúzia de caravelas acabam de ancorar no cais da cidade. Dos seus porões, sai uma carga jamais vista nem imaginada naquela região: 235 homens, mulheres e crianças, todos negros, em fila e atados, ou acorrentados, uns aos outros. Haviam sido capturados na costa da África. Logo seriam vendidos em leilão, em praça pública, como escravizados.

O comércio de pessoas escravizadas seria crucial para financiar as também chamadas viagens de descobrimentos, que incluíram a chegada dos portugueses ao Brasil, em 1500.

E assim se inicia nossa história.

PARTE I

Do primeiro leilão de cativos à morte de Zumbi dos Palmares

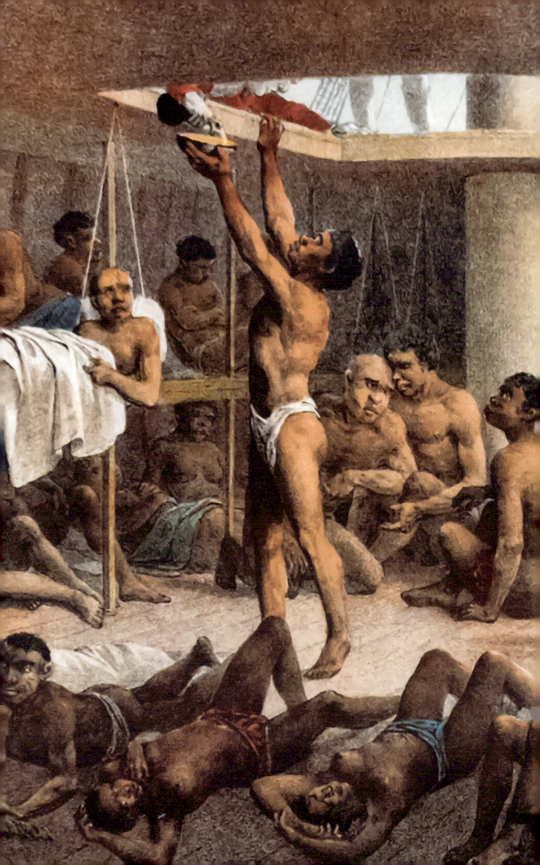

1. A Porta do Não Retorno

No dia 20 de novembro de 1695, Zumbi, o líder, herói e último defensor do Quilombo dos Palmares, foi encurralado numa emboscada organizada por bandeirantes. Estava acompanhado de vinte guerreiros. Somente um deles foi capturado com vida. Morto, Zumbi teve a cabeça decepada e salgada. O troféu foi levado em desfile pelas ruas do Recife e ficou exposto, até se decompor, num poste no Pátio do Carmo para servir de exemplo para outros escravizados rebeldes que tentassem escapar do cativeiro. Era o fim trágico de Palmares, o mais famoso quilombo do Brasil, que resistira aos ataques portugueses e holandeses por quase um século.

Enganou-se quem pensou que assim se encerrava toda a rebeldia das pessoas negras capturadas na África e trazidas para o nosso país na condição de escravizados. Hoje, mais de três séculos depois, Zumbi continua vivo como um símbolo de resistência contra a opressão e a violência no Brasil. É como se, tanto tempo depois de morto, continuasse ainda a combater numa guerra. Contudo, desta vez, o que está em disputa é a memória dos brasileiros. Está em jogo agora a história da escravidão, com seus significados e consequências entre nós neste início de século xxi. É uma história que está sendo revista, recontada e reinterpretada o tempo todo porque o nosso futuro depende do seu correto entendimento.

Na segunda metade do século xvii, o Rio de Janeiro tinha uma população de 4 mil brancos e 20 mil negros africanos. São Paulo tinha 1.500 moradores brancos e 10 mil escravizados. Assim era no país inteiro. Cabia a essa imensa maioria todo o trabalho, principalmente nas lavouras de açúcar do Nordeste. O Brasil somente sobrevivia à custa do trabalho escravo; e Portugal somente era viável, no contexto mundial, por compensar a falência de sua economia com os altíssimos ganhos que a então colônia lhe rendia.

A história da escravidão negra no Brasil, que tem Zumbi como um de seus protagonistas, iniciou-se no coração de uma África bem diferente da que conhecemos hoje. A maioria das nações africanas atuais não existia; elas foram criadas no rastro da colonização do continente, executada pelos países europeus. Invasões, destruição de reinos, golpes de estado, deposição de reis e rainhas redesenharam a geografia política em função do rico negócio que se tornou a captura e escravização de pessoas.

Em Ajudá, no litoral da República do Benim, uma região quente e úmida da África perpendicular à Linha do Equador, tudo lembra a Bahia. Na praça central de terra batida, há uma antiga e frondosa gameleira, árvore sagrada do candomblé. De seus ramos, balançam ao vento dezenas de fitas coloridas. Foram colocadas ali em memória dos mortos da comunidade e em homenagem às muitas divindades locais, aparentadas dos orixás, que em Ajudá são chamadas de *vuduns* — o mesmo nome que recebem em terreiros da tradição jeje de Salvador e do Recôncavo Baiano. A faixa mais longa e mais colorida, uma peça inteira de tecido que recobre todo o tronco da árvore, das raízes aos galhos mais altos, é dedicada à serpente Dan, a deusa do arco-íris, princípio de tudo, a rainha de todos os *vuduns*.

Perto dali, ergue-se a antiga Fortaleza de São João Baptista de Ajudá, o mais importante entreposto — um estabelecimento ou conexão comercial — do tráfico negreiro português e brasileiro no golfo do Benim até o século xix. Para esse local, eram levadas as pessoas capturadas no interior e vendidas aos traficantes em leilões bastante concorridos. Ali se iniciava a Rota dos Escravos

Porão de um navio negreiro.

— uma estrada de terra batida, de três quilômetros de extensão, que terminava na praia, onde os cativos eram embarcados para a travessia do Atlântico. No local da partida, ergue-se hoje a Porta do Não Retorno, preservada como memorial pela Unesco.

Dali, legiões de seres humanos partiram sem esperança de tornarem a ver a terra onde haviam nascido e, muitas vezes, seus familiares. É apenas uma entre muitas Portas do Não Retorno que existem no litoral africano. A mais famosa fica na ilha de Goreia, na baía de Dacar, capital do Senegal. Embora menos conhecida, a de Ajudá se destaca, já que por ali passaram mais de 1 milhão de cativos, homens, mulheres e crianças, que seriam embarcados à força nos tumbeiros — os navios negreiros. Estima-se que 12,5 milhões de africanos foram jogados nos porões dos tumbeiros — cerca de 2 milhões morreram durante a travessia do oceano.

Houve uma minoria de retornados, hoje conhecidos como *agudás*, que conseguiram voltar à África. Uma boa porção deles lutou na Revolta dos Malês, uma importante insurreição africana ocorrida em Salvador, em 1835. Foram expulsos do Brasil, que assim conseguia se livrar dos rebeldes que ameaçavam todo o sistema escravagista.

Os que permaneceram aqui são herdeiros de uma história milenar que, em muitos aspectos, se fundiu de modo complexo à história brasileira. Explorados como mão de obra cativa, ajudaram a construir o Brasil. O suor e o sangue negros — a "carne preta", que Elza Soares denunciava como "a mais barata do mercado" — foi o fundamento essencial da criação de riquezas no país, de cujos benefícios, entretanto, os negros e seus descendentes jamais usufruíram. Os descendentes de pessoas escravizadas nunca tiveram o mesmo tratamento e as mesmas oportunidades dos brasileiros de outras origens. Pelo contrário, sofrem até hoje a exclusão herdada do escravismo que se entranhou em nossa cultura e em nossa estrutura social e econômica.

Começa bem antes de Zumbi, portanto, a história da escravidão no Brasil. Ela dura além da sua morte — pois não terminou — e alcança uma profundidade ainda maior do que o simbolismo de identidade e coragem representado pelo herói de Palmares.

A história da devastação do continente africano e da transformação do oceano Atlântico num imenso cemitério de pessoas escravizadas remonta à primeira metade do século xv. Já naquela época, bem antes da chegada de Pedro Álvares Cabral ao Brasil, os africanos eram sequestrados pelos navegadores portugueses e vendidos na Europa como cativos. No famoso leilão de Lagos, já citado, os cativos haviam sido capturados por incursões no litoral africano, empreendidas pelos capitães Gil Eanes e Lançarote, escudeiros e sócios do infante dom Henrique, apelidado de "o Navegador", filho do rei de Portugal.

Dom Henrique passou à história oficial como o fundador da mítica Escola de Sagres, onde se teria forjado o conhecimento náutico e geográfico, além da cartografia e da astronomia, que possibilitou os grandes descobrimentos. No entanto, essa história não está bem contada. Até hoje, não se tem registro de nenhuma localização precisa onde tenha funcionado a Escola de Sagres. Tampouco se tem certeza de que ela, de fato, existiu. Os portugueses realmente acumularam vastos conhecimentos técnicos e científicos em várias áreas, que permitiram as grandes navegações, mas não há provas da existência da tal escola liderada por dom Henrique. O infante, ao que se sabe, embora fosse chamado de "o Navegador", nunca pisou no convés de uma caravela, ou navio de qualquer espécie, para uma expedição oceânica. Teria feito somente viagens de percurso curto, como a travessia do mar Mediterrâneo. Ao lado dessas dúvidas, porém, resta uma grande certeza: dom Henrique foi um grande traficante de pessoas escravizadas. Parte de seu poder e de sua fortuna veio do comércio de gente.

De início, em suas incursões pela costa da África, os portugueses simplesmente roubavam ou sequestravam moradores, que eram escravizados e vendidos em praça pública. Logo, porém, os traficantes descobriram que era perigoso demais capturar diretamente as pessoas para além das áreas litorâneas. Não conheciam o interior do continente africano; na verdade, mal conheciam a África. Para fugir desses perigos, logo se familiarizaram com as rivalidades tribais e as violentas mudanças políticas nos reinos africanos. Desse modo, estabeleceram uma rede de intermediários locais que lhes forneciam prisioneiros de guerra, ou pessoas e famílias sequestradas para serem escravizadas. Era um costume muito antigo, que então passou a servir ao comércio internacional.

As razias — os ataques para a captura de pessoas — começaram em áreas próximas ao litoral. Mas, à medida que a demanda por cativos aumentava, a fronteira de captura também se estendeu. Nos séculos que se seguiram, o perímetro da escravidão avançou continente adentro. O tsunami escravista deixava um rastro de ruína e devastação. Para se ter uma ideia, por volta de 1830, cerca de 80% dos escravizados que chegavam ao Brasil vinham das regiões costeiras de Angola, que, além da destruição, tinha sua população reduzida na mesma medida. Guerras e invasões de cidades e reinos eram feitas com o objetivo de capturar pessoas e transformá-las na mercadoria mais cobiçada pelos europeus.

A agonia dos escravizados começava ainda no interior da África, muito antes de chegarem aos navios negreiros que os trariam ao Brasil. No trajeto entre a zona de captura e o litoral — até o entreposto —, entre 40% e 45% dos prisioneiros morriam. E entre 10% e 15% dos que restavam morriam na espera do embarque nos portos africanos.

Desde a captura, os cativos mal recebiam — quando recebiam — alimento e água. Nos entrepostos, eram amontoados nas piores condições e acorrentados. Para os traficantes, quanto menos gastassem com seu sustento, maior era o lucro ao final da viagem. Havia ainda as despesas com a vigilância dos cativos para evitar o risco de fugas, do qual os traficantes só se sentiam livres quando sua carga estava em alto-mar, nos porões dos tumbeiros.

Aí, seguia-se novo capítulo da tragédia. Os africanos morriam de desnutrição, desidratação, desinteria, febre amarela, varíola e escorbuto — uma doença causada pela falta de alimentos frescos. Morriam de banzo, uma depressão aguda que fazia com que parassem de comer e ficassem inertes até definhar. Suicidavam-se, quando conseguiam burlar a vigilância e se atirar ao mar. Os que sucumbiam nos porões — uma boa parcela, a cada dia — eram então descarregados nas ondas. Por conta disso, os tubarões começavam a seguir os navios negreiros logo que se afastavam um pouco do porto e os acompanhavam por todo o percurso, às vezes por milhares de quilômetros. Cardumes de tubarões famintos eram a escolta habitual dos tumbeiros.

Já antes da viagem, os africanos eram marcados com ferro em brasa para serem identificados como cativos e propriedade de um traficante em particular. Depois do desembarque, eram marcados de novo a cada venda. Eles se viam, então, numa terra estranha, nus, expostos à humilhação dos leilões públicos, onde eram reduzidos a um bem de alguém que não os via como seres humanos. Mães eram separadas dos filhos; esposas, dos maridos, para deixar para trás — e de preferência esquecer — seu passado, suas crenças e seus costumes, sua língua, seu nome, sua vida. Colocados em regime de trabalho forçado exaustivo, mal alimentados e sem nenhum cuidado, os cativos eram presos por correntes nas senzalas fétidas, onde passavam as noites. Por castigo contra qualquer desobediência, ou mesmo por capricho, podiam ser esfolados por chicotadas, torturados de inúmeras maneiras e até mesmo mortos. Não tinham direitos, não existiam diante da lei, a não ser como patrimônio de seus donos.

"Não há escravidão suave ou cruel, ela dispensa adjetivos."[1] É o que é, e jamais foi "mãe gentil", nem com os cativos trazidos da África, nem com os que nasceram no Brasil e morreram escravizados.

---

1. Hebe Maria Mattos de Castro, *Das cores do silêncio: os significados da liberdade no Sudeste escravista, Brasil século XIX*. Rio de Janeiro: Arquivo Nacional, 1995, p. 160.

2. Ferida aberta

A ESCRAVIDÃO É UMA FERIDA ainda aberta na história humana. Desde tempos imemoriais, a captura, o cativeiro e o comércio de gente fizeram parte do cotidiano de diferentes culturas e sociedades.

Suas marcas atuais podem ser observadas, por exemplo, na Grande Muralha da China, com seus mais de 21 mil quilômetros de extensão, uma obra construída por pessoas cativas. Podem ser vistas nas pirâmides do Egito, igualmente erguidas por gente escravizada. Ou nos 639 minúsculos diamantes da coroa de dom Pedro II, exposta no Museu Imperial de Petrópolis. Cada uma daquelas pedras foi garimpada por pessoas escravizadas, em Minas Gerais e em outras regiões do Brasil. Estão, ainda, nos Arcos da Lapa, no centro do Rio de Janeiro, feitos por indígenas escravizados. Há registros da escravidão em documentos muito antigos, como o livro de Gênesis, na Bíblia, na passagem em que José, um dos filhos de Jacó, é vendido como escravizado pelos irmãos.

Além de tão antiga quanto a história dos seres humanos, a escravidão nem sempre foi negra e africana. Havia escravizados chineses, indianos, egípcios, persas, indígenas, enfim, de todos os povos e etnias conhecidos. No passado, brancos também escravizavam brancos. A própria palavra "escravo" tem sua origem no latim, designando um povo europeu originário das regiões do mar

Báltico, os eslavos, que, na época do Império Romano, eram vendidos como cativos no Oriente Médio e na bacia do mar Mediterrâneo.

Hoje, legalmente, nenhum país do mundo admite mais a escravidão no modo antigo, em que seres humanos eram comprados e vendidos como mercadorias e martirizados quando contrariavam seus donos. Mas, sob disfarces, um número imenso de pessoas vive encarcerado e trabalha em regime semelhante à escravidão, tanto no campo quanto nas grandes cidades. Muitas são refugiadas, imigrantes pobres ou mulheres e homens traficados internacionalmente mediante promessas enganosas de melhoria de vida em outros países.

A Anti-Slavery International, mais antiga entidade de defesa dos direitos humanos, sucessora da British Anti-Slavery Society, fundada em 1823 para combater o tráfico negreiro, estima que existam hoje — no século XXI! — mais pessoas escravizadas do que em qualquer período dos 350 anos de escravidão africana nas Américas. Seriam mais de 40 milhões de pessoas vivendo e trabalhando em condições análogas à escravidão, mais do que o triplo do total que foi traficado até meados do século XIX.

Até o final do século XIX, a escravidão era o maior negócio do planeta. Quase todos os homens de negócios do mundo se envolveram, participaram ou lucraram com o tráfico negreiro, incluindo reis

FERIDA ABERTA

Mulheres e suas escravizadas na visita a uma fazenda.

e chefes africanos, que forneciam cativos para seus parceiros europeus. Na Europa, países mais ativos na colonização da América — Portugal, Espanha e Inglaterra — praticavam profusamente o tráfico. O Reino Unido, grande defensor mundial do abolicionismo no século XIX, fora o maior traficante de pessoas escravizadas do século anterior. O algodão produzido por escravizados no Maranhão alimentou os teares a vapor que moveram a Revolução Industrial, marco da história mundial. O sistema bancário inglês, pilar da economia britânica, formou-se e consolidou-se em grande medida graças ao ouro extraído pelo braço escravizado em Minas Gerais. O primeiro traficante inglês, John Hawkins, tinha como sócia ninguém menos do que a rainha Elizabeth I. Mas, além dessas nações, também Alemanha, Suécia, Itália e Dinamarca atuavam no comércio negreiro. Também construíram e administraram fortificações destinadas ao tráfico os franceses, holandeses, suíços, suecos, poloneses, lituanos, russos — enfim, praticamente todos os países europeus se envolveram com o tráfico. O lucro atraía a todos, de todas as partes.

No caso da escravidão de pessoas negras, nenhum país que a praticou parece imune às suas consequências corrosivas. Os Estados Unidos, como o Brasil, pagam um alto preço pelas desigualdades sociais que deixaram, um passado nem de longe cicatrizado. Joaquim Nabuco já alertava que, se os libertos fossem abandonados pela República, assim como haviam sido pela Independência e pela Lei Áurea, a nação jamais progrediria de fato. "A grande questão da democracia brasileira não é a monarquia, é a escravidão", afirmava Nabuco. Ele defendia que era preciso incorporar os libertos à sociedade, como cidadãos de pleno direito; algo que ainda não conquistamos, de acordo com todos os indicadores sociais, a violência praticada contra negros e pardos e a persistência do racismo, entranhado em nossa cultura — o racismo estrutural.

Filósofos que marcaram o pensamento ocidental, como David Hume e Kant, ou mesmo o ideólogo da Revolução Francesa, Voltaire, deixaram para a posteridade assertivas racistas que não teriam lugar no mundo de hoje — pelo menos não publicamente. Foi este último que, em 1756, escreveu: "Os olhos redondos, o nariz achatado, os lábios sempre grossos, o formato diferente das orelhas, o cabelo encrespado na cabeça e mesmo a sua capacidade mental estabelecem uma prodigiosa diferença entre eles e as outras espécies de seres humanos" — ainda que existam evidências de que várias levas de nossos ancestrais, os *Homo sapiens*, saíram da África para colonizar, há milhares de anos, a Europa.[1] Trata-se de uma verdade a ser encarada: o *Homo sapiens*, nosso ramo na espécie humana, é africano.

Como resumiu o historiador Eric Williams, "A escravidão não nasceu do racismo, mas o racismo foi consequência da escravidão".[2]

---

1. "Uma outra jornada para o sapiens". Gabriel Rocha e Walter Neves. *Scientific American*, nº 230, ano 20, maio de 2022, p. 36.

2. Eric Williams, *Capitalism and Slavery*, Kindle e-book, pp. 144-145.

3. Especiarias

NA HISTÓRIA TRADICIONAL, aprendemos que as grandes navegações, entre elas a expedição de Cabral, em 1500, foram motivadas pela busca dos europeus por especiarias — pimenta, noz-moscada, canela, cravo-da-índia, entre outras. Com essa motivação, Vasco da Gama (1469-1524) teria dobrado o Cabo das Tormentas, a ponta mais ao sul da África, na jornada celebrada por Camões, no poema épico *Os Lusíadas*, como a "descoberta do caminho marítimo para as Índias". Vasco da Gama é o grande herói do clássico fundamental para a formação da língua portuguesa. Graças à sua odisseia, não seria mais preciso atravessar longuíssimas e perigosas distâncias por terra entre a Europa e a Ásia, passando por territórios dominados pelos turco-otomanos, adversários dos europeus, que tinham tomado a cidade de Constantinopla, em 1453, pondo fim ao Império Romano do Oriente.

Mas há uma outra história que redefine os objetivos das navegações e dos lendários navegantes portugueses. As chamadas grandes navegações foram motivadas primeiramente pelo tráfico de pessoas escravizadas. Foi o comércio de gente que financiou e tornou possível a expansão dos portugueses ao redor do mundo, incluindo sua chegada ao Brasil em 1500.

O capitão Gil Eanes, sócio do infante dom Henrique, foi o primeiro navegador português a ultrapassar o Cabo Bojador — na

ESCRAVIDÃO

Os portugueses chegam à costa brasileira.

costa do Marrocos — e voltar para casa são e salvo. Foi um marco da navegação portuguesa, que a partir daí começou a mapear as correntes marítimas, cujo conhecimento possibilitava a navegação no Atlântico. Esse mapa foi um dos segredos de Estado mais bem guardados por Portugal e possibilitou, entre outras coisas, a expedição de Cabral. Muitos enredos de espionagem, incluindo a descoberta e execução de agentes estrangeiros, ocorreram justamente em função dessas rotas de navegação, agregadas às épocas do ano ideais para uma embarcação — que se movia pelo vento e se guiava pelas estrelas — cruzar o Atlântico. Gil Eanes foi também o primeiro capitão de um navio negreiro conhecido na história de Portugal. Era ele o comandante da embarcação que, em agosto de 1444, fez descer à terra a "carga" de 235 africanos para serem leiloados na vila de Lagos.

No panteão dos grandes navegadores, temos a seguir Diogo Cão, que superou a epopeia de Eanes, alcançando o Congo e Angola, que seria uma das regiões de onde mais sairiam escravizados para o Brasil. Em 1488, Bartolomeu Dias conseguiu circundar o Cabo das Tormentas — que por isso passou a se chamar Cabo da Boa Esperança —, o que abriu caminho para que Vasco da Gama, dez anos depois, descobrisse o caminho marítimo para as Índias, ou seja, chegasse ao subcontinente indiano por mar. Apesar de se alegarem motivos de propagação da fé cristã entre povos de diferentes religiões e de se ressaltar o espírito aventureiro nessas jornadas atravessando mares "nunca d'antes navegados", a motivação prática era bem outra. Cada expedição contabilizava seus lucros à base da conquista de novos territórios e da espoliação — apropriação, roubo — de seus recursos, incluindo, sempre que possível, a captura de pessoas para escravização.

Os marinheiros portugueses eram homens rudes, disciplinados e ferozes nas ações de pilhagens, pouco diferentes de piratas e corsários, atacando e tomando o que podiam. Por qualquer motivo, bombardeavam cidades ricas e prósperas com seus canhões — as caravelas eram equipadas para esse tipo de ação. Cidades eram invadidas, casas eram incendiadas, armazéns, saqueados. Os habitantes que tentassem resistir eram executados. Nem mesmo mulheres — submetidas à violência sexual — e crianças eram poupadas.

Um dos episódios mais emblemáticos ocorreu justamente a partir da viagem de Vasco da Gama. Ao chegar a Calicute, na Índia, em maio de 1498, o samorim (chefe local) o recebeu com desprezo devido à mesquinhez dos presentes que o português trazia diante da suntuosidade da corte local e da cidade de 200 mil habitantes, o equivalente à soma das populações de Londres, Lisboa, Roma, Viena e Bruxelas, na época. A vingança por esse tratamento considerado desrespeitoso caberia, na viagem seguinte, ao nosso bem conhecido Pedro Álvares Cabral.

Avisado do que acontecera, e depois de passar rapidamente pelo Brasil — uma estadia breve, de quatro dias, já que o novo continente não era o objetivo principal de sua viagem —, Cabral decidiu não se deter para firulas diplomáticas e iniciou a "conversação" com o samorim bombardeando Calicute sem clemência. Seria o primeiro centro urbano da história submetido ao fogo de canhões a partir de um navio, uma inovação dos portugueses às táticas bélicas. Pero Vaz de Caminha, autor da famosa carta que descreve ao rei dom Manuel a chegada ao Brasil, foi abatido e morto em combate em Calicute.

Precedendo Cabral, Cristóvão Colombo mostrara grande familiaridade com o tráfico de pessoas escravizadas. Em 1482, dez anos antes de sua viagem à América, ele passou pelo Castelo de São Jorge da Mina, local estratégico na costa da África que assegurava, desde os anos 1460, o fornecimento de africanos escravizados da Guiné para Portugal. A visita ao castelo, onde somente se desenvolviam atividades de tráfico, não poderia ter outro propósito.

Em sua terceira viagem à América, em 1498, Colombo fez escala na ilha de Santiago, em Cabo Verde, que na época já funcionava como grande entreposto do comércio negreiro. Dali, escreveu aos chamados reis católicos da Espanha, Fernando e Isabel de Castela, informando-os de que o comércio de gente seria uma das vantagens de os monarcas investirem em suas empreitadas e do preço em conta pelo qual poderiam ser adquiridos negros cativos, naquela que seria uma parada providencial para uma jornada atravessando o Atlântico.

De fato, o tráfico negreiro para as Américas se oficializou com o decreto de 22 de janeiro de 1510, proclamado pelo rei da Espanha, Fernando. O documento autorizava os navegadores a transportar cinquenta cativos para a ilha de Hispaniola para trabalhar em minas de ouro e pedras preciosas. Três semanas mais tarde, Fernando autorizou o transporte de duzentos cativos para o Caribe, o mais rápido possível.

Era a escravidão financiando as chamadas viagens dos descobrimentos.

No caso das terras brasileiras, a Coroa portuguesa as deixou intocadas por trinta anos depois de as ter declarado de sua propriedade. Ocorre que os judeus, depois de expulsos pela Inquisição e pelos reis católicos da Espanha, foram também expulsos de Portugal, em 1496. Até então, os judeus monopolizavam todas as operações bancárias, cujos valores foram confiscados por dom Manuel I. Foi quando surgiu a figura de Fernando de Noronha.

Ele era um cristão-novo, um judeu forçado a se converter. Noronha visualizou a nova terra, largada por falta de interesse comercial, como a possibilidade de uma colônia que abrigasse outros convertidos, como ele, ou mesmo judeus sem pátria. Seria como o cumprimento da profecia da Terra Prometida, quando os judeus, depois da diáspora provocada em 70 d.C. pelos exércitos romanos, que expulsou os judeus de sua terra, a antiga Judeia, voltariam a ter uma pátria, uma nação, uma terra *sua*. No novo continente, estariam livres das perseguições da Inquisição, que costumava torturar e queimar nas fogueiras todos os hereges — os não católicos —, e poderiam voltar a praticar sua religião.

A solução dada por Noronha propunha a instalação de uma capitania na ilha que atualmente tem o nome do idealizador do projeto: Fernando de Noronha. Foi ele quem levou ao rei a proposta de uma lucrativa exploração de pau-brasil — a madeira vermelha que deu nome ao país mais tarde, muito valorizada como corante na Europa. Outro cristão-novo sob a liderança de Noronha, Fernão Gomes, havia, em 1469, arrematado o primeiro contrato de tráfico de pessoas escravizadas da Guiné. Baseados, então, na produção que se viabilizava pela mão de obra escrava, o consórcio de cristãos-novos iniciou, de fato, a colonização do Brasil.

O primeiro navio com pessoas escravizadas a atravessar o Atlântico não veio da África para o Brasil: ele saiu da Bahia em direção a Lisboa. Em 1511, a nau *Bretoa*, de propriedade de Fernando de Noronha e do florentino Bartolomeu Marchionni, atracou em Portugal com uma carga de papagaios, peles de onça-pintada, toras de pau-brasil e 35 indígenas cativos que seriam leiloados na capital portuguesa. Alguns anos mais tarde, entre 1515 e 1516, 85 indígenas escravizados brasileiros foram vendidos na cidade espanhola de Valência pelo traficante Juan Miguel Dabues. São esses os primeiros registros de escravidão indígena no Brasil.

No entanto, talvez, o personagem que mais articule a colonização das terras novas com a escravização, tornando impossível ler uma história sem a outra, seja aquele em cuja homenagem os três continentes foram batizados: Américo Vespúcio. Italiano, navegador e cartógrafo, dono de meia dúzia de pessoas escravizadas, tinha ligações com Lourenço de Médici, o banqueiro florentino envolvido no financiamento do tráfico de escravizados.

Em 1501, Vespúcio, que já havia participado de duas viagens com Colombo, foi contratado por dom Manuel I para explorar e mapear as costas das terras desconhecidas às quais Cabral chegara no ano anterior. Numa carta a Lourenço de Médici, Vespúcio relatou tudo o que descobriu sobre as terras novas e os métodos de navegação dos portugueses. Funcionou como um perfeito espião, provocando grande fúria de dom Manuel I. O texto, pouco depois, foi traduzido e impresso na Itália em forma de livro e virou um best-seller com 22 edições, traduzido também para o francês, o holandês e o alemão. Tinha o título de *Mundus Novus*, e esse passou a ser o outro nome pelo qual se chamavam as terras encontradas.

4. O massacre

A CHEGADA DOS EUROPEUS à América resultou numa das mais horrendas catástrofes demográficas da história da humanidade.
 Nos primeiros cem anos após o desembarque de Colombo na ilha de Hispaniola, morreram mais pessoas em todo o continente americano do que nos conflitos do século XX (incluindo as Grandes Guerras). O massacre foi apontado como o mais letal da história moderna e contemporânea. Antes do início das navegações portuguesas, estima-se que o planeta tivesse 450 milhões de habitantes e cerca de 11% viviam nas Américas. Quatro séculos mais tarde, a população mundial havia dobrado, enquanto no continente americano, mesmo com a população já inflada pela maciça importação de africanos, havia somente 25 milhões de pessoas, ou cerca de 2,8% dos habitantes do planeta. O grande massacre ocorrera em um período de somente um século. Em 1600, a população nativa indígena reduzia-se a apenas 10 milhões de pessoas. Quarenta milhões de seres humanos haviam desaparecido no continente.
 Considerando que o martírio dos povos indígenas prossegue ainda hoje, esse número ganha um contorno de hecatombe. Nas áreas pré-colombianas mais densamente povoadas, as terras dos astecas do México e incas do Peru, desde que a esquadra de Colom-

ESCRAVIDÃO

bo chegou ao Caribe, em 1492, quase a totalidade da população local foi exterminada.

Na chegada de Cabral à terra que era dos povos indígenas, viviam entre 3 e 4 milhões de indivíduos, distribuídos em centenas de tribos. Falavam mais de mil línguas e representavam uma das maiores diversidades culturais e linguísticas que já existiram. Três séculos depois, em 1808, na chegada da família imperial portuguesa ao Brasil e da corte de dom João, a população brasileira somava cerca de 3 milhões de habitantes. O número ainda era semelhante ao de 1500, mas a essa altura a composição havia se alterado drasticamente. Mais de três quartos do total era constituída de brancos de ascendência europeia e africanos. Os indígenas haviam sido vítimas de uma calamidade demográfica: estavam reduzidos a 700 mil indivíduos.

Em média, estima-se que, durante o período colonial, o Brasil tenha exterminado 1 milhão de indígenas a cada século. O massacre persiste, já que se calcula que a população indígena atual esteja reduzida a menos de 1 milhão de indivíduos.

Escravização de indígenas na América Espanhola.

Etnias inteiras, como os goitacazes, desapareceram. No caso destes, nem sequer a língua chegou aos dias atuais, já que o nome pelo qual os denominamos, goitacazes — que significa "da foz do rio Paraíba" — é como os chamavam outras tribos. Conta-se que foram exterminados justamente por serem os mais bravos da região — o norte do estado do Rio de Janeiro. Para vencê-los, os colonizadores portugueses recorreram a um expediente semelhante ao que hoje chamaríamos de "guerra bacteriológica". Prisioneiros portugueses, abatidos pela varíola e outras enfermidades, como a gripe, eram abandonados em estado terminal nas terras dos goitacazes para serem capturados. Como os indígenas não tinham um sistema imunológico preparado para defender seus organismos contra essas doenças, morriam em massa.

O chamado "choque epidemiológico" foi um fator de extermínio constante dos povos indígenas que entravam em contato com brancos, como acontece ainda hoje.

Houve também guerras sem tréguas, como no episódio mal estudado, pouquíssimo divulgado, da Confederação dos Tamoios (1554-1567), último ato de resistência da nação dos Tamoios, liderada pelos chefes Cunhambebe (citado por Hans Staden em um relato sobre sua estada no Brasil)[1] e Aimberê. Nesse conflito os povos indígenas, principalmente os tupinambás, da região onde atualmente é o estado do Rio de Janeiro, resistiram o quanto puderam ao avanço dos portugueses sobre suas terras, até serem expulsos para o interior do país.

Os povos indígenas chegaram ao Brasil entre 12 mil e 16 mil anos antes dos portugueses, segundo algumas estimativas. Os sambaquis — depósitos de conchas que chegam a atingir cinquenta

---

1. *História verdadeira e descrição de uma terra de selvagens, nus e cruéis comedores de seres humanos, situada no Novo Mundo da América, desconhecida antes e depois de Jesus Cristo nas Terras de Hessen até os dois últimos anos, visto que Hans Staden, de Homberg, em Hessen, a conheceu por experiência própria e agora a traz a público com essa impressão.* Também é conhecido pelo título *Duas viagens ao Brasil*. Foi publicado na Alemanha, em 1557, e é o único relato sobre os povos indígenas antes de terem sua cultura deturpada pelos colonizadores.

ESCRAVIDÃO

metros de altura — mostram que, entre 2 mil e 5 mil anos atrás, havia uma população que ocupava toda a faixa litorânea, do Rio de Janeiro ao Rio Grande do Sul. Em 1500, os tupis, grupamento que incluía os tupinambás, ocupavam a costa brasileira do estuário do Amazonas ao sul de São Paulo.

O idioma tupi era tão disseminado no país que mesmo os portugueses que se estabeleciam por aqui — os bandeirantes, famosos escravizadores de indígenas, e os jesuítas, com suas fazendas de escravização e evangelização — não falavam português, mas a língua geral, um crioulo da língua ibérica muito misturado ao idioma tupi. O português somente se tornou o idioma oficial da colônia, por decreto, depois da chegada da família real, em 1808.

As tribos indígenas costumavam guerrear entre si e escravizavam os inimigos capturados. A escravização dos indígenas começou imediatamente após a chegada dos portugueses, mas jamais se conseguiu que eles se dobrassem ao trabalho forçado e se submetessem à perda de liberdade. As fugas eram constantes, já que os indígenas conheciam mais a selva do que os seus captores. Além das fugas, eles morriam aos milhares por não terem imunidade contra as doenças trazidas pelos colonizadores. Já os africanos, impedidos de cruzarem de volta o oceano, ficavam mais vulneráveis ao cativeiro — pelo menos até quando começaram a se formar os quilombos, dos quais há comunidades que persistem até hoje e lutam para não serem expulsas das terras que ocupam há séculos, nas quais produzem e cultuam suas tradições. Eram também mais resistentes às doenças existentes na Europa, já que estavam, havia mais tempo, em contato com os europeus.

A intensificação do tráfico de africanos para o Brasil ocorreu em meados do século XVI, entre 1535 e 1570, mas a escravização dos indígenas ainda continuou por mais um século. Indígenas seguiram sendo escravizados no Brasil até o começo do século XVIII, quando foram rapidamente substituídos pelos negros.

A relação dos colonizadores com os indígenas apresenta aspectos complexos. Os aimorés eram inimigos ferozes dos portugueses, que, no entanto, conseguiram aliar-se aos tupiniquins, e estes chegaram a lutar ao lado dos brancos na Confederação dos Tamoios contra os tupinambás. De fato, a rivalidade entre as tribos era ancestral e não cedeu nem mesmo diante daquele que exterminava todos os povos originários. Houve tribos que também ajudaram os colonizadores no combate aos quilombos, enquanto o português Garcia d'Ávila — que chegou por aqui em 1549 — foi um campeão na perseguição, captura e escravização dos indígenas. Celebrado como o homem que trouxe a pecuária ao Brasil, iniciou esse ramo da atividade econômica de fato, mas a maior lucratividade de suas operações vinha do comércio de escravizados indígenas.

Também celebrados como lendas, mitos, símbolos nacionais e regionais, os bandeirantes paulistas — São Paulo é o estado bandeirante — foram os mais atuantes no massacre dos indígenas. Na língua guarani, "bandeirante" é sinônimo de bandido ou bandoleiro. Na nossa mitologia peculiar, foram aqueles que ampliaram os limites das fronteiras do Brasil para além do Tratado de Tordesilhas e descobriram o interior do país. Embrenhavam-se como nenhum outro grupo pelos sertões, procurando riquezas — e há quem acredite que tenham descoberto que havia ouro e pedras preciosas no interior do Brasil muito antes das autoridades da colônia. Naturalmente, mantiveram suas descobertas em segredo. Transformaram rumores que escaparam sobre o assunto em histórias que serviram de matéria-prima para a ficção, como representado em *As minas de prata* (1865), de José de Alencar.

Os bandeirantes foram decisivos na luta contra os quilombos, como foi o caso de Domingos Jorge Velho, contratado para derrotar e aniquilar o Quilombo dos Palmares. Jorge Velho, que provavelmente não falava o português, mas a língua geral, cumpriu a rigor sua encomenda.

Sempre fora uma questão para os escravizadores se os indígenas eram seres humanos, dotados de alma e passíveis da remissão de seu pecado original pelo batismo, ou seja, de serem salvos e alcançarem o paraíso cristão depois da morte. Também se questionava muito se eram ou não súditos do rei, com direitos e proteção legal (matar uma pessoa escravizada a pancadas não seria assassinato), ou se estariam no nível de animais domésticos. Eram os mesmos argumentos que mais tarde seriam usados para justificar a escravização de africanos. No entanto, a economia segue a racionalidade, e não argumentos. Já o padre Antônio Vieira, perseguido e preso por defender a liberdade dos indígenas, afirmava que a escravidão de africanos deveria substituir, com vantagens, a dos povos originários da terra — afinal, indígenas convertidos já trabalhavam, de graça, nas terras e missões da Igreja, vez por outra assaltadas pelos bandeirantes que os sequestravam.

E foi mais essa vantagem econômica do que qualquer outra razão que prevaleceu.

5. África

BERÇO DA HUMANIDADE, de onde os nossos ancestrais *Homo sapiens* saíram entre 200 mil e 300 mil anos atrás para ocupar o restante do planeta, a África teria 200 milhões de habitantes na época da chegada dos portugueses, quase a mesma população atual do Brasil. No norte do continente — que no início do tráfico de pessoas para o Ocidente não possuía a identidade pan-africana nem nada parecido com a atual divisão geopolítica — floresceram na Antiguidade algumas das civilizações mais importantes da história humana, como os egípcios dos faraós e os cartagineses, ferozes inimigos do Império Romano.

Era mais nítida a diversidade étnica do continente africano, na época dividido em reinos com diferentes tradições ancestrais. Diante do nosso desconhecimento do assunto, é quase impossível imaginar o quanto a África foi complexa, diversa, culturalmente sofisticada e até mesmo rica em algumas regiões, antes de ser assolada pelo tráfico de pessoas escravizadas para as Américas. Trata-se de uma perspectiva que se perdeu com o tempo. Infelizmente a visão que prevaleceu — mesmo quando se ressalta o seu passado milenar — reflete o preconceito e a ignorância dos europeus, para quem na época era conveniente (para seu negócio escravagista) enxergar todos os africanos como uma massa de selvagens, estranhos

ESCRAVIDÃO

à fé cristã e distantes — porque diferentes — da suposta avançada civilização europeia.

O mais correto seria chamar a organização geopolítica dessas etnias de Estados, reinos e impérios. No entanto, os europeus reservavam essas denominações para suas próprias terras.

Basta ver que expressões genéricas como *Etiópias* (no plural), *Guiné* ou *Negrolândia* eram usadas para identificar regiões desconhecidas ou nunca exploradas. E países com nomes derivados do inglês *niger*, termo considerado ofensivo pelos afrodescendentes americanos, a maneira depreciativa como as pessoas escravizadas eram chamadas, foram inventados — alguns no século XX — justamente para reunir, de modo artificial, uma grande variedade de povos, cada qual com sua visão de mundo, nuances linguísticas, história, fé, mitologia, cosmologia, costumes e tradições. A forma distorcida com que os europeus viam os africanos também aparecia no relato dos viajantes da época, em que tradições culturais antigas e complexas eram resumidas ao termo "tribo" — palavra aplicada igualmente aos povos indígenas brasileiros.

A expressão *Guiné* — que servia de designação para escravizados que chegavam "das Guinés" ao Brasil — foi uma construção imaginária dos cartógrafos europeus que dá hoje nome a três países africanos: a Guiné-Bissau, a República da Guiné e a Guiné Equatorial. Para os traficantes dos navios negreiros, o que interessava é que viriam da região que denominavam *Nigrita* e seriam vendidos no golfo da Guiné. No leilão de pessoas escravizadas, a denominação servia como marca, aludindo à qualificação dessas pessoas para determinados tipos de trabalho e seu grau de submissão. Havia os que já praticavam a agricultura; mais tarde, os já habilitados no garimpo, e isso influenciava no seu valor de venda. Os negros falantes do iorubá, também chamados de malês, vendidos na antiga Costa dos Escravos (litoral do Benim, Togo e Nigéria entre os séculos XV e XIX), tinham fama de rebeldes — principalmente depois da Revolta dos Malês, em que chegaram a tomar o controle das ruas de Salvador por alguns dias.

A África ganhou rapidamente a fama de ambiente perigoso e mortífero. Por isso, os europeus, no geral, ocupavam a borda do continente, estabelecendo feitorias, castelos e entrepostos de compra e venda de pessoas escravizadas. Não estavam interessados em compreender as particularidades de cada povo. Até porque o conceito de nação poderia ser mais profundo na África do que na Europa. No Daomé, por exemplo, a ideia de Estado-nação transcendia a geografia do seu território, o número de habitantes e talvez até mesmo o conceito de vida dos europeus, já que o Daomé era uma realidade espiritual que reunia todos os mortos, desde a criação do mundo, os vivos e os ainda por nascer.[1]

Esses embates culturais e políticos, essa insistência dos colonizadores em subjugar e o desdém por compreender resultaram em brutal perda de vidas e sofrimento. Angola, por exemplo, uma das regiões de onde mais saíram cativos para o Brasil, só conquistou a independência em relação a Portugal em 1975. A verdade é que, para o europeu, o continente pouco mais era do que um "grande e contínuo formigueiro negro".[2]

As diferenças entre esses povos e culturas eram tão marcantes quanto a própria geografia. Por exemplo, no auge do seu poder, no século xv, o Mali teria sido a mais rica sociedade do planeta. Tombuctu, um dos centros difusores do conhecimento no mundo islâmico, abrigava uma universidade e uma grande biblioteca, frequentada por teólogos, filósofos e escritores. Era um dos maiores centros cosmopolitas da época. Nos seus mercados, via-se um trânsito de vendedores e compradores de todas as origens, mesmo de lugares mais distantes, como os atuais Egito e Iraque. Em outros reinos, podia-se encontrar avançados centros de produção metalúrgica, têxtil — tecelagem e costura —, de criação de gado e

---

1. Alberto da Costa e Silva, *Um rio chamado Atlântico*. Rio de Janeiro: Nova Fronteira/Editora da ufrj, 2003, p. 58.

2. Expressão utilizada por missionários capuchinhos ao descrever o Reino de Aladá, em 1662.

lavouras. Havia também povos que viviam rudimentarmente, devastados por guerras e epidemias, e nômades, que sobreviviam da caça e da pesca. Poucas sociedades tinham a escrita inserida em sua cultura. Tampouco conheciam as rodas, roldanas e engrenagens, assim como o serrote, a plaina, o torno e o parafuso. Já ao longo do rio Níger, por exemplo, os europeus se surpreenderam ao observar canoas enormes, escavadas em um único tronco de árvore, algumas chegando a 25 metros de comprimento e com capacidade para transportar até cem pessoas.

Mesmo os impérios e reinos maiores, como o Mali, tinham uma organização que se articulava com uma constelação de reinos menores, formada por alianças e conquistas. Os governantes desses reinos-satélites tinham certa autoridade local, mas seguiam orientações, prestavam contas e pagavam tributos ao Estado dominante. A África Ocidental, por exemplo, era gerida por microestados com população entre 3 mil e 5 mil habitantes. "A fragmentação política era a norma na África Atlântica",[3] segundo o historiador John Thornton. Essa situação foi decisiva para que os europeus tirassem proveito de conflitos e hostilidades entre esses Estados, que constituíam a negação de um imaginado sentimento de africanidade. Foi isso o que favoreceu tanto o desenvolvimento de um grande mercado de pessoas escravizadas na África antes da chegada dos europeus, nos séculos XV e XVI, como a instalação do comércio transatlântico de escravizados, aproveitando-se dessa estrutura a partir de alianças entre traficantes e autoridades locais. A existência desse mercado, dessa prática com fornecedores e compradores, rotas de transporte, feiras, precificação definida e, sobretudo, de métodos culturalmente aceitos de captura, foi o que possibilitou a rápida expansão do tráfico.

---

3. *Africa and Africans in the Making of the Atlantic World, 1400-1800*. Nova York: Cambridge University Press, 1992, p. 91.

De fato, havia diversos meios de produção de pessoas escravizadas na África. O principal era a guerra — muitas vezes desencadeada pelo único propósito de obter cativos para trabalho e venda. Havia casos em que o surgimento de um navio negreiro no horizonte, anunciando clientela, determinava a invasão do reino vizinho ou aldeia. Muitos traficantes pagavam pela aquisição de escravizados com armas e munições, alimentando mais guerras — e maior fornecimento de mercadoria. Havia ainda os sequestros aleatórios, os processos judiciais em que o roubo era punido ou as dívidas eram pagas com a escravização. E havia casos de "peonagem", em que pessoas em dificuldades financeiras podiam se oferecer como peões, ou escravizados temporários, em troca de ajuda, abrigo e apoio material. Muitas vezes, famílias em desespero, sem recursos, vendiam seus filhos para serem escravizados. Todas essas práticas já existiam antes da chegada dos europeus.

A suposta identidade pan-africana é um conceito relativamente recente. Em grande parte, vem das guerras e movimentos nacionalistas por independência e contra o colonialismo, que datam do século xx. Ninguém, na época das navegações, se reconhecia como africano. Portanto, embora isso de certo modo ocorresse, seria inadequado ao contexto dizer que africanos escravizavam africanos — como fazem alguns negacionistas para combater a necessidade de reparações por parte dos países e das sociedades onde a escravidão imperou, muitas vezes como pilar de sua formação e desenvolvimento. Equivaleria a dizer que, na Segunda Guerra Mundial, por exemplo, europeus subjugaram e mataram outros europeus.

Entre os africanos, como em qualquer sociedade escravagista, o "outro", o "diferente" é aquele que potencialmente tem menos ou nenhum direito em relação ao semelhante e, portanto, pode ser escravizado ou submetido a condições de vida e de trabalho análogas à escravidão. Nas lavouras de cana-de-açúcar, nas minas de ouro e de diamante, e mesmo nos lares brasileiros, o escravizado não era considerado uma pessoa, mas uma máquina, como seria hoje um trator ou um arado; um equipamento de produção e serviço. É o estrangeiro, ou o imigrante, aquele que vem de fora. Além do mais, a chegada dos portugueses foi motivada por um interesse especial na escravização de pessoas do continente africano e elevou a demanda pela mão de obra escrava a níveis nunca vistos.

Sem esse intermediário — muitas vezes um *soba* (chefe local) —, o tráfico de pessoas da África pelos europeus não se consolidaria, tampouco duraria três séculos e meio, ao longo dos quais o continente perderia em torno de 22 milhões de habitantes, principalmente homens jovens, no auge de sua capacidade produtiva. "Nenhum continente conheceu, durante período tão longo, uma sangria tão contínua e tão sistemática como o africano."[4]

Além disso, é importante considerar que a escravidão perdurou na África muito depois da partida dos traficantes europeus. Quando o tráfico, enfim, foi banido do Atlântico, no século XIX, haveria na África mais pessoas escravizadas do que em toda a América — cerca de 10 milhões de indivíduos. Até porque, em muitas culturas, a posse de escravizados significava riqueza —

---

4. Elikia M'Bokolo, *África negra: história e civilizações, tomo I (até o século XVIII)*. Salvador: Edufba; São Paulo: Casa das Áfricas, 2008, p. 209.

de maior valor do que a posse da terra, ao contrário da Europa —, elevada condição social e poder. Por exemplo, em algumas regiões, as pessoas escravizadas eram sacrificadas e enterradas com seu dono, como mostram diversas escavações arqueológicas.

Se a escravidão foi uma ferida, a cicatriz na história da humanidade está na África, e também em todos os lugares onde a exclusão social e os preconceitos continuam cativos das ideias que tornaram lícito escravizar pessoas. A reconciliação é difícil, ainda mais porque o maior crime contra a população negra talvez tenha sido a aniquilação de suas identidades, desde o nome e a religião até as suas origens — disfarçadas pelo termo genérico de "africano" —, e a desvalorização (imposta e propagada) de suas características físicas, cujas diferenças, relacionadas às etnias, eram ignoradas.

Os negros trazidos da África eram mais valorizados nos leilões no Brasil se falassem rudimentos de português — para estarem aptos a receber ordens sobre o trabalho. Mais ainda se estivessem adaptados às peculiaridades da produção em que seriam usados — lavoura, mineração etc. Outro tanto se já tivessem sido convertidos de "boçais" em "ladinos", ou seja, se já tivessem sido batizados, respondessem por um nome cristão e fossem domesticados para aceitar a privação de liberdade e os trabalhos exaustivos e forçados a que seriam submetidos. Arquipélagos e ilhas no meio do caminho — como Cabo Verde — eram, às vezes, utilizados como laboratórios para essa ladinização. Era nessa fase, também, que o escravizado sofria as primeiras marcas a ferro em brasa.

Traços físicos e vestimentas de mulheres africanas escravizadas no Brasil.

Seja como for, nas ilhas, as condições para isso eram melhores — para quem dispusesse dessas instalações — do que a bordo. Elas foram utilizadas principalmente para escravizados com destino à América dominada pelos espanhóis. Os reis da Espanha concediam contratos — os chamados *asientos* —, recebiam as pessoas escravizadas nas ilhas-laboratório e as leiloavam a armadores, banqueiros e grandes comerciantes portugueses.

Francisco Pizarro, alardeado como "grande navegador", um conquistador de territórios nas Américas foi, na verdade, o responsável pelo extermínio do pujante Império Inca, massacrando vilas e populações inteiras. Num episódio famoso de 1532, Pizarro convida Atahualpa, chefe inca, para um jantar, prometendo uma negociação de paz, mas ele o prende, junto com toda a sua família e comitiva. Atahualpa é executado no ano seguinte.

Na costa da África — já que, como os demais europeus, não penetravam no interior do continente —, outro grupo comercial a ganhar destaque foi o dos *lançados*. Tratava-se de expatriados, pessoas expulsas da metrópole, como os cristãos-novos, que se estabeleciam na África. Eles formaram uma eficiente rede de tráfico de pessoas escravizadas e mercadorias, criando verdadeiras dinastias, e se integravam de tal forma com os locais que falavam um português "acrioulado", misturado com idiomas africanos, e adotavam alguns hábitos nativos — até mesmo religiosos. Com isso, provocavam a ira da Igreja, que os via como hereges. Mesmo combatidos, eram úteis, suas esposas eram mulheres de grande prestígio. Seus filhos e netos, no papel de intermediários mais eficientes entre os europeus, os sobas e grupos organizados para a captura de pessoas, impulsionaram de vez o grandioso negócio em que se transformava o tráfico no continente.

6. Ruínas de um sonho

Hoje, a história do Reino do Congo é considerada pelos estudiosos um caso exemplar das consequências do tráfico de escravizados.

Entre os séculos xv e xvi, a Coroa portuguesa esforçava-se para a realização de duas tarefas que atualmente pareceriam inconciliáveis. A primeira seria converter, à luz do evangelho que prega perdão e misericórdia, um grande reino africano. A segunda, extrair desse reino o maior número possível de cativos e transportá-los para o outro lado do Atlântico, onde serviriam de mão de obra para viabilizar a lavoura extensiva de cana-de-açúcar.

A incompatibilidade está no fato de que a escravidão, como já foi destacado aqui, somente pode ser imposta à custa de castigos violentos e contínuos — o império do chicote.

Os jesuítas escolheram, para esses objetivos, toda a extensão do continente africano abaixo do deserto do Saara. Hoje, lá estão o Congo (onde, além de sofrer com disputas internas, surgiu o mortal vírus ebola, em 2014) e a República Democrática do Congo (até hoje assolada por uma interminável guerra civil). Esses países não existiam, na época, como nação, no sentido europeu. Ambos, apesar da enorme riqueza em recursos naturais, inclusive ouro, diamantes, petróleo e minérios em geral, exibem baixíssimos Índices de Desenvolvimento Humano (IDH).

BENGUELA.

Por algum tempo, o projeto pareceu funcionar. O Reino do Congo converteu-se. Os congoleses adotaram nomes, códigos, rituais e comportamentos tipicamente portugueses, extirpando suas identidades ancestrais numa velocidade surpreendente. Do mesmo modo, logo se tornava também uma das principais fontes de cativos para o tráfico negreiro.

Na definição do historiador britânico Charles Boxer, foi "o símbolo máximo da dicotomia que afligiu a aproximação portuguesa aos negros africanos durante tanto tempo: o desejo de salvar suas almas imortais associado ao anseio de escravizar seus corpos vis".[1] Ou ainda, nas palavras de Russell-Wood, um exercício de "desilusão mútua".[2]

O antigo Reino do Congo tinha sua capital na cidade de M'banza-Congo, rebatizada como São Salvador do Congo. Em 1483, o navegador Diogo Cão ancorou sua caravela na foz do rio Zaire. Foi recebido pelo maní, ou senhor, do Sônio, província do Congo. Dali, o português enviou mensagens e presentes para o manicongo, o senhor máximo do Congo, em M'banza-Congo. Aprisionou quatro indivíduos da população local e os levou para exibi-los em Portugal, a fim de demonstrar o potencial de lucro da operação que pretendia realizar.

Cerca de catorze meses depois, em 1485, estava de volta. Os prisioneiros vinham com ele, vestidos à europeia e fluentes no português. Trazia ainda uma carta ao manicongo, da parte de dom João II, rei de Portugal, oferecendo sua amizade ao soberano africano.

Embora não tenha se encontrado com Diogo Cão, o manicongo solicitou que se

MONJOLO.

1. Charles Boxer, *O império marítimo português, 1415--1825*. Lisboa: Edições 70, 1969, p. 106.

2. John Russell-Wood, *Histórias do Atlântico português*. São Paulo: Editora Unesp, 2014, p. 35.

organizasse uma embaixada a Portugal, incluindo um dos congoleses trazidos de volta, que, rebatizado, de Chrachanfusus (ou Caçuta) agora se chamava João da Silva. Levava de presente ao rei de Portugal objetos de marfim e peças de pano de ráfia, tão lindos e de tamanha qualidade que causaram alvoroço na corte de Lisboa.

ANGOLA.

O manicongo pretendia modernizar o Congo, dotando-o daquilo que os portugueses tinham a oferecer e que, para os africanos, significava grande avanço. Assim, pediu a dom João II que enviasse ao Congo mestres em ofícios, como pedreiros, carpinteiros e agricultores. Enviou também jovens congoleses, pedindo que fossem educados e formados para retornarem e dividirem seus conhecimentos com seus conterrâneos. Pediu ainda que enviasse missionários católicos.

Dessa vez, a esquadra era comandada por Rui de Souza. Os portugueses vinham com presentes como cavalos, arreios, sedas, damascos e veludos. Apresentaram-se ao senhor do Sônio vestidos de gala, com suas armas — arcabuzes, bestas, lanças e alabardas, que seus anfitriões desconheciam. Do outro lado, a comitiva africana chegou com seus membros nus da cintura para cima, dançando ao batuque de tambores, chocalhos e trompas de marfim, e enfeitados com peças de ráfia. O senhor do Sônio usava uma carapuça bordada com a figura de uma serpente. Durante a missa, celebrada numa igreja especialmente construída para a ocasião, seguindo as determinações do manicongo, todos os fetiches e imagens ligados aos cultos tradicionais africanos foram queimados e o maní recebeu o batismo, com o nome de Manuel.

Na etapa seguinte, a cerimônia em M'banza-Congo foi ainda mais retumbante. O manicongo trazia, amarrada à cintura nua, uma das peças de damasco que o rei de Portugal lhe enviara, usada como costumavam

CONGO.

fazer com os panos de ráfia. Foi igualmente batizado e renomeado, como dom João I, à semelhança do soberano português. E dali partiu para a guerra contra um adversário vizinho, a quem venceu, com a ajuda de embarcações e soldados portugueses. Levava consigo, ainda, como espécie de amuleto, a água benta enviada pelo papa Inocêncio VIII e uma bandeira de cruzado, presente de dom João II. Trouxe no butim de guerra muitos cativos para seus novos aliados.

Nascia ali uma curiosa forma de catolicismo, até hoje praticada nessa região da África, que combina crenças e rituais católicos com outros de origem ancestral. Rapidamente, o Congo adotou a fé católica. Ocorre que, quando comparamos a visão de mundo, ou cosmogonia, africana com a católica, encontramos muitas semelhanças.

Na Europa, os católicos tinham o costume de mandar benzer as terras semeadas na esperança de uma colheita melhor. Acreditavam em mau-olhado, bruxas e pragas, e, sob acusações de lançar tais feitiços, a Inquisição mandou muita gente para a fogueira. Com nomes e rituais diferentes, assim era também no Congo. Os congoleses acreditavam num deus supremo, na ressurreição dos mortos, na imortalidade da alma e num paraíso feito de perfeição e plena felicidade. Como os católicos têm fé nos santos, os congoleses acreditavam tanto em espíritos protetores como nos demoníacos. Usavam mandingas e talismãs, da mesma forma que os católicos portavam medalhinhas de santos e relíquias.

Por trás da decisão do manicongo, portanto, havia questões práticas ligadas ao desenvolvimento de seu reino e, sobretudo, à adoção de um sistema de crenças que ele poderia aceitar com sinceridade.

No entanto, mais do que salvar almas, os portugueses estavam interessados no tráfico de pessoas escravizadas. Em 1530, o Reino do Congo exportava por ano entre 4 mil e 5 mil "peças da Índia", expressão que nada tinha a ver com o subcontinente, a Índia, a não ser pela cegueira europeia que igualava tudo que estava ao sul da Linha do Equador. Eram escravizados considerados de "alta qualidade", ou seja, jovens, saudáveis, fortes e do sexo masculino, que vinham da África.

A certa altura, porém, com a insaciável demanda de Portugal por cativos, o manicongo no trono em 1526 percebeu que sua população se extinguia rapidamente, e pediu ao rei português para suspender o tráfico. Queria mais padres e professores, e um navio para fazer comércio direto com a Europa. O rei português demorou dez anos para responder a essa carta e nenhuma das propostas foi aceita. O sonho de modernização do Congo começava a ruir.

Além de estimular disputas pela Coroa, Portugal instigava rebeliões de povos até então vassalos do Congo. Em 1568, o reino foi invadido pelos jagas, uma temida dinastia de guerreiros do interior da atual Angola. Eram descritos como hordas ferozes, antropófagas, e daí em diante não houve paz para a sucessão de reis congoleses com nomes aportuguesados.

O martírio final do Congo teve como protagonistas três brasileiros: Salvador de Sá, João Fernandes Vieira e André Vidal de Negreiros, todos heróis da guerra que expulsou os holandeses de Pernambuco e da África, entre 1648 e 1661. Foram ao Congo como traficantes de pessoas escravizadas. O Congo seria a última grande fonte de cativos, nunca pilhado de modo intensivo, já que o reino tinha relações privilegiadas com Lisboa até então. Coube a eles concluir a tarefa. Mesmo contrariando a Coroa portuguesa, os brasileiros inventaram pretextos para destruir de vez o Congo, culpando-os, falsamente, de atacar Angola e reter escravizados angolanos.

Logo, o manicongo percebeu que tinha de partir para a guerra contra Vidal de Negreiros e seus associados. Os congoleses tinham em suas tropas 190 mosqueteiros e dezenas de milhares de arqueiros e lanceiros. Os brasileiros contavam com dois canhões, 550 mosqueteiros, 3 mil arqueiros e milhares de guerreiros nativos inimigos dos congoleses, como os afamados jagas. Foi um massacre, 5 mil guerreiros morreram, inclusive o próprio rei congolês, dom Antônio I, que acabou degolado. Recebeu as honras fúnebres de rei cristão. Sua cabeça decepada foi levada em procissão pelas ruas de Luanda, capital de Angola, e sepultada na igreja de Nossa Senhora de Nazaré.

ESCRAVIDÃO

Com o extermínio do Reino do Congo, o território vizinho, Angola, se tornaria o maior fornecedor de cativos para o Brasil, a ponto de o padre Antônio Vieira declarar, em 1648: "Sem Angola, não há negros; e, sem negros, não há Pernambuco".

Pessoas escravizadas, e muito baratas, era de fato o que não faltava em Angola. Estima-se que, de 10,5 milhões de cativos que chegaram vivos ao continente americano, 54% vinham dessa região. E, no caso do Brasil, essa proporção subia para 70%. O tráfico supria-se de cativos por meio da promoção sistemática de guerras, tirando proveito das rivalidades locais.

Ao contrário do que aconteceu em outros lugares, os portugueses, aliados aos soberanos da região, não se restringiam a receber escravizados no litoral, mas participavam das razias — expedições para capturar pessoas —, dos sequestros e das guerras. Havia uma razão para isso. Os portugueses acreditavam que havia minas de prata no interior de Angola. A resistência aos traficantes foi mais aguerrida, e, assim, ficou decidido que o cristianismo somente prevaleceria pela imposição armada.

Angola foi entregue pela Coroa portuguesa, como capitania hereditária, a Paulo Dias de Novais. A concessão não determinava a extensão da capitania para o interior do território; seu tamanho de fato dependeria da capacidade e da ferocidade de Dias de Novais na guerra de conquista contra os sobas locais. A guerra começou efetivamente em 1575. Foi longa, cruel e custou milhares de vidas para ambos os lados. No entanto, dos quase 2 mil europeus que não resistiram ao conflito em Angola até 1591, somente cerca de quatrocentos de fato morreram nos campos de batalha. Os demais foram vítimas da febre amarela, varíola, malária e outras doenças que empesteavam o interior.

Dias de Novais era conhecido por sua truculência. Em 24 de agosto de 1585, mandou degolar e despachar para Luanda a cabeça de dois sobas e grande quantidade de narizes de prisioneiros.

A guerra ainda durou muitos anos, mas, ao chegarem à região em que esperavam encontrar prata, os portugueses descobriram que havia somente minas de chumbo. Ainda assim, rapidamente Angola se tornou a principal fonte de pessoas escravizadas para a América Portuguesa. As correntes marítimas e os ventos entre Angola e o Brasil eram particularmente favoráveis à navegação. Era mais fácil navegar de Luanda para o Rio de Janeiro do que de Salvador para São Luís do Maranhão, fenômeno que o padre Antônio Vieira atribuía à Providência Divina, que favorecia o transporte dos negros convertidos ao catolicismo para a escravização no Brasil.

O tráfico em Angola era organizado com a ajuda dos "pombeiros", uma rede de pequenos traficantes que, financiados pelos traficantes maiores, traziam cativos do interior, diminuindo assim o tempo de espera do navio negreiro — que só zarpava com os porões carregados. Essas alianças de ocasião criaram identidades peculiares. Por exemplo, chegou-se a um ponto que ser negro ou branco não dependia da cor da pele, mas se a pessoa usava calçados. Os pombeiros jamais andavam descalços.

No trajeto, do interior a Luanda, Benguela, Luango e São Salvador (no Congo), os escravizados seguiam em fila indiana, acorrentados uns aos outros por argolas atadas ao pescoço e, às vezes, correntes presas aos tornozelos. Essas filas eram os *libambos*. Chegavam a percorrer centenas de quilômetros até chegar aos barracões dos entrepostos. Os cativos eram usados ainda para carregar, na cabeça, mercadorias compradas no interior. À frente da caravana, viajava o dono dos escravizados, seu captor ou seu representante, deitado em tipoias — redes de tecidos ou folhas de palmeira suspensas por varões sustentados por dois ou quatro cativos. O trajeto era longo e penoso. A mortalidade era alta.

Os traficantes dependiam da aliança com os sobas locais para tudo — inclusive para a recaptura de cativos que escapavam. Ao mesmo tempo, os portugueses faziam de tudo para manter os sobas sob controle. Se algum deles resistisse a cooperar na operação, poderia acabar ele próprio escravizado e enviado para Fernando de Noronha.

Havia ainda guerreiros que não pertenciam propriamente a um povo, como os que os portugueses chamavam de jagas, também conhecidos como ingambalas — e que faziam acordos de cooperação com os traficantes portugueses. Eram guerreiros que se organizavam em quilombos, que ali significava um acampamento militar, e não o que representou no Brasil. Alistavam à força os prisioneiros mais aptos para o combate, submetendo-os a um ritual iniciático que incluía a extração de dois dentes da arcada superior, origem da palavra "banguela", em português. A ferocidade dos jagas era impressionante e isso impulsionou enormemente a escravização, a ponto de, um século depois da chegada de Cabral, o número de cativos no Brasil ser quatro vezes superior ao de brancos de origem portuguesa.

Um detalhe curioso é que houve cativos levados para as minas de prata da América Espanhola e depois revendidos para o Brasil. Desse movimento nasceu, em 1637, o culto a Nossa Senhora de Copacabana, trazido dos Andes pelos traficantes de pessoas escravizadas. Naquele ano, uma capela dedicada à santa foi erguida na praia, famosa mundialmente, que banha o bairro de mesmo nome.

7. O negócio

O TRÁFICO DE ESCRAVIZADOS NO ATLÂNTICO foi a maior e mais continuada migração forçada por via marítima de toda a história da humanidade.

Até o início do século XIX, era o maior e mais internacionalizado de todos os negócios do mundo. Hoje, sabe-se com relativa precisão que 12.521.337 seres humanos foram embarcados para a travessia do Atlântico, em cerca de 36 mil viagens de navios negreiros — os tumbeiros —, entre 1500 e 1867. Desses, 10.702.657 chegaram vivos à América. Portanto, os mortos chegam perto dos 2 milhões de indivíduos. No Brasil, mesmo depois das leis internacionais e nacionais que proibiram o tráfico, a operação dos traficantes ilegais continuou, até com mais força. Além disso, havia um movimento de tráfico interno, em que áreas de economia escravagista decadente, principalmente no Nordeste, buscavam remanejar ativos, exportando contingentes de cativos para outras regiões.

No Brasil, todos os aspectos da vida colonial giravam em torno da escravidão. Era o que definia a organização das cidades, a produção nas lavouras, nos engenhos, nas minas de ouro e de diamante.

Para se ver a grandeza do negócio da economia escravagista, houve campo até mesmo para negócios paralelos. Sem contar que ofereciam-se, nos anúncios de leilões, mulheres escravizadas para uso sexual dos compradores em potencial e amas de leite — esta última, uma prática bastante comum. As amas de leite amamentaram gerações e gerações de crianças de senhores de escravizados, cujas esposas não podiam ou não desejavam dar-lhes o seio. Tornou-se muito natural para um branco mencionar, até carinhosamente, sua ama de leite. Claro que isso gerou preconceito contra o aleitamento materno, que virou "coisa de cativo".

Uma prática repulsiva, que jamais recebeu a devida divulgação, apesar de disseminada, era a da reprodução sistemática de cativos com o objetivo de vender as crianças, do mesmo modo como se comercializavam filhotes de animais domésticos.

A atividade escravagista mais ampla era altamente organizada, sistemática, complexa e tão arriscada quanto lucrativa. Havia uma rede de financiamentos, crédito, investidores, em todas as suas fases. De ambos os lados do Atlântico, inclusive, é claro, no Brasil, todo um sistema financeiro — bancos, empresas de empréstimo de capitais e participações, de negociação de letras de crédito, ações e acionistas, financiadoras e investidores — se formou a partir do tráfico. Era assim que se viabilizava a construção ou o aluguel dos navios, a compra dos equipamentos e suprimentos para a viagem, a compra e a manutenção de mercadorias usadas para a negociação de cativos, a subsistência dos aprisionados enquanto aguardavam o embarque nos portos africanos, a vigilância sobre os cativos nos armazéns e todas as despesas durante a travessia — por mais que se procurasse baratear os custos, reduzindo ao mínimo a alimentação e os cuidados com os cativos, que eram amontoados nos porões. Havia até mesmo uma linha de apólices de seguro contra perdas.

A acumulação de mercadorias brasileiras mais valorizadas na troca por cativos na África era usual — uma operação típica de escambo. A cachaça era o produto que mais rendia e foi responsável por 25% da aquisição de todas as pessoas escravizadas trazidas para o Brasil, entre 1710 e 1830. Entretanto, também valiam como moeda para abastecer os entrepostos tabaco, couro, cavalos, farinha de mandioca, milho, açúcar, carnes e peixes secos e salgados, além de ouro e diamantes contrabandeados.

Também eram muito apreciadas — e tidas como riqueza, sinal de boa condição social ou ainda ornamento de honrarias recebidas nos reinos africanos — pequenas conchas, raras nas regiões onde se capturavam os negros e trazidas pelos traficantes. Eram utilizadas como moeda e chamavam-se *zimbos*. Vinham da praia na ilha de Luanda, em Angola. Os zimbos eram bastante cobiçados pelos locais, assim como os *cauris*, moeda-concha coletada nas ilhas Maldivas, no oceano Índico, mais apreciadas no golfo da Guiné do que as suas similares angolanas. Ambas exigiam expedições específicas, incluindo ações militares, para serem coletadas.

Os clientes africanos da venda de pessoas escravizadas eram os príncipes e os mercadores mais ricos e poderosos — a elite africana, muitas vezes sustentada no poder pelas potências que participavam do tráfico. Os capitães dos navios negreiros precisavam dispor de capital de giro volumoso para, em caso de terem de negociar com aqueles que se embrenhavam em busca de cativos no interior do país — os sertanejos —, adiantar o pagamento, ou parte dele. Enfim, o financiamento partia de fontes muito bem posicionadas na economia no Brasil, e passava até mesmo pela emissão de letras de câmbio — como eram conhecidas as cartas de crédito emitidas por quem tinha credibilidade de honrá-las, passíveis de serem descontadas no Brasil ou na África, onde faziam até mesmo o papel de moeda corrente, como em Benguela. A falência de um dos elos da cadeia poderia levar à quebradeira geral. Assim, as letras e as operações estavam bem lastreadas, ou seja, eram emitidas e garantidas por quem tinha capital.

Tudo isso nos faz perceber que o negócio escravista, que às vezes podemos imaginar pequeno e marginal, feito nas sombras, na verdade era grandioso e envolvia importantes personalidades e fortunas, além de apoio oficial de autoridades e governos — vital, por exemplo, para a consolidação do sistema bancário internacional.

Os cativos eram valorizados de acordo com suas procedências e especialidades. Os angolanos eram considerados dóceis, bons trabalhadores na lavoura e no serviço doméstico. Os que vinham da Costa do Ouro ou da Mina já tinham experiência na mineração de ouro e de diamantes. Os da Guiné eram conhecidos por suas habilidades na pecuária e no pastoreio. As "peças da Índia" — como eram chamados no idioma do tráfico — seriam os meninos com idade entre dez e catorze anos, fortes e saudáveis, e os mais valiosos.

Nessa visão mercantil, o padre jesuíta André João Antonil, alertava:

> *Melhores ainda são, para qualquer ofício, os mulatos; porém, muitos deles, usando mal do favor dos senhores, são soberbos e viciosos, e prezam-se de valentes, aparelhados para qualquer desafio.*[1]

Ao longo de quatro séculos, os portugueses e brasileiros foram os maiores traficantes de escravizados. Em segundo lugar, estavam os ingleses. Tanto que surgiu, numa alusão ao território da Guiné, uma nova moeda, o guinéu (*guineas*, em inglês), na Inglaterra, valendo 21 *shillings*, com um pequeno elefante em alto-relevo numa de suas faces. Em 1660, foi criada em Londres a empresa conhecida como RAC, ou Royal African Company. Apesar da chancela real, tratava-se de uma companhia privada, mas dotada, por concessão da Coroa, do monopólio do tráfico de pessoas escravizadas por mil anos — ou seja, até 2660. Cada sócio entrou com 250 libras esterlinas de investimento. Entre eles, estava o próprio rei Charles II — daí o aval de membros da família real e da nobreza britânica. Uma das acionistas era a rainha Catarina de Bragança, filha do rei de Portugal, recém-casada com Charles II. O seu dote gigantesco de 330 mil libras esterlinas havia sido arrecadado entre os mais ricos comerciantes de Lisboa, diversos deles traficantes de escravizados.

O fato é que os traficantes portugueses e brasileiros tinham na Coroa um sócio pesado e onipresente. Os impostos arrecadados

---

1. André João Antonil. *Cultura e opulência do Brasil por suas drogas e minas*. Brasília: Senado Federal, 2011, p. 106-107.

Africanos escravizados de diferentes origens identificados por marcas e cicatrizes na cabeça.

eram uma fonte fundamental para o Tesouro real. Novos impostos eram progressivamente criados, causando aumento do contrabando, justamente para fugir à voracidade do fisco português. A Coroa, falida havia muito em razão, entre outras coisas, da sua ociosa nobreza que vivia às custas do trono, estava disposta a fazer qualquer coisa para assegurar essa fonte de renda que se tornara crucial para a sua sobrevivência.

Assim, o tráfico prosperou, apesar dos riscos. Eram muitos... Os depósitos costeiros precisavam ser vigiados dia e noite contra o roubo de cativos e dos estoques de mercadorias para as trocas. Enquanto aguardavam, os aprisionados estavam sempre sujeitos a doenças endêmicas que circulavam pela África. E, se ficassem doentes, dificilmente resistiriam à travessia. A demora — de cerca de cinco meses, até se completar a carga — tinha custos, como a alimentação dos cativos, por mais precária que fosse. Quem tinha mais pressa pagava mais caro pelos escravizados.

Para a compra e venda, foram construídas dezenas de fortificações ao longo da costa, e era em seus porões que os cativos ficavam à espera do embarque. Os ocupantes dessas fortalezas precisavam ser trocados constantemente para diminuir a incidência de doenças. Mesmo assim, a mortalidade entre eles era altíssima, obrigando os europeus a uma vida de reclusão dentro desses castelos e feitorias.

Havia riscos adicionais, como naufrágios e saque de piratas — como os corsários norte-americanos. Além disso, apesar de as coroas e governos concederem monopólios a empresas privadas com sua bandeira, essa exclusividade não era reconhecida por empresas de países concorrentes. Cada navio negreiro era também uma nau de guerra, preparada para resistir aos assaltos dos rivais.

Já aqui, estamos em meados do século XVIII, quando os governos deixaram de operar diretamente no tráfico, que se tornou então um negócio privado. Em 1830, surgiu outra complicação, principalmente devido a mudanças na opinião pública inglesa, que transformou o tráfico numa ação de contrabando — e, portanto, ilegal. Com isso, a Marinha britânica logo começaria a apreender navios negreiros e seus cativos em pleno mar.

Tudo isso aumentava os riscos, os prejuízos e, portanto, tornava mais fundamental a sustentação de financiamento do tráfico e a cobrança pelo retorno, pelo lucro sobre os investimentos aplicados. Era a fatia dos bancos. E havia ainda a mortalidade de cativos a bordo, contabilizada como perda de carga.

Em 1781, o navio inglês *Zong*, de Liverpool, saiu da África rumo à Jamaica, com excesso de escravizados nos porões. No final de novembro, em meio à travessia, sessenta negros já haviam morrido por doenças, falta de água e de comida. Temendo que os escravizados doentes contaminassem os demais, o capitão Luke Collingwood decidiu jogar ao mar todos os cativos enfermos e desnutridos. Foram 133 negros jogados com vida ao mar. James Gregson, dono do navio e do investimento, pediu à seguradora ressarcimento pela morte dos cativos. Pelas leis inglesas, o seguro somente cobriria o prejuízo se o escravizado caísse ao mar por acidente. A justiça deu ganho de causa à seguradora, que não teve de pagar nada ao capitão. O caso do *Zong* ficou tristemente famoso, e os abolicionistas o usaram como um símbolo da crueldade do tráfico negreiro.

Também os marinheiros corriam risco de morrer durante a viagem. Cerca de metade deles não retornava aos seus portos de origem por conta de acidentes a bordo, insubordinação e deserções. Não eram boas as condições de trabalho desses homens do mar.

De modo geral, a mortalidade diminuiu ao longo dos 350 anos de tráfico, graças a providências relacionadas à alimentação, higiene e outros cuidados a bordo, além de técnicas de construção naval e de navegação que tornaram as viagens mais rápidas. Era lucrativo investir nesses aspectos, já que a mortalidade se constituía num problema para o negócio escravista. Casos extremos como o do *Zong* eram exceções, mas ainda ocorriam.

Com o aumento da lucratividade, os investimentos cresceram. Em Liverpool, no ano de 1798, foi lançado ao mar o *The Parr*, maior navio negreiro de todo o Império Britânico. Era um verdadeiro mastodonte flutuante, fortemente armado com quarenta bocas de canhões. No entanto, teve um final inesperado. Explodiu no Porto de Bonny, matando duzentos escravizados. Nunca se divulgou a causa da tragédia.

O tráfico ilegal e clandestino impediu que houvesse um registro oficial do número de cativos extraídos da África. Somente o Brasil recebeu cerca de 47% do total, quase 5 milhões de escravizados. Nos 350 anos de tráfico, para cada cem pessoas chegadas ao Brasil, apenas catorze tinham origem europeia.

No século XIX, o movimento abolicionista na Inglaterra crescia, o Parlamento britânico era instado a agir e a pressionar as demais nações que ainda praticavam o tráfico. Eles próprios, em seu passado recente, haviam sido responsáveis por arrancar mais de 3 milhões de cativos da África. Ocupavam o segundo lugar no ranking mundial dos traficantes. No entanto, a realidade mudara.

No Brasil, a possibilidade de um negro ser legalmente libertado — alforriado — era bem maior do que nos Estados Unidos, assim como era maior a miscigenação inter-racial. Daqueles milhões de cativos na época da oficialização da abolição com a Lei Áurea, restavam cerca de 700 mil. Por aqui, não houve políticas compensatórias, como as que foram adotadas — mesmo que de forma insuficiente — nos Estados Unidos. Assim, houve incontáveis casos em que os ex-escravizados, por falta de alternativa de sobrevivência, retornavam para as fazendas onde haviam sido cativos. Tanto que a safra de café daquele ano de 1888 foi totalmente colhida, rendendo um estupendo lucro para os barões — aqueles mesmos que lutaram, até os limites de sua capacidade política e mesmo armada, contra a libertação das pessoas escravizadas.

8. Visão do inferno

O NAVIO NEGREIRO ERA UMA ESTRANHA COMBINAÇÃO de máquina de guerra, prisão móvel e fábrica. No caso, "fábrica" de gente escravizada. Armado de canhões — que, assim como a pólvora, eram totalmente desconhecidos na África até a chegada dos europeus —, era preparado para se defender e contra-atacar piratas e concorrentes, ou ainda para bombardear alguma cidade litorânea ou porto, cujos soberanos não estivessem dispostos a vender seus súditos ou prisioneiros aos traficantes.

Funcionava como uma organização militar rigorosa, tendo no topo da hierarquia o capitão, que detinha o poder de vida e morte sobre marinheiros e cativos. Em alguns navios, havia também um padre que, entre outras coisas, batizava os escravizados — mediante um pagamento por cabeça —, que eram valorizados se tivessem um nome adequado ao mercado onde seriam vendidos. Os batismos eram coletivos, e o padre era conhecido pela função de catequizador. Havia pessoas escravizadas também entre os homens de bordo, executando tarefas subalternas.

Capturados em guerras ou em razias e sequestros no interior do país, os escravizados caminhariam, acorrentados uns aos outros nos libambos, por centenas de quilômetros. No porto, esperariam até que o navio estivesse com a carga completa, às vezes por quase cinco meses. Ficavam uns sobre os outros até o máximo da capacidade de cada barracão imundo, escuro, sem ventilação, com janelas a três metros do solo de terra batida, úmida e empesteada. Muitas vezes eram jogados ali entre porcos e cabritos. Não havia instalações sanitárias, e as necessidades eram feitas em qualquer lugar do barracão. Nos porões dos navios, o cheiro fazia muitos serem acometidos de sucessivas crises de vômito e desmaios. Diariamente, os prisioneiros eram conduzidos para o mar para um banho forçado em água salgada, que deixava a pele coçando.

Ainda no interior, muitas vezes eram marcados com ferro em brasa, para identificar o traficante que os conduziria ao litoral. Recebiam outra marca, da Coroa portuguesa, atestando que os impostos pela importação haviam sido pagos. Uma terceira marca identificaria os que fossem batizados. No Brasil, receberiam mais uma, do comprador.

A dor da marcação era violentíssima. O cativo era imobilizado. Urrava e se debatia ao sentir o calor do ferro em brasa se aproximando. Com a cicatrização, as marcas ficariam mais visíveis.

Transportar os cativos do barracão para o navio era uma operação perigosa e complexa, que envolvia centenas de guardas — muitos deles, também escravizados locais, alugados pelos sobas. Era também quando poderiam ocorrer fugas. Os capitães contratavam um excedente de tripulantes — o dobro do necessário para a navegação — para supervisionar o embarque, sempre fortemente armados.

Para os africanos, embarcar num navio era uma experiência aterradora. A maioria vinha do interior, jamais tinha visto o mar, e navegar não fazia parte de sua compreensão de mundo. Principalmente porque não sabiam nada do que estava para acontecer, nem para onde estavam indo. Tudo o que sentiam é que jamais retornariam a sua terra e a sua família. Alguns, segundo suas crenças — e também porque nada era dito a eles —, acreditavam que seriam levados para um lugar distante onde os habitantes transformariam seus ossos em pólvora e seus miolos e carnes em azeite.[1] A superlotação era a regra nas embarcações.

Enquanto o navio não chegasse ao alto-mar, havia sempre o perigo de algum cativo se atirar da amurada, com o continente à vista, para tentar fugir. O número de suicídios, nessa fase, era bastante alto. Por isso, os navios eram equipados com um variado arsenal de correntes, além de chicotes, como o bacalhau, instrumento com tiras de couro contendo pequenos nós ou lâminas de metal nas pontas para lacerar a pele dos escravizados menos dóceis. Cerca de seiscentas revoltas de escravizados foram documentadas nos navios negreiros. Dessas, somente 26 conseguiram tomar o navio e retornar à África. A mais famosa aconteceu no navio *Amistad*, tema de um filme dirigido por Steven Spielberg. Na imensa maioria das vezes, no entanto, as rebeliões terminavam tragicamente para os cativos.

As rebeliões a bordo eram o pavor dos traficantes, que as reprimiam com brutalidade. Em 1721, o capitão britânico William Snelgrave, depois de controlar uma revolta na qual um marinheiro branco havia sido morto, convidou todos os navios negreiros das imediações para trazer os cativos para assistir à execução do líder africano. O homem foi pendurado a meia altura do mastro principal. A tripulação abriu fogo contra ele, matando-o instantaneamente. A seguir, os marinheiros baixaram o cadáver, decapitaram-no e atiraram a cabeça aos tubarões. Fizeram isso por saber que, na crença daqueles cativos, o desmembramento do corpo impedia que o espírito retornasse à terra de seus ancestrais. Era uma condenação à danação eterna.

A travessia era ainda pior para as mulheres. Separadas dos seus esposos, pais e filhos, eram vítimas de estupros continuados ao longo da travessia.

A bordo, os sofrimentos compartilhados forjaram outras identidades, para além das rivalidades tribais. Os companheiros de travessia eram os *malungos*, que criavam laços de solidariedade e

---

1. Clóvis Moura, *Dicionário da escravidão negra no Brasil*. São Paulo: Editora da Universidade de São Paulo, 2013, pp. 44 e 59.

de amizade que por vezes duravam a vida toda. Era o primeiro resgate de uma identidade roubada, que começava a ser reconstruída. Foi o que garantiu a sobrevivência e a perpetuação daqueles que, caso se submetessem rigorosamente às regras da escravidão, estariam condenados a simplesmente desaparecer.

A incidência de doenças — além da desnutrição e da desidratação —, a exposição ao ambiente fétido, todo o sofrimento e a depressão — o "banzo" — causavam uma enormidade de moléstias. Em alguns casos, era como se o corpo do cativo começasse a se decompor ainda vivo. Como nesse estado estariam desvalorizados nos leilões, o navio parava um pouco antes do porto final para tentar recuperá-los, pelo menos em aparência. Os cativos eram desacorrentados, para que não apresentassem marcas. Eram enxaguados com água do mar, alimentados, recebiam água, e assim estariam prontos para o desembarque. Tudo isso somado, se passava um ano desde a captura até a chegada no Brasil.

Finalmente, os escravizados deixavam os navios rumo ao porto, numa terra desconhecida, ignorando o que seria feito deles. Muitas expedições, no período de tráfico ilegal, tinham toda a carga encomendada ou mesmo vendida antecipadamente. Antes disso, a prática mais comum eram os leilões em praça pública, um evento semelhante ao que ocorre nas feiras agropecuárias atuais, onde se negociam gado e cavalos.

No Rio de Janeiro, os negros eram levados para um local que hoje é patrimônio histórico — redescoberto em escavações e na luta para ser preservado como parte de nossa memória —, o Mercado de Escravos do Valongo, no atual bairro da Gamboa. Para lá seguiam numa fila humilhante, nus, desfilando pela cidade para atrair compradores. Os moradores, no entanto, logo começaram a se sentir incomodados com aquela cena. Não em relação à integridade dos cativos, mas, sim, à decência de suas próprias famílias, e depois em relação aos olhares escandalizados de visitantes estrangeiros, especialmente os diplomatas, quando a família real chegou e montou residência no Paço Real, no conjunto histórico da mesma Praça xv.

O Valongo — hoje declarado Patrimônio Mundial da Humanidade pela Unesco — foi por muito tempo mantido em esquecimento proposital. Era um horror evidente demais para um país que, no discurso oficial, mal assume seu racismo. Somente em 1996, na reforma de uma casa do século XVIII, localizada na rua Pedro Ernesto, 36, surgiram as primeiras ossadas. Era ali o cemitério dos sequestrados que morriam antes de serem vendidos.

O trabalho arqueológico prosseguiu até 2017, mas depois houve uma desaceleração do financiamento estatal, como se fosse um retorno à operação de apagamento da memória. No local, funciona o Instituto de Pesquisa e Memória Pretos Novos (IPN).

Mesmo após 1830, quando o tráfico foi declarado ilegal, o Valongo continuou a funcionar como mercado clandestino — embora notório, de conhecimento de todos. As transações tinham de ser discretas, concluídas pela troca de papéis e por meio de um juiz.

Apesar de submetidos à engorda depois do desembarque, milhares morriam durante esse período traumático de abusos, agravado pelas sequelas dos maus-tratos a bordo. É por isso que, na Gamboa, "os ossos falam". As escavações arqueológicas descobriram restos mortais que haviam sido enterrados em vala comum, quase à flor da terra.

Desembarque de cativos no Mercado do Valongo.

ESCRAVIDÃO

A rua Direita e o Largo do Paço.

No mercado, a primeira escolha nos leilões era privilégio dos compradores mais ricos. Daí, saíam os escravizados mais fortes e mais saudáveis. Depois, vinham os que tinham mais de trinta anos, mais fracos. Por último, os compradores com menos dinheiro levavam os idosos e os que apresentavam alguma deficiência física.

O processo de venda envolvia demonstração do valor da mercadoria. Os corpos de cada cativo eram minuciosamente examinados, inclusive suas partes íntimas. Eram pesados, medidos, apalpados, cheirados. Os compradores checavam se os dentes estavam em bom estado e se a coloração da língua era adequada. Buscavam sinais de doenças de pele — que muitos adquiriam na travessia —, de sífilis e gonorreia. Os escravizados eram forçados a correr, pular, tossir, esticar pernas e braços e carregar pesos, entre outras provas.

Havia ainda a valorização diferente para boçais — que nada falassem de português — e ladinos, que sabiam um pouco de português e muitas vezes já haviam passado por cativeiros nas ilhas-laboratório, como São Tomé e Cabo Verde.

As famílias eram frequentemente separadas, já que não se exigia que o comprador adquirisse juntos pais e filhos, esposos e esposas. E começava assim uma vida inteiramente nova, sobre a qual não tinham mais poder nenhum de decisão, resumida a trabalhos forçados, humilhações, exploração de todo tipo, inclusive sexual, castigos infames e sádicos e morte precoce. Para eles, esse era o Brasil.

As senzalas, locais onde os cativos eram amontoados, lembravam os armazéns em que haviam aguardado o embarque. Eram construções rústicas, sem janelas e com chão de terra batida onde dormiam acorrentados, sem nenhuma privacidade. O feitor trancava as portas com correntes à noite.

Era comum uma fase de "adaptação", para colocar a pessoa escravizada em seu devido lugar, com surras preventivas, para mostrar quem mandava ali logo de início. E os castigos continuariam, segundo a vontade do dono, quando quer que se sentisse desobedecido, enfrentado, contrariado, ou quando despertasse de mau humor e quisesse descarregar. O mais comum era o açoite nas costas e nas nádegas. Depois do castigo, costumava-se jogar vinagre e sal sobre as feridas, o que as fazia arder ainda mais.

A Coroa portuguesa aconselhava moderação, mas fazia vista grossa aos maus-tratos. O conselho resumia-se a recomendar um limite de chibatadas — pretendendo preservar a propriedade do senhor de escravos e moderar sua raiva. A certa altura, a punição dos cativos passou à responsabilidade da autoridade, que cobrava pelo serviço segundo a quantidade de chicotadas, aplicadas aos negros acorrentados aos pelourinhos.

Os castigos não tinham como objetivo somente punir, mas também amedrontar os demais. Eram praticados à vista de todos, para servir de exemplo. Conta-se um caso ocorrido em 1737, na Bahia, em que um senhor de engenho deixou seu cativo pendurado pelos testículos até que morresse. Havia a máscara de flandres — para impedir o escravizado de comer cana — e o cepo — tronco pesado no qual o cativo era acorrentado —, além de inúmeros tipos de colares de ferro, correntes e algemas. Especialmente hediondo era o "anjinho", instrumento de suplício de origem medieval. Era composto por dois anéis metálicos, em forma de torniquete, enfiados no dedo do escravizado. Gradativamente atarraxados, produziam dores atrozes, e poderiam até mesmo esmagar os ossos. Alguns senhores de escravos introduziam brasa incandescente na boca dos cativos, ou cera derretida, o chamado "lacre".

Os horrores vistos por quem quer que visite um museu com uma exposição dos instrumentos cotidianamente usados pelos senhores e seus feitores destroem qualquer tentativa de mascarar o lado brutal da escravidão no Brasil e nos fazem imaginar o que sofreu essa população sequestrada e arrastada à força para outro país.

Enquanto isso, a Coroa portuguesa, explorando o açúcar brasileiro, sobrevivia. Em 1641, a dependência de Portugal em relação ao produto era tanta que o rei dom João IV, em conversa com um diplomata francês, chamaria o Brasil de "a vaca de leite" de Portugal.[2] A sobrevida da Coroa e de sua economia decadente dependia do cultivo da cana-de-açúcar trazida do sudeste asiático para as terras escuras e úmidas da Zona da Mata pernambucana e do Recôncavo Baiano.

O açúcar é considerado o primeiro bem de consumo de massa da história da humanidade. Antes de começar a ser cultivado no Brasil — durante todo o período colonial —, era um artigo de luxo, caríssimo e muito raro. No entanto, a vastidão de terras na colônia, somada à mão de obra escrava, barateou o processo e gerou, pela produção de riquezas, uma nova era na economia mundial: a industrialização.

2. Luiz Felipe de Alencastro, *O trato dos viventes: formação do Brasil no Atlântico Sul*. São Paulo: Companhia das Letras, 2000, p. 247.

O açúcar se tornou acessível às camadas de renda mais baixa da população e ao mesmo tempo extremamente lucrativo.

O Brasil, para Portugal, era sinônimo de açúcar. E açúcar era sinônimo de escravidão. Mais adiante, no século XVIII, trocaríamos para o Ciclo do Ouro, em Minas Gerais, e depois, já no século XIX, para o do café. Mas, nesta terra, mineração e café também foram sinônimos de escravidão. A chegada dos primeiros africanos escravizados coincide com o início do ciclo econômico que transformaria a paisagem brasileira e os hábitos de consumo europeus. O cultivo do açúcar gerou um sistema social baseado no binômio casa-grande e senzala, dos senhores de engenho e seus milhares de cativos, que marca até hoje em muitos aspectos a identidade brasileira.

Nesse Brasil açucareiro, as pessoas escravizadas representavam quase a metade do patrimônio total dos donos de engenho; mais do que valiam a terra, as plantações, o gado, as construções e os equipamentos. Pernambuco liderava a produção. No Recôncavo Baiano, a população de Salvador, a primeira capital do país, triplicou no período de 65 anos. Na virada para o século XVIII, o Brasil gerava 60% da receita tributária do Império Português, ou seja, havia multiplicado por dez a arrecadação de impostos. Era um negócio internacional, que envolvia grande volume de capital, empresas açucareiras e traficantes de escravizados, além de um sólido sistema de empreendimentos.

A maioria dos senhores de engenho era portuguesa, de origem relativamente modesta. Muitos eram cristãos-novos, judeus de origem forçados a se converter ao catolicismo, que migravam para o Brasil em busca de oportunidades e da possibilidade de praticar sua religião original, mesmo às escondidas, em suas fazendas.

Depois de colhida, a cana era imediatamente transportada para os engenhos, onde era moída. O caldo era fervido durante longas horas, para que o excesso de água evaporasse. Sobrava o melaço, que passava por um processo de purgação e purificação, até se transformar num bloco de cristal com o formato de pão caseiro — daí o nome "pão de açúcar" que esse bloco recebia.

O trabalho nas lavouras e nos engenhos era exaustivo e perigoso. Nos campos, começava antes de o sol nascer e ia até o anoitecer. Picadas de cobra e ferimentos infligidos por facões e machados eram comuns, causando frequentemente mutilação e até mesmo morte. Nos engenhos a jornada se estendia, na época da colheita, até vinte horas diárias. As caldeiras nunca paravam de ferver sobre fornalhas alimentadas a lenha. Os cativos eram submetidos a temperaturas altíssimas, e a alimentação era sempre precária. Nunca é demais repetir que comprar novas pessoas escravizadas era mais barato — de acordo com a lógica meramente econômica — do que alimentá-las. Um senhor de engenho recuperaria o investimento na compra do escravizado em apenas trinta meses. E somente cinco anos de exploração do cativo, no limite de suas forças, proporcionava ao dono o dobro do capital empregado.

Nunca se pensava em recompensar os mais produtivos. Preferia-se castigar os que não davam o retorno esperado. Assim, o chicote imperava. Pessoas escravizadas na produção de açúcar tinham dificuldades de gerar filhos. A mortalidade infantil entre elas alcançava índices desumanos.

Era praxe se manter um facão ao lado da moenda do engenho. Isso porque, como era comum que o cativo desmaiasse de sono ou exaustão, a prensa o puxaria pela mão ou pelo braço e o moeria. O facão era usado para decepar, imediatamente, o membro puxado. Era comum ver negros escravizados sem uma das mãos ou sem um dos braços no Recôncavo Baiano e na Zona da Mata. A moenda era o posto de trabalho mais perigoso do engenho.

O trabalho de alimentar as caldeiras e revolver o caldo também era muito arriscado. Não eram poucos os escravizados que caíam na fornalha ou no tacho fervente. No entanto, em favor dos cativos, toda a operação era bastante vulnerável a sabotagens. Bastava uma faísca e o canavial ardia sem remédio. Um machado ou facão largado dentro da moenda era suficiente para causar um dano irrecuperável ao equipamento.

Todo esse processo, que pode parecer hoje rudimentar — a produção de cana, o modo como funcionavam os engenhos —, era um segredo de Estado para a Coroa. O padre João Antônio Andreoni chegou à Bahia em 1681. Seu livro, *Cultura e opulência do Brasil por suas drogas e minas*, foi publicado em Lisboa sob o pseudônimo de Antonil, em 1711. Trata-se de um clássico para quem quer estudar o Brasil colonial e, no caso dos engenhos, uma visão do inferno. As caldeiras fervendo noite adentro impressionaram profundamente o jesuíta. No entanto, quase que o livro não chega até nós, já que foi proibido pela Coroa portuguesa, que mandou recolher e destruir todos os exemplares. Para sorte dos historiadores, restaram sete cópias. Seu relato, além de mostrar o sofrimento dos escravizados, à custa de quem o comércio mundial de açúcar era movido, ajuda a explicar como foi aniquilada a Mata Atlântica brasileira

Negros se dirigem à igreja para um batismo.

— da qual atualmente restam em torno de 27% da extensão original —, cujas árvores eram derrubadas para alimentar as chamas das caldeiras.

Se hoje em dia se condena a prática com veemência, inclusive ocasionalmente fazendo alusões a sua postura no passado, a Igreja Católica, no entanto, esteve sempre envolvida com a escravidão. Muitas justificativas para isso foram criadas. O padre Antônio Vieira, um dos mais célebres e lendários jesuítas a vir para o Brasil e dedicar-se à catequização, defendeu que o tráfico era um grande milagre de Nossa Senhora do Rosário porque, segundo ele, tirados da barbárie e do paganismo da África, os escravizados receberiam a graça de serem salvos pelo catolicismo no Brasil:

> *Oh, se a gente preta, tirada das brenhas de sua Etiópia, e passada ao Brasil, conhecera bem quanto deve a Deus, e a Sua Santíssima Mãe, por este que pode parecer desterro, cativeiro e desgraça, e não é senão milagre, e grande milagre! [...] Em um engenho sois imitadores de Cristo crucificado [...] porque padeceis em um modo muito semelhante ao que o mesmo Senhor padeceu na cruz, em toda a sua paixão.*[3]

Um dos principais ideólogos e defensores da escravização entre os jesuítas foi o padre italiano Jorge Benci. Ao contrário de Vieira, Benci acreditava que o cativeiro seria um castigo, a "maldição de Cam".[4] O fato é que os jesuítas eram constantemente

---

3. "Sermão xiv, na Bahia, à Irmandade dos Pretos de um engenho no dia de São João Evangelista, no ano de 1633", em Ronaldo Vainfas, *Ideologia e escravidão: os letrados e a sociedade escravista no Brasil colonial*. Petrópolis: Vozes, 1986, p. 101.

4. No livro de Gênesis, o filho de Noé que, flagrando o pai embriagado, em sono pesado, levantou sua túnica para ver suas partes íntimas. Noé teria então amaldiçoado Cam. Segundo interpretações posteriores, embora isso não conste do texto bíblico, o castigo seria ter a pele negra. Os africanos seriam descendentes de Cam. Para Benci, "os pretos são sem comparação mais hábeis para o gênero de maldades que os brancos".

criticados por sua dedicação, no Brasil e na África, ao tráfico de pessoas escravizadas sob o pretexto de conversão para a fé cristã. Aliás, já nas Cruzadas, duas ordens de cavaleiros religiosos, a dos Hospitalários de São João de Jerusalém, e a de Santo Estêvão, se especializaram no comércio de prisioneiros muçulmanos escravizados.

O preconceito racial foi outro resíduo da trágica história do envolvimento da Igreja Católica na escravidão, com ordens religiosas que recusavam noviças e noviços, e mesmo alunos, pardos. No entanto, foi também na Igreja — e mais particularmente nas irmandades religiosas — que milhões de cativos encontraram acolhimento e um ambiente favorável para reconstituírem sua identidade e sua vida familiar. A mais conhecida foi a Irmandade de Nossa Senhora do Rosário, às vezes chamada de Nossa Senhora do Rosário dos Homens Pretos. As irmandades não só ofereciam aos negros escravizados e alforriados amparo espiritual, mas também assistência para suas necessidades práticas, como a coleta

Casamento de negros em casa de família rica.

de doações para o sepultamento de seus integrantes ou para comprar as cartas de alforria.

Os cativos viveram com a Igreja, portanto, uma história ambígua, que os colocava entre a cruz e o chicote, sem o qual a escravização não se sustentaria.

Há também casos curiosos, como o do jesuíta padre Kiefer. No município de São Sebastião do Caí, ao pé da Serra Gaúcha, ele fundou a Irmandade São Pedro Claver em homenagem ao jesuíta canonizado que descia aos porões dos navios negreiros logo que aportavam em Cartagena, na Colômbia. Ele levava comida e água para os cativos. É hoje o padroeiro da Colômbia, também chamado de "escravo dos negros". O padre Kiefer mandou pintar um quadro do santo e o entregou à população "colorada", para que o exibisse em procissão. Hoje, a palavra "colorado", para os gaúchos, é associada à cor vermelha e ao Internacional de Porto Alegre. Mas, naquele tempo, referia-se à "gentinha de cor". Como o Internacional foi o primeiro clube gaúcho a aceitar negros em seu time e era o favorito entre os negros, seus torcedores passaram a ostentar orgulhosamente a denominação "colorados".

9. A guerra pelas pessoas escravizadas

UMA DAS TRANSAÇÕES MAIS FABULOSAS de todos os tempos foi celebrada em Haia, na Holanda, em 6 de agosto de 1661. Aconteceu entre os representantes das Províncias Unidas, uma coligação de sete pequenas nações protestantes calvinistas — Holanda, Zelândia, Utrecht, Frísia, Groninga, Guéldria e Overijssel —, na condição de vendedores; e, na de comprador, o embaixador da rainha regente de Portugal, a espanhola Luísa de Gusmão. O objeto do negócio era o Nordeste brasileiro.

Ou seja, naquela reunião, a Holanda vendia a Portugal um pedaço do Brasil que havia tomado dos próprios portugueses.

Em janeiro de 1654, uma combinação de forças entre negros, indígenas, mulatos, brancos — portugueses e nascidos na colônia —, pessoas escravizadas e senhores de engenho, lavradores e sertanejos humildes aceitou a rendição dos holandeses ao final de duas batalhas nas colinas de Guararapes, nas imediações de onde atualmente fica o aeroporto de Recife. Há heróis dessa luta, destacados pela história oficial, como o indígena Felipe Camarão e o negro Henrique Dias. A campanha é tida como a mais genuína e importante do sentimento nativista brasileiro no período colonial.

Mas, sobre a transação comercial, pouco se menciona. Ocorre que, mesmo expulsos de Pernambuco, os holandeses continuariam

ESCRAVIDÃO

fustigando os portugueses em outros pontos do planeta. Falida e sem condições de se defender, a Coroa portuguesa foi obrigada a aceitar os termos degradantes do acordo, pagando pelo que já era seu. A situação de Portugal era tão precária que se chegou a pensar em entregar em definitivo parte do território brasileiro aos holandeses em troca da paz.

A posse da África foi o que definiu o destino do Nordeste brasileiro. Tratava-se de uma disputa pelos mercados fornecedores de mão de obra escrava. Quem controlasse o tráfico no Atlântico controlaria o mundo.

Tudo começa quando dom Sebastião I, rei de Portugal, morre na Batalha de Alcácer-Quibir contra os mouros, no Marrocos, em 4 de agosto de 1578. Como desfecho de uma campanha desastrosa, dom Sebastião foi morto, e as forças portuguesas, derrotadas. O cadáver do rei teria sido encontrado, despido e desfigurado, mas nunca foi definitivamente identificado. Isso fez circular lendas de que o rei não morrera, mas estaria encantado em alguma região mágica, de onde retornaria para restaurar a glória perdida de Portugal. Assim, nascia o sebastianismo, uma espécie de reação ao trauma de quem já fora a maior potência marítima mundial e agora perdia até mesmo a independência. O trono passou para dom Henrique, idoso e doente, que morreria pouco depois, em janeiro de 1580. Não havia sucessores para a Coroa. Isso abriu caminho para que o rei da Espanha,

Batalha dos Guararapes.

dom Felipe I, filho de uma princesa portuguesa, a reivindicasse. Começava assim a União Ibérica, que duraria sessenta anos.

A Espanha tinha péssimas relações com a Holanda. Assim, os portugueses, que até então davam-se muito bem com os holandeses, herdaram a guerra. Passaram a se enfrentar em todos os quadrantes do mundo conhecido. Os holandeses, por seu lado, queriam como butim o que pudessem arrancar das riquezas que abasteciam os cofres portugueses. E isso, naturalmente, incluía a produção de açúcar e o tráfico de pessoas escravizadas. Na África, a guerra pelo controle dos entrepostos do tráfico foi longa e sangrenta.

O ataque holandês a Pernambuco, em 1630, foi um desdobramento desse conflito. O príncipe Maurício de Nassau, nomeado governador das terras conquistadas no Nordeste brasileiro, passou à história como um "humanista". Entretanto, não hesitou em endossar a ideia de que o Brasil não existia sem escravidão. Assim, Luanda e Benguela, os dois maiores fornecedores de africanos escravizados para as Américas, foram tomados em 1641. A corte portuguesa agora estava acuada pela perda tanto da produção de açúcar quanto do tráfico negreiro, ambos sob controle holandês. Angola estava perdida, e, sem ela, não haveria Brasil para Portugal.

No entanto, os holandeses não conseguiram operar o tráfico de pessoas escravizadas com a mesma eficiência dos portugueses. Eram os portugueses que haviam se refugiado no interior de Angola e seus aliados que controlavam, ainda, o fornecimento de cativos. A situação da Holanda ficou mais complicada devido à guerra com a Inglaterra, em 1652. No fim, Portugal conseguiu recuperar o Nordeste brasileiro, pagando em prestações aos holandeses, sendo que a última parcela foi saldada somente meio século depois do acordo, em 1711. Como resultado final, os portugueses foram varridos do Oriente, estabeleceram áreas diferentes de influência, numa espécie de empate com a Holanda na África, e ficaram com o Nordeste brasileiro.

No entanto, a grave crise de Portugal se arrastaria, mesmo depois da independência da Espanha, em 1640. E não se resolveria com a volta miraculosa de dom Sebastião, mas com a descoberta de ouro nas Minas Gerais.

10. Histórias africanas

No dia 20 de outubro de 1665, um navio de proporções gigantescas chegou, pelo rio Tejo, em Lisboa. Era o galeão *Padre Eterno*. Pesando 2 mil toneladas, apto a receber 144 canhões, exibia um mastro colossal, feito do tronco de uma única árvore, medindo quase três metros de circunferência, ou seja, para abraçá-lo, seria necessário que três homens fizessem um círculo de mãos dadas à sua volta.

Nunca tinha sido visto algo assim em Portugal. Aliás, a embarcação era desmesuradamente grande até mesmo para padrões do continente europeu como um todo. Boatos começaram a pipocar em vários países sobre quais seriam as intenções da Coroa portuguesa com aquele colosso, construído inteiramente na Baía de Guanabara, num estaleiro na Ilha do Governador, onde hoje fica o aeroporto internacional Antônio Carlos Jobim, popularmente conhecido como Galeão. Para se ter uma comparação, a maior embarcação inglesa da época, a *Sovereign of the Seas* (Soberana dos Mares), pesava 1,5 tonelada, um quarto a menos do que o galeão brasileiro.

O *Padre Eterno* era o símbolo das ambições da elite escravista brasileira no auge do ciclo do açúcar, às vésperas da descoberta do ouro de Minas Gerais. Seu objetivo era claramente transportar as fabulosas riquezas do Brasil para Portugal ou, alternativamente, ser o maior navio negreiro já construído, capaz de subjugar qualquer resistência e transportar milhares de cativos.

Aliás, vários estaleiros semelhantes ao que construíra o navio já funcionavam em diversos pontos da costa brasileira. O dono do *Padre Eterno*, Salvador Correia de Sá e Benevides, descendente dos fundadores da cidade do Rio de Janeiro, Mem de Sá e Estácio de Sá, foi um dos personagens mais eminentes da história da escravidão no Brasil. Governador do Rio de Janeiro entre 1637 e 1661, foi incumbido de comandar a mais extraordinária expedição militar do país antes da Guerra do Paraguai: libertar Angola do domínio holandês e recuperar para a Coroa aquele importante fornecedor de cativos africanos.

Há muita controvérsia sobre seus interesses reais. Salvador de Sá chegou a ser acusado de contrabando de ouro e prata, superfaturamento de obras, apropriação de recursos do Tesouro real, cobrança ilegal de tributos, extorsão, abuso de autoridade e nepotismo. Preso em Lisboa e degredado para a África, a Coroa concedeu-lhe afinal o perdão em nome dos serviços que prestara, considerados extremamente valiosos.

Salvador de Sá e Benevides comandou a força-tarefa que, em 1648, partiu para Angola com o objetivo de expulsar os holandeses. Tratava-se de uma missão muito arriscada. Três anos antes, duas flotilhas haviam saído para Angola, e a expedição terminou em desastre. A primeira sucumbiu diante dos temíveis jagas. A segunda, embora tenha conseguido trazer 2 mil escravizados de volta para o Rio de Janeiro, perdeu seu comandante, morto logo ao chegar a Angola. Ambas deixaram intocado o domínio holandês.

Salvador de Sá, no entanto, depois de muita luta e grande perda de soldados, obteve a rendição dos holandeses. A ilha de São Tomé, também ocupada pelos inimigos dos portugueses, capitulou. E seguiu-se então uma horrenda carnificina no interior de Angola.

Brasileiros e portugueses avançaram cerca de 150 quilômetros território adentro, queimando e matando tudo o que encontraram pela frente. Salvador de Sá informou que seus homens tinham ordens de aniquilar qualquer resistência, e o fizeram "degolando grandes quantidades de sobas poderosos", o que "facilitou os caminhos e acovardou os gentios".

Segundo denúncias de missionários capuchinhos italianos ao papa, em Roma, os brasileiros e portugueses "desbarataram muitas aldeias e fizeram mais de 7 mil escravos". Assustado, o rei do Congo cedeu uma parte do território a Portugal.

Salvador de Sá retornaria ao Brasil e participaria de várias expedições contra o Quilombo dos Palmares, no atual estado de Alagoas. Mas não conseguiu destruir o imenso reduto de negros livres. Entre várias peripécias, inclusive denúncias de assassinato contra rivais políticos e concorrentes comerciais, além de ter executado seus acusadores, patrocinou a construção do *Padre Eterno*, que acabou naufragando no oceano Índico anos depois, como uma espécie de *Titanic* português do século XVII.[1]

O episódio da retomada de Angola trouxe à história um personagem que ganharia uma aura lendária: Jinga, a rainha dos temidos jagas. Conta-se que ela teve de se render a Salvador de Sá, que sequestrou e tomou como refém sua irmã, a princesa Cambo.

Na África, Jinga virou heroína mítica do Movimento Popular de Libertação de Angola (MPLA), que conquistou a independência em relação a Portugal em 1975, depois de séculos de jugo colonialista. É difícil separar o que foi realidade e o que foi história a respeito de Jinga, ou Ana de Sousa, seu nome de batismo católico. Nenhum outro personagem provocou tanto a imaginação e as fantasias da civilização ocidental na história da escravidão. No Brasil, ela é celebrada em manifestações populares e festas negras, como as rodas de capoeira, as congadas e o maracatu. Nos Estados Unidos, foi adotada como símbolo feminista. Inspirou inúmeros livros, filmes, peças teatrais, letras de samba e de reggae.

Diante das muralhas da Fortaleza de São Miguel, atual Museu das Forças Armadas de Luanda, é representada por uma

---

1. A comparação é do historiador Luiz Felipe de Alencastro, em *O trato dos viventes: formação do Brasil no Atlântico Sul*. São Paulo: Companhia das Letras, 2000, p. 197.

estátua de metal de proporções gigantescas, com cerca de dez metros de altura, colocada sobre um bloco de granito, contemplando o horizonte com uma expressão serena e um machado de ferro na mão direita.

Jinga nasceu em 1582, numa época em que a guerra dos portugueses contra os chefes africanos que resistiam ao tráfico se espalhava incontrolavelmente pelo interior de Angola. Portugal realizava investidas para ampliar a escravização de angolenses, e Jinga fez sua estreia nos livros de história como chefe de uma delegação que negociaria a paz com o governador designado pela Coroa para aquele território.

Jinga foi a Luanda acompanhada de uma rica comitiva, vestida com roupas luxuosas e joias. Quando chegou à residência do governador e entrou na sala designada para reuniões, havia lá somente uma cadeira e duas almofadas sobre um tapete, onde o governador esperava que a rainha se posicionasse — abaixo dele. Jinga, irritada, ordenou que uma de suas servas se ajoelhasse, com as mãos no chão, e sentou nas costas dela, encarando o representante português nos olhos, durante toda a negociação.

Jinga retornou da audiência com muitas promessas feitas pelo governador e formalmente batizada e convertida ao catolicismo. Nenhuma das promessas foi cumprida pelos portugueses. A guerra continuou e, em 1624, vemos Jinga — que, conta-se, mandara envenenar o irmão para tomar o trono e carregava consigo os ossos dele como símbolo de poder — desafiando o novo governador. Os portugueses tentaram uma manobra e organizaram um golpe de estado contra Jinga. A rainha, que já havia a essa altura repudiado seu nome católico e sua conversão, organizou um ataque de madrugada contra os portugueses que apoiaram o golpe, matando um capitão e dois soldados.

Jinga passou a comandar ações de guerrilha contra os portugueses, a mesma tática que os movimentos independentistas utilizaram com sucesso para livrar Angola do domínio colonial séculos mais tarde. Em alguns momentos, seus exércitos teriam reunido 80 mil guerreiros. Numa manobra ousadíssima, vendo-se encurralada, deixou seus inimigos atônitos ao descer por um cipó um penhasco altíssimo até o fundo de um vale.

Em 1641, os holandeses, sob o comando de Maurício de Nassau, expulsaram os portugueses de Angola. Nessa época, Jinga já era governante e ocupava o mais alto cargo de chefe militar dos povos ambundo e jaga. Aliou-se então aos inimigos de seus inimigos. Foram sete anos de luta contra os portugueses — por todo o tempo que durou a ocupação holandesa. Mesmo depois da restauração do domínio de Lisboa, Jinga manteve uma guerra sem tréguas contra Portugal, abrigada no interior de Angola. Incapazes de derrotá-la militarmente, os portugueses raptaram suas irmãs Cambo e Funji, e forçaram a sua rendição, em 1657.

Jinga morreria, com 81 anos, em 17 de dezembro de 1663. Houve esforços para desacreditar sua história, torná-la uma mera lenda, mas há documentos de sobra que comprovam a sua trajetória. Ela cruzou o Atlântico para renascer numa outra figura lendária: Zumbi dos Palmares. O paralelo entre ambos é impressionante, mas, antes, é necessário contar a história de outra mulher, Catarina de Bragança, rainha de Portugal e da Inglaterra.

Assim como Jinga, também é celebrada numa estátua — mas no Passeio dos Heróis do Mar, em Lisboa. Catarina ostenta uma coroa na cabeça e seus olhos se voltam, melancólicos, para a foz do Tejo, de onde haviam partido os chamados "grandes navegantes" para expandir os domínios da pequena nação, restrita a uma "ilha de pedra" na beirada da Península Ibérica.

É uma rainha sem-teto. A estátua foi parar ali porque ninguém mais a queria. De certo modo, representa bem o paradoxo de um império que interligou politicamente continentes, atravessou oceanos, mas que ao mesmo tempo nutria sua própria decadência, por falta do que hoje chamaríamos de uma estrutura sustentável.

Originalmente, numa homenagem idealizada nos anos 1980, seria colocada na margem do East River, Nova York, entre a ilha de Manhattan e o aeroporto John F. Kennedy, oposta ao prédio da ONU. Teria dimensões mais grandiosas, além de lugar de destaque e grande visibilidade.

ESCRAVIDÃO

Catarina foi casada com o rei Charles II e levou para a Inglaterra o hábito de beber chá, que os portugueses haviam importado para a Europa de suas colônias no Oriente. Nessa época, os britânicos tomaram Nova Amsterdã dos holandeses, mudando o nome da cidade para Nova York — um tributo ao duque de York, futuro James II, que comandou a conquista. O bairro do Queens, na margem esquerda do East River, foi batizado para homenagear a rainha consorte, Catarina.

Entretanto, a honraria é contestada hoje pelos ativistas do movimento antirracista. Figura polêmica, Catarina teve papel ainda não totalmente desvendado no tráfico de pessoas escravizadas. Em passeatas, manifestantes já exibiram faixas em que a chamam de "Rainha da Escravidão".

Retrato de Catarina de Bragança.

O fato é que um terço de seu dote de casamento foi arrecadado entre traficantes e senhores de escravos no Brasil e em Portugal. Seu pai, dom João IV, tinha entre seus negócios a reprodução de pessoas escravizadas no Palácio Ducal de Vila Viçosa. As crianças nascidas dessa maneira eram de imediato separadas das mães e vendidas a altos preços. Catarina, diretamente, nunca foi proprietária de pessoas escravizadas, mas foi uma das principais acionistas da RAC, companhia privada voltada para o tráfico de cativos.

Por essas razões, Catarina e Jinga, rainhas com histórias antagônicas, representam opostos. Catarina é símbolo do que significou o tráfico para Portugal — riqueza e submissão ao mesmo tempo. A soberana, cuja estátua foi "despejada", morreu em 1705 e foi sepultada no Mosteiro dos Jerônimos, em Lisboa. O encolhimento de sua estátua e o exílio nas margens do Tejo — justamente o contrário do ocorrido com a venerada e monumental estátua de Jinga — foram o preço que pagou, tardiamente, pelas atitudes e pelo papel que desempenhou em vida.

11. Palmares

No dia 26 de fevereiro de 1645, enquanto nos sertões de Angola, do outro lado do Atlântico, a rainha Jinga infernizava a vida dos portugueses, uma expedição militar partia da cidade de Salgados, atual litoral de Alagoas, e começava a lenta e monótona subida da Serra da Barriga.

Era mais uma a atender um pedido de socorro dos senhores de escravos de Pernambuco, que em um momento da guerra expressaram sobre os quilombolas de Palmares: "Eles parecem invencíveis!". O nome Palmares se deve à quantidade de palmeiras na região.

E, de fato, o quilombo resistiu bastante. Foi o maior, mais importante e duradouro reduto de pessoas escravizadas do Brasil colônia. É também um dos pilares de uma outra história da escravidão no Brasil — a da luta dos próprios negros contra o cativeiro —, que contradiz a veneração ao Treze de Maio, à Lei Áurea e à princesa Isabel enquanto "A Redentora" dos escravizados.

O comandante da expedição de 1645 era um perito na guerra de emboscadas — necessária pelas exigências do território dominado pelo quilombo, que não permitiria uma guerra tradicional. Tratava-se do pároco e capitão holandês João Blaer, que viera para o Brasil em 1629. Para chegar a Palmares, teriam de vencer uma paisagem íngreme, isolada, pouco conhecida e de difícil acesso. A expedição seria somente uma entre dezenas lançadas contra Palmares ao longo de todo o século XVII.

As qualificações que ditaram a contratação de Blaer ficam muito claras quando observamos que, meses depois, num ataque-surpresa contra o engenho Casa Forte, ocupado pelos holandeses, ele seria aprisionado pelas forças brasileiras comandadas por André Vidal de Negreiros e assassinado a sangue-frio por seus captores como vingança pela "desumanidade" que demonstrara até então nos combates contra as tropas que tentavam expulsar de Pernambuco os exércitos de Maurício de Nassau.

Como nas expedições anteriores, logo os comandados de Blaer tiveram de reconhecer que seu objetivo — destruir o quilombo e extirpar a esperança de liberdade que sua existência transmitia aos escravizados das lavouras de cana-de-açúcar — não poderia ser alcançado. Os feridos iam sendo abandonados pelo caminho, e Blaer, gravemente enfermo, teve de desistir. Foram surpreendidos pelas táticas de guerrilha empregadas pelos quilombolas. Não por acaso, eram as mesmas empregadas pela rainha Jinga, em Angola, que comandou seus guerreiros jagas e imbangalas para superar as forças escravagistas. Também eram idênticas às que o MPLA e outros movimentos usaram para vencer os portugueses, no século XX, e conquistar a independência de Angola.

Há poucos documentos sobre Palmares e poucas pistas concretas. É compreensível. Se algo fosse deixado pelos quilombolas, fora da tradição oral, teria sido destruído pelos inimigos. Portanto, muitos aspectos do quilombo mais famoso do Brasil, sua história e seus líderes, permanecem ainda desconhecidos e são um desafio para os historiadores. A começar por sua origem. Acredita-se que o quilombo tenha começado com a fuga de algumas dezenas de escravizados de um único engenho no sul de Pernambuco, no fim do século XVI. Aproveitando-se do fato de holandeses e portugueses — além de espanhóis e brasileiros — estarem em guerra pelo controle do Nordeste brasileiro, a resistência ganhou fôlego e organização. Pela metade do século XVII, Palmares já seria uma confederação de dezoito mocambos — refúgios de pessoas escravizadas que fugiam buscando a liberdade. A influência do quilombo ia da região do Cabo de Santo Agostinho, ao sul do Recife, até a atual divisa de Alagoas com a Bahia, onde ainda corria o rio São Francisco.

A resistência de Palmares era uma esperança e um incentivo à fuga dos escravizados. A África ficava do outro lado do oceano, era inalcançável. Mas Palmares poderia abrigar os que tivessem coragem de escapar, com a esperança de que lá retomariam seus modos de vida — embora isso seja incerto. Pouco se sabe sobre os costumes praticados no quilombo ou sobre a origem africana de seus habitantes.

Zumbi dos Palmares.

Questiona-se se teriam pertencido a uma única etnia do continente ou do povo da África. Segundo registros dos que lutaram contra os quilombolas e fizeram alguns deles prisioneiros, sabe-se que, além de negros escravizados, o quilombo acolhia indígenas, brancos foragidos da lei e até mesmo um mouro (muçulmano árabe ou berbere). Há notícias também de batuques e danças ao som de tambores que podiam ser escutados a quilômetros de distância, além de rituais religiosos da tradição africana. Mas uma das expedições portuguesas encontrou também uma igreja católica, com imagens do Menino Jesus, de Nossa Senhora da Conceição e de são Brás.

Por isso Palmares poderia ser tanto a primeira consolidação de uma cultura sincretista — combinando elementos africanos originais com os cristãos, apreendidos durante a escravidão —, como "um estado africano no Brasil", como também é chamado.

A palavra *kilombo*, transcrita para o português como quilombo, vem do quimbundo, um dos idiomas falados em Angola. Também era usada para designar um acampamento militar ou uma sociedade de iniciação e treinamento dos guerreiros jagas da rainha Jinga. Foi no Brasil que ganhou o significado de reduto de escravizados fugidos, embora muitos tenham nascido livres no quilombo e lá vivido sempre, sem jamais terem sido escravizados. Até a proclamação da Lei Áurea, havia centenas deles em todo o Brasil, e seu número era crescente, assim como a ousadia de suas ações.

O que tornou Palmares diferente de todos os demais foi sua extensão e a extraordinária resistência de seus habitantes.

"Não lhes falta destreza nas armas, nem no coração, ousadia", reclamava uma carta dos moradores de Pernambuco, de 1687. Antes, em 1681, já reconheciam: "As nossas campanhas não têm tido o menor efeito".

Foram dezessete expedições contra Palmares ao longo do século XVII, sendo quinze luso-brasileiras e duas holandesas. Entre 1672 e 1694, quando Palmares finalmente caiu, os quilombolas enfrentaram um ataque a cada quinze meses.

Tamanha sanha de destruir o quilombo não se devia a seu tamanho somente ou a seu poder, mas ao simbolismo — algo parecido com o que ainda hoje existe — para os cativos. Palmares anunciava que os escravizados não precisavam aceitar, como se fosse irremediável, a brutalidade dos que os exploravam. Para a Coroa, Palmares tinha de ser destruído para que não servisse de modelo para milhares de escravizados que, naquela época, já eram a maioria da população brasileira. O fantasma de uma grande revolta dos escravizados, que talvez resolvessem tratar os brancos como eram tratados, já assombrava a colônia.

O governador-geral, Diogo de Menezes, considerando a impossibilidade de derrotar Palmares, sugeriu que se abolisse a escravidão africana em Pernambuco, isso em 1608. A proposta foi recusada, é claro. A dependência da Coroa em relação à economia canavieira escravista era insolúvel. Em 1691, o padre Antônio Vieira escreveu que se Palmares continuasse existindo, o que significaria uma vitória dos escravizados, isso traria "a total destruição do Brasil". Houve tentativas de acordo e negociação, que nunca deram resultado. O que Portugal queria era que Palmares fosse aniquilada.

Num último recurso, em 1678, filhos, netos e outros parentes de Ganga Zumba, líder supremo do quilombo — qualquer que fosse o título que os seus liderados lhe dessem — foram sequestrados e mantidos como reféns sob a exigência de rendição de Palmares. Ganga Zumba cedeu, mas vários de seus generais de armas não aceitaram a decisão. Um deles foi o seu sobrinho, Zumbi, seu principal comandante militar.

Zumbi não aderiu ao acordo de seu tio, que morreu envenenado, segundo se conta, pelo próprio sobrinho, que assumiu seu posto. O episódio conhecido a seguir é a contratação do bandeirante Domingos Jorge Velho, um descendente de portugueses, tapuias e tupiniquins, inspiração e símbolo do espírito paulista moderno, acostumado a caçar indígenas pelos sertões. Não falava português, pelo que se acredita, mas a língua geral, uma mistura do tupi-guarani com alguma versão rústica do idioma de Camões.

Seu exército era composto por soldados de todas as raças, incluindo brancos, mestiços e 1.300 indígenas armados de arco e flecha. Eles combatiam sem clemência, deixando um rastro de cadáveres, especialmente de prisioneiros executados.

Houve resistência à sua contratação. Havia na Coroa quem achasse os paulistas "gente ruim, pior e mais indesejável do que os quilombolas". Mas Portugal e os fazendeiros estavam desesperados. O bandeirante negociou condições vantajosas para o serviço, inclusive parte das terras e dos negros capturados e escravizados. E assim foi dada a ordem do ataque final.

Depois de uma travessia de quase 4 mil quilômetros sertão adentro, padecendo de fome e privações, Jorge Velho chegou à Serra da Barriga em dezembro de 1692. Decidiu usar a mesma tática de guerrilha e emboscadas dos quilombolas. Em janeiro de 1694, após

ESCRAVIDÃO

Domingos Jorge Velho.

catorze meses de sítio e combates, caíram as últimas defesas de Palmares.

Zumbi não se entregou. Entrincheirado numa cerca redonda de pouco mais de cinco quilômetros de extensão, guarnecida por fossos com todo tipo de entulho pontiagudo e cortante, conseguiu resistir por duas semanas. Houve centenas de mortos. Diante de um ataque final, avassalador, houve uma debandada em meio à noite, e duzentos guerreiros morreram, acuados até despencarem num precipício. Os bandeirantes degolaram tantos quanto puderam, e a cidadela ardeu com as chamas dos invasores.

Ferido, Zumbi ocultou-se numa caverna na grota da serra Dois Irmãos, onde hoje situa-se o município alagoano de Viçosa. Dois anos mais tarde, sob tortura, um mulato capturado revelou seu esconderijo. No dia 20 de novembro de 1695, numa emboscada, o herói de Palmares foi encurralado e morto. Dos vinte guerreiros que o acompanhavam, somente um se deixou capturar. Os demais morreram em combate ao lado do seu líder.

A cabeça de Zumbi foi decepada e salgada. A seguir, foi levada em triunfo para o Recife e exposta no alto de um poste, erguido no Pátio do Carmo.

Em carta ao rei, o governador Melo e Castro escreveu:

Determinei que pusessem sua cabeça num poste no lugar mais público desta praça, para satisfazer os ofendidos e justamente queixosos e atemorizar os negros que supersticiosamente julgavam Zumbi um imortal, para que entendessem que esta empresa acabava de todo com os Palmares.

De certo modo, o governador não poderia estar mais equivocado.

Palmares, a luta de Zumbi e sua resistência, mais de três séculos depois, continuam um símbolo, e talvez mais forte do que na época. Tornaram-se uma alternativa às narrativas laudatórias que queriam tornar a abolição uma concessão do Império, e os negros, como figurantes passivos, sem papel efetivo no processo. O Treze de Maio, para muitos, não representa a data maior da libertação das pessoas escravizadas, mas sim o Vinte de Novembro, o dia da Consciência Negra, estabelecido em 2003 no calendário escolar e, em 2011, segundo decreto da então presidente Dilma Rousseff, como data comemorativa. Embora não seja um feriado nacional, foi oficializado em mais de mil municípios brasileiros.

Zumbi, longe de ser esquecido, entrou para a história e para o imaginário brasileiro como tema de peças de teatro, filmes, livros e estudos, e foi inspiração até mesmo para a resistência à ditadura militar implantada em 1964.

Princesa Isabel ou Zumbi? Treze de Maio ou Vinte de Novembro? Lei Áurea ou Luta Abolicionista? Não é uma discussão sem importância. Ela define nossa visão sobre o país e o que se pretende reparar numa história imperfeita, contada muitas vezes pela ótica dos vencedores, que esconde os ideais e o heroísmo dos vencidos — justamente, seu legado.

Por outro lado, além de símbolo do Movimento Negro e Antirracista, Zumbi é também uma lenda. Em muitos livros, a sua biografia, impossível de ser resgatada, tem as lacunas preenchidas com ficção. Não há depoimentos escritos deixados nem por ele nem por seus comandados, tampouco documentos que comprovem muitas das afirmações que são feitas sobre Palmares e Zumbi.

Comemorar o Vinte de Novembro faz parte de toda uma ação na luta por igualdade de oportunidades, qualificação, políticas públicas, tratamento justo diante da lei, das forças de segurança e mesmo no dia a dia, além da extinção dos preconceitos deixados como uma cicatriz em nossa sociedade e cultura pelo desdém contra os cativos trazidos à força da África, usado como uma maneira de justificar a escravização e a truculência com que eram tratados.

Nunca saberemos ao certo quem era Zumbi. Da mesma forma, não sabemos se Palmares chegou a se consolidar como um reino ou um estado autônomo, nem seu grau de organização. Há historiadores que especulam que o quilombo teria sido mais frágil e vulnerável aos ataques frequentes que sofria do que contam as lendas. É até possível que devido à escassez de mulheres habilitadas a fugir do cativeiro — uma aventura arriscada — tivessem dificuldades de gerar uma descendência.

Seja como for, o Zumbi dos Oprimidos ainda vive, e está em construção.

De certo modo, o ano de sua morte, 1695, marca um período em que a economia açucareira do Nordeste deixa à mostra sua crise final, devido à concorrência imposta pelos holandeses, que suplantavam o Brasil. Tendo aprendido nos canaviais e engenhos com ingleses e franceses no Caribe, sempre com a exploração do cativo africano, os holandeses haviam se tornado os novos líderes da produção açucareira mundial. No entanto, um outro tesouro logo daria sobrevida à Coroa e lhe renovaria o fôlego. Talvez, os bandeirantes já soubessem da existência de ouro e pedras preciosas no Brasil. Há quem acredite que tenham guardado o segredo e lucrado bastante com o contrabando, até que a riqueza das Minas Gerais fosse anunciada a Lisboa.

Um ouro muito limpo, cujos pedaços podiam ser retirados com a mão, mudaria o eixo econômico da colônia para o Sudeste e para uma atividade completamente diferente. O que não mudaria seria a demanda pelos cativos trazidos da África para serem consumidos pelo trabalho escravo.

PARTE II

Da corrida do ouro
em Minas Gerais até
a chegada da corte
de dom João ao Brasil

1. Ouro! Ouro! Ouro!

A DESCOBERTA DO OURO está sempre associada a uma outra expressão: "A febre do ouro".

Um caso recente no Brasil é o de Serra Pelada, nos anos 1980. Localizada no interior do Pará, a descoberta de jazidas de ouro levou milhares de pessoas para a região para tentar fortuna. A violência foi enorme, e um personagem conhecido acabou como chefe do garimpo — Sebastião Curió. Major do exército, é apontado como o grande responsável pela execução de prisioneiros na Guerrilha do Araguaia, uma década antes, dos quais nenhum teve o corpo até hoje localizado, sem que nenhuma explicação fosse dada às famílias sobre o episódio, guardado como sigilo militar. Serra Pelada rapidamente se tornou o maior garimpo a céu aberto do mundo — um formigueiro humano aterrorizante, que transformou a paisagem local em lamaçal e deixou o leito dos rios próximos contaminados de produtos químicos — principalmente o mercúrio — utilizados na mineração. Segundo se acredita, toneladas de ouro foram retiradas e contrabandeadas para fora da região ou mesmo do país; no entanto, poucos foram os garimpeiros que conseguiram enriquecer, e muitos ainda morreram, de causas variadas, inclusive doenças e crimes durante o episódio.

ESCRAVIDÃO

Se uma catástrofe dessas pode acontecer por causa do garimpo em tempos tão recentes, imagine o que provocou no século XVII. Some-se a isso o fato de que a mão de obra empregada foi exclusivamente de escravizados. A superexploração imposta aos cativos, as privações e os castigos, a desumanidade e crueldade dos garimpos das Minas Gerais do século XIX podem ser multiplicados pela ganância que o ouro provoca nas pessoas, desde sempre.

O Brasil avançava rapidamente para se tornar o maior território escravista do hemisfério ocidental. Desde o século XVI, o escravismo em nossa terra alcançaria proporções de comércio internacional de massa, com a chegada de milhares de cativos embarcados à força na África. Do Rio, Salvador e Recife seguiam a pé, presos uns aos outros pelos pés e pelo pescoço com cordas e correntes, até aquele que seria seu local de trabalho. Até a morte.

Como escravizados, poucos passariam de vinte anos de sobrevivência. O auge do tráfico ocorreu entre o início do século XVIII e meados do século XIX. O impulso decisivo seria dado pela descoberta de pedras e minerais preciosos, primeiro em Minas Gerais, depois em Goiás e no Mato Grosso.

Já no final do século XVIII, quase todos os brasileiros com um mínimo de recursos compravam cativos. Nem todos podiam adquirir "peças da Índia", mas poucos ficavam sem o trabalho escravizado, que lhes garantia um cotidiano de ócio. Nessa época, a escravidão estava tão entranhada na nossa sociedade que até mesmo os negros libertos tinham seus próprios cativos.

Na África, a violência passou a ser corrente e cada vez mais intensa entre as nações e reinos do continente. Era uma contrapartida à demanda crescente do Ocidente por escravizados, que exigia mais e mais guerras, razias,

Artista escravizado já idoso.

golpes de Estado, sequestros. As tiranias, como acontece com frequência, utilizavam seus próprios povos como mercadoria. Eram reis vendendo súditos, famílias vendendo parentes, vizinhos vendendo vizinhos.

Somente a sobrevivência importava, em regiões em que tanto a produção quanto os valores culturais haviam sido destruídos por um poder colonial — brasileiros, portugueses, ingleses, franceses, holandeses, dinamarqueses, alemães e norte-americanos — que se ramificava em muitos soberanos locais. Os reis e rainhas que resistiam viravam inimigos de máquinas militares e forças armadas invasoras muito mais poderosas. Canhões contra lanças. E assim, reinos, nações criadas artificialmente, fragmentadas por divisões ancestrais, foram surgindo em profusão, uma tendência que se estenderia até o século xx, sempre produzindo guerras e matanças.

No Brasil, começa a surgir uma escravidão urbana, muito diferente da que existia nos canaviais do Nordeste. Criou-se uma nova cultura brasileira, em que hábitos da tradição africana se misturavam a outros, de origem europeia. Mestres de obras, arquitetos, escultores, pintores, compositores negros, mestiços e mulatos libertos — como Antônio Francisco Lisboa, o Aleijadinho — criaram obras de arte, no estilo barroco, que somente foram reconhecidas anos depois e assombrariam o mundo no século xx. Nas Minas Gerais, igrejas e conventos surgiam das mãos calejadas, habituadas às ferramentas e matérias-primas mais duras, para se tornarem monumentos históricos e patrimônios da humanidade. Os escravizados construíram as igrejas onde eram impedidos de assistir a missas na religião para a qual foram convertidos à força pelos senhores brancos... e se vingavam deixando, na parte de trás das colunas, anjos de pele negra.

Mais dois elementos — além do surgimento da escravidão urbana — precisam ser levados em conta como novidades desse período. Um deles foi o crescimento do processo de alforria, que resultou na existência, no Brasil, de uma população negra livre maior do que em qualquer outro território escravista na América. Outro fator novo foi a coragem e a resistência das mulheres negras, em histórias que mudaram o cenário da escravidão no país.

Quilombos como Cruz da Menina e Caiana dos Crioulos — na serra da Borborema, Agreste Paraibano —, visitados para a pesquisa deste livro, são ambos comunidades femininas, lideradas por mulheres fortes e corajosas. Seus pais, irmãos, filhos e maridos tiveram de ir para o Sudeste em busca de emprego. Como em outras comunidades originárias — por exemplo, em Alagoas, Minas Gerais e Rio de Janeiro —, os quilombolas são desassistidos, privados de políticas públicas pelas mais altas autoridades da república, sobrevivem com dificuldade às intempéries, à infertilidade do solo e ao isolamento geográfico. Além disso, sofrem ataques preconceituosos sistemáticos por sua resiliência em preservar seus riquíssimos valores culturais afro-brasileiros. Constantemente, e com a complacência ou mesmo incentivo e associação de autoridades, assim como ocorre com os indígenas, suas terras são invadidas.

Os quilombos — e não somente o mais famoso, de Palmares — foram decisivos na luta abolicionista e existem ainda em grande quantidade, apesar de ocultados pelos governos do conhecimento amplo e público. Parece que, como nos tempos de Zumbi, ainda representam alguma espécie de ameaça — talvez a quem deseja impor um modelo absoluto, único e inquestionável para a brasilidade.

Desde seu nascimento espontâneo até hoje, os quilombos foram mais do que bastiões nos moldes urbanos e intelectuais da liberdade. Foram espaços geográficos nos quais os que escapavam ao cativeiro poderiam cultivar suas próprias hortas e pomares, formar núcleos produtivos coletivos e vender o excedente em feiras e mercados, principalmente locais, e, nas horas de folga, ao som de batuques, praticar seus cultos religiosos, muitos deles ligados às suas matrizes africanas. Era onde os fugitivos podiam ter e criar suas famílias, sem a ameaça de que fossem divididas pela venda a diferentes fregueses.

É importante reconhecer na situação de hoje consequências da escravidão no Brasil, muitas delas previstas por abolicionistas da época, como André Rebouças, Francisco de Paula Brito e Joaquim Nabuco. A visão de um negro escravizado passivo, disseminada por clássicos como *Casa-Grande & Senzala*, de Gilberto Freyre, é tão enganosa como a idílica, romanceada e anacrônica concepção — de certo modo divulgada pelos intelectuais marxistas — dos cativos em estado de rebelião permanente, como se a truculência do cativeiro pudesse ser superada no dia a dia.

No entanto, uma nova visão da luta abolicionista aparece aqui. Nela, as pessoas escravizadas se destacam como agentes de seu próprio destino, negociando dentro da própria sociedade escravista, como em irmandades religiosas, e até mesmo participando das milícias que defendiam o senhor de escravos do fazendeiro rival. Mas o mesmo acontecia em grupos radicais, clandestinos, na organização crescente das fugas em massa, nas diversas revoltas — de variada amplitude — e em todo o rumor de que a associação dos cativos acabava se transformando numa ameaça à dominação branca. Fantasma permanente na sociedade escravista, o medo dos brancos era que a população negra, tão superior em número, tomasse o poder e partisse para a revanche.

Nos tempos do Ciclo do Ouro, ainda não circulavam entre os brasileiros, escravizados ou livres, as ideias abolicionistas que marcariam a segunda metade do século XIX. O sonho de muitos cativos era a alforria — concedida pelo dono ou comprada com o ganho de serviços extras —, mas nem sempre isso foi sinônimo de abolicionismo. Muitos eram alforriados mas continuavam trabalhando nas residências ou fazendas de sempre. Muitos iam para as cidades, onde sofreriam com a impossibilidade de inclusão na sociedade brasileira.

Com a decadência da produção açucareira do Nordeste, o que tirou mais uma vez Portugal da bancarrota foi a descoberta do ouro. No entanto, para os escravizados, o novo ciclo alterou somente os formatos, não a essência do cativeiro.

2. Salvo da falência

NÃO SE SABE QUEM FOI. Presume-se que tenha sido um homem negro ou mestiço. Portanto, certamente, um descendente de africanos escravizados. Mas foi esse herói invisível — que a história não identificou — o responsável pela descoberta de ouro em Minas Gerais. Foi ele quem deu início à corrida por pedras preciosas e minérios que mudaria o Brasil, sua paisagem, economia, cultura, e que, embora por um breve período, restituiria a Portugal a glória perdida e sua capacidade de bancar sua nobreza ociosa, sua burocracia enroscada, sua corte opulenta. A mesma que, diante da ameaça de Napoleão de invadir o país, na primeira década do século XIX, fugiu, acobertada pela madrugada, levando tudo o que pôde reunir em seus baús e enfiar nos porões dos navios, deixando o povo lisboeta perplexo, abandonado, sem sequer se dignar de avisá-los da debandada, à mercê dos franceses. As tropas napoleônicas tomariam o país sem precisar disparar um tiro sequer. Mas isso é antecipar o que será contado já no final deste livro.

Estamos ainda nos idos de 1700.

A maioria das novas comunidades urbanas localizava-se, até então, em pontos estratégicos para defesa das costas brasileiras, como Paraty, no estado do Rio de Janeiro, Belém, no Pará, e outras. Os portugueses não se arriscavam a penetrar no interior do continente. No entanto, a busca por ouro e diamantes mudaria radicalmente a ocupação do território da colônia.

Até 1750, valia o Tratado de Tordesilhas. Celebrado em Castela, no povoado com o nome de Tordesilhas, em 1494, dividia as terras descobertas — e as que ainda o seriam — entre as Coroas de Castela e Lisboa. Com as novas explorações do século XVIII, seria firmado o Tratado de Madri — em 1750 — entre os reis de Portugal e Espanha. Enfim, as fronteiras do Brasil assumiam um contorno próximo ao que têm hoje em dia.

Já como fariam para povoar e sustentar essa colônia, com o tamanho de um continente, era uma preocupação deixada para depois. No entanto, já em 1763, vivia-se outra era. A capital mudava de Salvador para o Rio de Janeiro. O eixo do país transferia-se do Nordeste para a rota entre Minas Gerais e Rio de Janeiro. Toneladas de barras de ouro seguiam esse trajeto. Ficariam estocadas na fortaleza da ilha das Cobras, na Baía de Guanabara, à espera das frotas que levariam o tesouro para Lisboa. Não era à toa que muitos membros da família real, ao se referirem ao ouro e às pedras preciosas que vinham da colônia, diziam que era um milagre enviado pelos céus para salvar Portugal.

O pequeno país fora à falência por força dos custos de seu atraso crônico, de sua nobreza improdutiva — sustentada por subsídios da Coroa — e das chamadas grandes navegações, cujos lucros escorreram por entre seus dedos para outras nações mais hábeis na lida capitalista e mais produtivas. A esperança de sobrevivência da monarquia portuguesa voltava-se para a pequena Vila Rica, que o cronista português Simão Ferreira Machado descreveria como "a cabeça de toda a América e, devido à opulência de suas riquezas, a mais preciosa gema de todo o Brasil".

A mineração em Vila Rica, na região central de Minas de onde se extraía o metal precioso, ergueu igrejas, casarões, palácios, e folheou de requinte os primeiros momentos da arte barroca — cada escultura tinha detalhes cobertos por finas camadas de ouro. E isso significou ainda mais pessoas escravizadas escavando a escuridão apertada das minas ou peneirando os rios com suas bateias.

O mercado interno de alimentos e mercadorias fortaleceu-se. E fortunas brotaram do chão e dos aluviões, mesmo com os impostos cada vez mais vorazes cobrados pela corte, já que a economia portuguesa sufocaria de vez sem esses recursos. Grande parte da brutalidade dos emissários locais da Coroa ao reprimir revoltas tem essa explicação. Para Portugal, que o Brasil se resumisse a fornecer ouro, calado e dócil, era uma questão de sobrevivência. O Brasil era um grande centro exportador de ouro e pedras preciosas, e a capital, o Rio de Janeiro, uma espécie de entreposto comercial responsável por contabilizar as levas que vinham do interior e os despachos para Portugal. No mais, tudo era atraso e, a não ser por isoladas exceções de indivíduos e pequenos grupos, não havia nenhuma intimidade com o que o ouro brasileiro financiava, na Europa, em termos de cultura. Era, por exemplo, terminantemente proibida a publicação de livros na colônia. O analfabetismo era quase regra absoluta.

Também Goiás era um centro produtor importante. Com uma particularidade: os municípios mineradores de Goiás eram os que mais concentravam quilombos em toda a colônia. Entretanto, em vez de quilombos fixos, como os de Pernambuco, Bahia e outras regiões produtoras de açúcar, o que se via no Centro-Oeste eram pequenos grupos de garimpeiros errantes. Muitos eram pessoas escravizadas fugidas que utilizavam as habilidades adquiridas ancestralmente na África. Foram os responsáveis pelo achado de inúmeras jazidas. Os que as identificavam eram alforriados como recompensa, mas as jazidas eram rapidamente assumidas por luso-brasileiros.

E não eram somente os negros a sofrer a escravidão do ouro. Embora oficialmente fosse proibido escravizar indígenas já a partir do século XVIII, isso continuou a acontecer por muito tempo em larga escala. A desculpa era uma guerra justa, em defesa dos colonizadores. Os indígenas precisavam escapar dos bandeirantes que, sob a alegação de que os estavam pacificando para ocupar o território da colônia e proteger fronteiras, usavam a força de trabalho dos prisioneiros de guerra no garimpo, associado em alguma medida ao contrabando para escapar dos impostos da Coroa.

ESCRAVIDÃO

É difícil estimar a riqueza que entrava pelo Tejo proveniente do Brasil. A história registra um episódio exemplar, de 11 de dezembro de 1742. Depois de 81 dias de travessia, dezesseis galeões aportaram em Lisboa. Em seus ventres, vinham o corpo e a alma[1] da terra do outro lado do Atlântico chamada de Brasil — que, embora suprisse a sobrevivência daquele pequeno reino, era praticamente desconhecida da sua população. Para os portugueses, era um lugar remoto. Um lugar selvagem, quase inventado por viajantes imaginosos. E, por vezes, para subestimá-lo e a seus habitantes originais, era associado ao Paraíso, à ingenuidade e à natureza bruta. E propriedade daqueles que traziam a bênção e o benefício da civilização. Talvez um pouco mais.

O corpo brasileiro, nas entranhas dos galeões, eram as riquezas extraídas do nosso território, tão valiosas que as frotas portuguesas eram constantes alvos de ataques piratas. Não se cruzava o oceano com aquela carga se não se contasse com uma escolta de navios de guerra com dezenas de canhões. E a carga, no caso, eram 235 quilos de ouro, milhares de moedas de prata e uma enorme quantidade de diamantes. Isso, além de outros produtos, como caixas de açúcar, mantas de couro curtido e toras de pau-brasil — a madeira vermelha tão cobiçada.

E havia a alma... Três negros escravizados. Domingos Álvares e Luzia Pinta, trazidos para Lisboa para serem julgados pelo tribunal de Inquisição católica, que os acusava de práticas demoníacas em sessões de curas no Rio de Janeiro e Sabará. Seus nomes originais não aparecem nos autos, mas consta que eram da etnia jeje-mahi, povo de uma região hoje situada entre a Nigéria e a República do Benim. A terceira prisioneira era Luiza Silva Soares, identificada como "crioula", por ter nascido no Brasil, natural de Mariana, Minas Gerais, e chamada de "feiticeira". Sobre ela, pesava a acusação de ter matado crianças, inclusive um recém-nascido, pela prática de vampirismo. Segundo a denúncia, Luiza teria se infiltrado na

---

1. "O Brasil tem seu corpo na América e sua alma na África", afirmava no final do século XVII o padre jesuíta Antônio Vieira.

casa de seus donos pelo buraco de uma janela "na forma de borboleta". Depois do sepultamento da criança, segundo a denúncia, teria desenterrado o cadáver e usado pedaços do corpo em feitiços. Os membros dos mortos teriam sido enterrados na entrada da propriedade, e os intestinos, cozidos, teriam sido servidos na sopa dos senhores.

Luiza teria confessado seus crimes depois de sessões excruciantes de tortura. Foram atos tão atrozes contra ela que, ao chegar a Portugal e ter a coragem, afinal, de contar o que sofrera, os inquisidores ficaram horrorizados, mesmo eles, tão acostumados a obter confissões sob tortura e a condenar pessoas para a fogueira como castigo para seus pecados.

Luiza foi posta em liberdade. Os outros dois escravizados ficaram presos por dezoito meses e, depois de confessarem seus crimes e se declararem arrependidos, foram condenados a uma colônia penal.

Os três prisioneiros eram uma pequena amostra do que se tornara a corte portuguesa, inserida no sistema internacional escravagista. Havia uma surpreendente quantidade de pessoas escravizadas nas ruas de Lisboa. A população aumentada agravava os problemas urbanos. Já tradicionalmente, como ponto de convergência e base de negócios de traficantes negreiros, Lisboa fora e continuava sendo uma cidade suja, sem iluminação e perigosa. Os moradores tinham o hábito de jogar na rua água suja, inclusive aquela que servia para descartar dejetos humanos. As ruas somente eram lavadas uma vez por ano, às vésperas da procissão de Corpus Christi, no mês de junho. Tudo isso junto fazia da cidade um antro de doenças e pragas. O enterro dos corpos em cemitérios somente se tornou obrigatório a partir de 1771. Até então, os cadáveres ou eram abandonados, ou queimados. Covas coletivas proliferavam na periferia da cidade. Ainda hoje pode ser visitado em Lisboa o Poço dos Negros, uma dessas valas coletivas.

Durante o Ciclo do Ouro no Brasil, ou pelo menos em seu auge, Portugal viveu um período de esplendor. Durou pouco, mas deixou marcas e hábitos — como o agravamento do ócio da aristocracia. Trabalhar, ganhar dinheiro com suor e comércio, era coisa do povo.

Entre 1700 e 1750, o Brasil respondeu sozinho pela metade da produção mundial de ouro. Não é por acaso que, quando essa produção começou a se exaurir, se iniciaram também as revoltas, motivadas pela necessidade de Portugal de manter a arrecadação. O único modo de conseguir isso era aumentar progressivamente seu quinhão no ouro extraído. Em 1699, um dos primeiros grandes carregamentos levava a Portugal meia tonelada de minério. Em 1720, a quantidade já alcançava 25 toneladas. Até 1817, calcula-se que, oficialmente, 535 toneladas tenham sido tiradas da colônia e levadas para Portugal — fora desvios para driblar os impostos, falsas declarações e contrabando (talvez, cerca de 150 milhões de toneladas). Basta ver o valor do grama de ouro, no mercado atual, para se ter uma noção do que isso valeria.

Em 1729, a Coroa recebia outra boa notícia: a descoberta de diamantes. Assim, Portugal, embora apenas por pouco mais de um século, conseguiria manter-se longe da ruína.

Enquanto conseguiu sustentar o frágil equilíbrio de uma inépcia econômica com um suprimento farto de riquezas extraordinárias, o luxo da corte portuguesa rivalizava com o das maiores monarquias europeias. Palácios, conventos, monumentos, moda, consumo... Dom João v foi conhecido como um soberano extravagante. Ocupou o trono entre 1706 e 1750, e teve a sorte de atravessar com seu reinado o melhor momento do Ciclo do Ouro brasileiro. Vendo seus modos reais, poucos diriam que o seu refinamento, luxo e caprichos se sustentavam com o trabalho escravo no Brasil. De certa maneira, era somente a expressão mais alta do que já acontecia na colônia.

Já no Brasil, impressionava os viajantes estrangeiros que os brancos se mostrassem inaptos para qualquer trabalho braçal ou para quaisquer tarefas práticas. Mesmo os portugueses, uma vez pondo os pés no Brasil, recusavam-se a todo tipo de esforço físico, que, para o imaginário da terra, passou a ser visto como degradante.

Por decorrência, no imaginário escravista europeu, os africanos tinham hábitos — como bem demonstram os prisioneiros dos galeões de 1742 — bárbaros e selvagens, praticavam religiões e rituais demoníacos, eram capazes de enfeitiçar animais, envenenar seus senhores e outros prodígios. Nada disso se despregou de todo de nossa alma brasileira, uma vez que muito do que se refere à cultura originária africana, inclusive aquela praticada nos quilombos de hoje e nos terreiros de candomblé, sofre preconceitos, difamação, perseguições. Todo cativo suspeito de prejudicar seu dono era brutalmente torturado. E se morresse no suplício, ninguém seria cobrado por isso, já que sua vida pertencia ao senhor, e a Inquisição estimulava a extinção da resistência cultural e religiosa africana. Seria uma santa missão extirpar os resquícios demoníacos daquelas criaturas.

Tinha-se assim um quadro complexo da sociedade colonial — corte e colônia. Em Portugal, a farra de gastos promovida por dom João poderia ser medida pelo pagamento de pensões — única fonte de renda — à sua nobreza, que saltou do equivalente a 4,5 toneladas de ouro anuais, em 1681, para 27,4 toneladas, em 1748. Tudo isso e muito mais dependia do suor e do sangue africano.

Há um outro personagem fundamental nessa história: o bandeirante, ou paulista. Não se sabe onde e quando ocorreu a primeira descoberta de ouro no Brasil. É provável que, no final do século XVII, alguns "sertanistas" — os bandeirantes — já tivessem conhecimento disso, embora escondessem seus achados da Coroa. Houve tentativas oficiais de encontrar minério precioso no país já na segunda metade daquele século, mas sem resultados, a não ser desastrosas expedições, algumas sem sobreviventes.

Já se disse que a palavra *sertões*, no caso brasileiro, se refere mais a lugares remotos, desconhecidos, semidesabitados, do que a uma configuração climática ou geográfica, uma região definida por sua fauna e flora. "Os sertões" tanto podem ser o interior da Bahia, árido, onde ocorreu a guerra contra Canudos narrada por Euclides da Cunha, quanto o de Minas, as "veredas" de Guimarães Rosa.

Em 1694, os bandeirantes, tão habituados ao interior do país, segundo contemporâneos, como os próprios animais, receberam garantias do rei dom Pedro II de Portugal de que, encontrando ouro, teriam parte significativa no achado, além de receberem títulos de nobreza e honrarias. De um momento para o outro, os bandeirantes, vistos com desconfiança, passaram à condição de heróis — e com impressionante sincronia os paulistas começaram a encontrar ouro em Minas Gerais. Figuras como Fernão Dias Paes Leme e seu genro, Manuel de Borba Gato, antes fugitivo da lei, suspeito de um assassinato, começaram a trilhar os sertões brasileiros e o caminho que os transformaria em estátuas, nomes de ruas e cidades. Borba Gato, num piscar de olhos, de bandido procurado passou a guarda-mor das minas de Caetés e fidalgo do rei. Já sem a preocupação de escapar ao fisco da Coroa graças à carta do soberano, passaram a exibir ouro de altíssima qualidade como resultado de suas jornadas.

Seus relatos impressionavam. Com esses homens sem limites para conseguir o que cobiçavam, começou ali a febre do ouro.

Ouro! Ouro! Ouro!

O ouro surgia em quantidades fenomenais e nos mais diferentes tipos: em pó, grãos, ramificações, folhetas, pepitas — algumas grandes como batatas. Uma dessas pepitas teria sido tão grande ao sair da pedra, que teve de ser dividida entre os garimpeiros a golpes de machado. Falava-se de algumas que pesavam quase três quilos. Todo esse ouro se revelava fartamente e quase sem esforço.

Logo, a Coroa apressou-se a impor ordem à atividade do garimpo. Estabeleceu o "quinto real" — a quinta parte de todo o ouro extraído que devia ser recolhida aos cofres da Coroa — e a distribuição de lotes. Apesar de se prometer fortuna aos garimpeiros e, às vezes, pouco trabalho, o critério mais importante para se conceder um território a um determinado indivíduo, que o exploraria com exclusividade, era a quantidade de escravizados que possuísse. Para se obter uma concessão era necessário ter pelo menos doze cativos. Naturalmente, desse modo, a demanda por escravizados cresceu enormemente.

Se os bandeirantes já sabiam onde estavam localizadas as jazidas, naturalmente grande parte das lendas sobre a descoberta do ouro em Minas — sua acidentalidade, ou a interferência divina, como queria acreditar piamente a família real portuguesa — fica descartada. No entanto, esse é somente o aspecto folclórico da história. O que movia a mineração era o braço escravizado. Além de seres humanos acorrentados e marcados a ferro em brasa, os navios negreiros traziam conhecimento e habilidades tecnológicas, cruciais para a ocupação do Novo Mundo.

Os africanos escravizados originários da chamada Alta Guiné, onde hoje situam-se países como Senegal, Mauritânia e Gâmbia, eram habilidosos criadores de gado. Os da Guiné-Bissau, República da Guiné, Serra Leoa e Costa do Marfim praticavam havia séculos a cultura do arroz. Cada etnia foi utilizada, preferencialmente, no trabalho com o qual já tinha familiaridade. Os portugueses não tinham conhecimentos de mineração, mas os africanos chamados *mina*, povos e etnias da Costa da Mina — entre as atuais Gana e Nigéria, passando pelo Togo e Benim —, logo ganharam a fama de bons farejadores de minerais preciosos. As mulheres dessas regiões eram as preferidas, já que, acreditava-se, transmitiam boa sorte aos garimpeiros.

Sem eles, o Ciclo do Ouro não teria alcançado a dimensão que teve — e a importância na transferência de recursos, via Portugal, para toda a Europa. Seu conhecimento — que hoje chamaríamos de *expertise* — na atividade nunca foi reconhecido e, claro, jamais teve a retribuição devida. Nas três primeiras décadas do século XVIII, africanos escravizados procedentes da Costa da Mina somavam 57% de todo o contingente de cativos em Vila Rica e Vila do Carmo. Se houve aquele herói invisível, o mulato que primeiro descobriu ouro no Brasil, ele teria de ser originário da Costa da Mina.

Mas, apesar das histórias sobre a facilidade da extração, além do sacrifício dos cativos — poucos resistiam a mais de doze anos de trabalho forçado na mineração, sobretudo pelo precaríssimo fornecimento de alimentação e cuidados nas senzalas —, a atividade exigia alto investimento em obras hidráulicas nos aluviões e de escavação nas minas. Os donos do negócio procuravam, assim, reduzir os (demais) custos. Claro que o investimento maior era na compra de escravizados. Os preços eram altos no auge do Ciclo do Ouro, caíram em declínio e voltaram a subir quando os movimentos abolicionistas no Reino Unido forçaram a Inglaterra a determinar um bloqueio marítimo ao tráfico.

    A senzala por baixo da Casa dos Contos nos dá bem a ideia do que era a Vila Rica de Ouro Preto em suas vísceras domésticas. Nos andares superiores, a corte portuguesa cobrava seu quinto, e por lá passou uma fortuna cujo cálculo é um desafio aos historiadores até hoje. Enquanto isso, a senzala, abaixo da casa, junto do córrego que servia de esgoto, era uma escavação na pedra que mal protegia os cativos do relento e do frio. Com esse corte de despesas, o dono lucrava com o escravizado 100% sobre o valor que havia pagado por ele.

3. Fome, impostos, censura e atraso

A CORRIDA DO OURO CAUSOU uma onda de fome, violência e criminalidade no interior do Brasil. Os senhores de engenho falidos mudaram-se das regiões de produção açucareira, em decadência, para as minas, embriagados pelo sonho de refazer rapidamente suas fortunas. Como a concessão de território para mineração dependia da posse de pessoas escravizadas, levaram junto seus numerosos contingentes de cativos. O tráfico interno, do Nordeste para o Sudeste, assumiu proporções de uma segunda onda de escravização (a primeira seria dos cativos trazidos da África, que continuava ativa e até mesmo se intensificava).

O preço dos escravizados disparou. Nas primeiras décadas do século XVIII, aumentou em mais de 200%. O fenômeno agravou ainda mais a situação dos engenhos de açúcar, acelerando sua bancarrota.

Em suma, chegava gente de todos os lados e de todos os tipos, de jovens estudantes a prostitutas, de missionários a bandidos. Chegavam a pé, em canoas, no lombo de cavalos e mulas. Era uma legião de forasteiros dispostos a tudo, que crescia assustadoramente.

Até mesmo potenciais mineradores bem-sucedidos e milionários vinham de Portugal. No Minho, região norte do país ibérico, próximo à fronteira com a Espanha, a sangria populacional foi tão grande que a Coroa criou leis proibindo os moradores de lá de

virem para o Brasil. Em 1709, havia cerca de 30 mil pessoas em Minas Gerais. Meio século depois, a população local havia se multiplicado por dez. Na sede insaciável por ouro, deixavam para trás suas vidas, terras, famílias. E, no garimpo, passavam a viver em condições precárias, sem lei nem ordem. Os crimes ficavam sem punição. Matavam-se pessoas à luz do dia, com grande crueldade. Os corpos eram esquartejados e queimados. Minas Gerais era dominada por homens que se tornavam poderosos por meio da violência. A turbulência do garimpo, sua associação direta com a sonegação de impostos, o contrabando e o crime, parecem comuns ainda hoje, assim como a devastação do meio ambiente — que ainda não era uma preocupação no século XVIII.

Para a maioria das pessoas envolvidas, a corrida por ouro e diamantes foi uma tragédia. A falta de braços empregados na produção de alimentos fez o custo de vida explodir, com impactos em toda a colônia.

Enquanto isso, a Coroa se tornava cada vez mais voraz na cobrança de impostos. Eram as exigências de Portugal, especialmente de sua nobreza, persistindo no seu modo parasitário de vida. Pela metade do século XVIII, cerca de oitenta taxas e impostos pesavam sobre os mineiros que agiam dentro da legalidade. Por exemplo, o sal, monopólio do rei, chegava ao Rio de Janeiro custando 720 réis cada alqueire, mas, para entrar em Minas Gerais, tinha-se de pagar outros 750 réis. Viajantes e animais de carga eram obrigados a pagar pela travessia de rios uma espécie de pedágio da época.

Nomeado pela Coroa para restabelecer o controle sobre a região em 1717, o conde de Assumar se tornou conhecido por um episódio do qual participou, mesmo que involuntariamente. Na viagem

FOME, IMPOSTOS, CENSURA E ATRASO

rumo a Minas Gerais, tendo partido de Santos, no litoral paulista, o conde passava pelo vilarejo de Santo Antônio de Guaratinguetá, no Vale do Paraíba. A câmara local quis homenageá-lo com um banquete e encomendou uma grande pescaria. Entre esses pescadores, estava o barco de João Alves, Domingos Garcia e Felipe Pedroso. Ao lançarem sua rede, retiraram das águas barrentas do rio Paraíba do Sul o corpo de uma imagem feminina negra e depois a cabeça — fato extraordinário, já que as partes deveriam ter sido separadas pela ação das correntezas. A imagem deu origem a uma devoção que a transformou de Nossa Senhora da Conceição, padroeira de Portugal, em Nossa Senhora da Conceição Aparecida, ou, como é mais conhecida, Nossa Senhora Aparecida.

Hoje, a cidade-santuário de Aparecida recebe uma quantidade enorme de peregrinos católicos de todas as partes do país, especialmente no dia da santa, 12 de outubro. Sobre ela, se conta um milagre famoso, ocorrido com um escravizado chamado Zacarias. Fugindo da fazenda onde era cativo, foi recapturado. Teria então pedido para rezar aos pés da imagem antes de ser levado de volta — receberia, provavelmente, um castigo brutal pela fuga. Ao se ajoelhar diante da imagem, suas correntes teriam se partido.

Uma série de rebeliões e episódios de violência aconteciam em Minas, principalmente pela recusa de se pagar os impostos e ceder ao controle progressivo da corte. Os paulistas, alegando que teriam sido os primeiros a descobrir as jazidas de ouro, se destacavam na resistência. Começou a nascer entre eles um orgulho de ser paulista, uma imagem de bravura e honra, que substituiu a má fama dos bandeirantes. Chegaram a expulsar o primeiro representante da Coroa, José Vaz Pinto, em 1702. Os conflitos que se seguiram cinco anos após a expulsão de Vaz Pinto ficaram conhecidos como a "Guerra dos Emboabas".

Emboaba era o nome dado pelos paulistas a todos

os que não haviam nascido nem instalado residência na capitania de São Paulo. Era, portanto, sinônimo de forasteiro, e logo os emboabas passaram a ameaçar o poderio que os bandeirantes, até então sozinhos na região, haviam adquirido. Em 1707, os emboabas aclamaram como governador das Minas de Ouro Manuel Nunes Viana. Imigrante vindo do Minho, tendo chegado pobre ao Brasil, surgiu na época muito rico. Suspeitava-se de que tivesse acumulado sua fortuna com o contrabando de ouro e venda ilegal de armas e mantimentos a escravizados que haviam escapado do cativeiro. Contava com um exército particular, 167 cativos negros e setecentos quilos de ouro. Sua nomeação ocorreu sem a aprovação da Coroa ou dos paulistas.

Na época, o chefe informal da região era o bandeirante Borba Gato. A situação se acirrou de vez quando um grupo de paulistas foi massacrado pelos emboabas, enchendo um rio de cadáveres. O curso de água ficou daí em diante conhecido como rio das Mortes, e o confronto se dera na vizinhança das cidades de Tiradentes e São João Del Rei. O confronto terminou com a expulsão dos paulistas. No entanto, os emboabas logo entrariam em conflito com a Coroa portuguesa, sempre por causa da extorsiva cobrança de impostos.

A voracidade dos impostos por parte de Portugal foi o estopim da tentativa de revolta de 1720, ocorrida em Vila Rica, atual Ouro Preto. O conde de Assumar foi brutal e implacável na repressão ao movimento. Um dos agitadores, Filipe dos Santos, foi enforcado em praça pública, esquartejado, e seu corpo, arrastado pela cidade. O que restou foi pendurado em árvores e postes para servir de "exemplo horroroso", nas palavras do conde.

O exemplo não pegou. Em 1789, um novo movimento surgiu. Igualmente reprimido, com a violência habitual, a Inconfidência Mineira, na mesma Vila Rica, passou à história junto com seus heróis e mártires — Joaquim José da Silva Xavier, o Tiradentes, e o poeta Claudio Manuel da Costa.

Fora dos agrupamentos urbanos, os sertões brasileiros eram ainda mais perigosos. Viajar por suas estradas era coisa de homens que arriscavam tudo pela possibilidade de fazer fortuna. Além das grandes distâncias, havia os indígenas, a protegerem seus territórios, e os ataques de bandidos. Os salteadores atacavam as caravanas, matavam todos os viajantes e os enterravam em covas rasas. Alguns deles se tornaram famosos, como o temido Mão de Luva — que ganhou

o apelido por usar uma mão de couro no lugar da que lhe fora decepada numa briga. Sua quadrilha era composta de duzentos homens armados que, além de roubar, mineravam ouro em garimpos clandestinos, fora do alcance dos impostos da Coroa. Havia também a Quadrilha da Mantiqueira, comandada por José Galvão, o Montanha, um gigante de pele morena, barba e cabelos compridos. No caso destes, o bando foi exterminado por uma tropa comandada pelo alferes Joaquim José da Silva Xavier, o Tiradentes.

Havia ainda os rios, com corredeiras e cachoeiras, que tinham de ser percorridos em canoas com mais de quinze metros, carregadas nas costas dos escravizados para ultrapassar, por terra, alguns trechos. Malária, ataques de onças, cobras, formigas e marimbondos e até mesmo pragas de carrapatos agravavam o quadro, além de chuvas torrenciais e pântanos alagados.

Emoldurando todos esses embates e obstáculos, o Brasil era, nominalmente, uma colônia católica e devota. No entanto, tudo ali dependia do trabalho escravo.

Era uma realidade crua... e nua... A realidade das residências, como em Salvador, ficou registrada por um navegador francês, Amédée François Frézier, em 1714, quando testemunhou que mais de 90% dos moradores eram "negros e negras despidos", o que, a seu ver, não combinava com o fervor religioso, apesar do grande número de dias santos honrados pelos locais, da infinidade de igrejas que erguiam, das procissões, rituais públicos, escapulários, medalhas e santinhos, que mesmo os traficantes carregavam. Eram as curiosidades do tráfico, uma atividade em que quase todos os navios tinham nome de santo, e a escravidão, apesar de tudo o que implicava, era tida como "piedosa" — já que os cativos eram batizados, embora à força.

Missas, rezas de terços coletivas e aulas de catecismo foram introduzidas no cotidiano dos escravizados. Enquanto a Igreja abençoava a escravização, até mesmo por bulas papais, via-se nascer uma nação com muito mais fiéis do que as europeias. Nas regiões mais ermas do interior, onde faltavam a burocracia e a repressão da corte, havia o controle social da religiosidade. Afinal, o governo colonial não poderia estar em todos os lugares. Somente 5% do território brasileiro, já na virada para o século XIX, era ocupado. O restante era habitado por indígenas não pacificados e escravizados fugitivos — boa parte em quilombos. Apesar de a Inquisição não ter tido tanto poder no Brasil e em Portugal como tinha na Espanha, onde era parte do Estado, ela abriu cerca de 40 mil processos nas colônias entre os séculos XVI e XVIII. Já era evidente a ação de colar a suspeição sobre a cultura original dos cativos. Em 1742, o arcebispo da Bahia recomendava especial atenção aos africanos e seus ritos, que qualificava de "bárbaros e diabólicos", confundindo-os com "feitiços e bruxarias".

O fervor religioso, afinal de contas, era o que assegurava os recursos para a estrutura da Igreja Católica no Brasil. Missas, sacramentos e outras obrigações religiosas custavam extremamente caro aos devotos.

Assim, prosseguia o Brasil. Piedoso nas suas práticas religiosas, cruel na escravização. Mas era também um dos lugares mais isolados do mundo. A Coroa só permitia que entrassem aqui portugueses e cativos africanos. Tudo se fazia para proteger da cobiça de seus concorrentes europeus o que lhe rendia a mineração no país.

Transporte de mercadorias, objetos e gente.

Fidalgo e sua família a caminho da missa.

A censura era o recurso utilizado para manter segredo sobre essas riquezas. Aos que visitavam a colônia, era proibido, e considerado traição, dar publicidade a relatos sobre a localização das minas, sua produção e como funcionava a atividade do garimpo. Impressoras descobertas, mesmo no Rio de Janeiro, eram confiscadas, e seus donos sofriam sanções. As duas únicas livrarias da capital da colônia eram pequenas e vendiam somente obras religiosas. A alfabetização atingia um número praticamente inexpressivo dos habitantes. A não ser por instituições como o Colégio dos Jesuítas em São Paulo, situado numa parte alta da cidade, uma ilha à parte com sua biblioteca de mais de 3 mil volumes, não havia escolas.

Tentava-se manter o Brasil fechado a viajantes, mesmo cientistas. O célebre naturalista e navegador alemão Alexander von Humboldt e sua expedição famosa foram considerados perigosos e potencialmente prejudiciais aos interesses da Matriz, até mesmo pelas ideias científicas que poderiam disseminar.

FOME, IMPOSTOS, CENSURA E ATRASO

Para isso, também usavam a religião: em 1696, o rei de Portugal já solicitara a autoridades no Brasil atenção aos "estrangeiros hereges, protestantes". Exigia que os impedissem de comprar pessoas escravizadas no mercado interno, por conta do perigo de lhes ensinarem "seus erros e de não os mandarem doutrinar a verdadeira fé".

O atraso era geral. Em 1780, a cidade de São Paulo era um pequeno agrupamento de choupanas construídas com taipas e cobertas de sapê. O Rio de Janeiro, fora os entrepostos comerciais, nada apresentava — como se a capital da colônia não passasse do escritório central de uma grande empreitada de mineração. Na verdade, não se queria ali progresso algum. Qualquer produto manufaturado, como tecidos, tinha de vir de Portugal. Camas e colchões eram raros; dormia-se em redes ou em esteiras no chão. As casas eram em geral térreas, com mobiliário escasso, sem vidros nas janelas, que eram fechadas por treliças. Os telhados indicavam a condição social dos moradores. Nas casas dos ricos, as telhas se projetavam para fora, com eira e beira, permitindo que a água da

Mulher branca é transportada enquanto uma ama de leite alimenta seu filho.

chuva escoasse. Nas mais modestas, "sem eira nem beira", o telhado acabava rente à parede.

Um problema crônico da cidade era o fornecimento de água potável, que somente foi resolvido em 1750, com a construção do aqueduto conhecido como Arcos da Lapa, obra de escravizados. No século XVIII, reclamava-se muito de doenças contagiosas, que afligiam pobres e ricos, já que as ruas não contavam com nenhum tipo de saneamento.

Havia um modesto número de profissionais liberais, como advogados e médicos; militares, em grande número, já que asseguravam o poder da Matriz; um punhado de comerciantes — boa parte envolvida no tráfico de pessoas escravizadas —; artesãos, como os que, prodigiosamente, vencendo seu isolamento, criaram as obras-primas do Barroco nacional; e funcionários, como a maioria dos inconfidentes. Os vendedores ambulantes, que forneciam suprimentos para as residências, eram uma multidão em trânsito pelas ruas — a maioria, escravos de ganho, aqueles que tinham permissão de sair para vender suas mercadorias. O meio de transporte das esposas dos ricos eram as cadeirinhas, ou redes, carregadas pelos cativos. Seus maridos montavam vistosos cavalos. Escravizados, libertos e pobres andavam a pé.

Todas as classes sociais possuíam escravizados. Tratava-se de um bem universal, acessível à população livre. Sem escravizados, o Brasil não existiria.

4. Piratas e outros bandidos

Não seria possível fechar totalmente o Brasil. Se os portos não se abriam aos estrangeiros, os piratas visitavam com frequência a costa, desde os tempos em que a colônia somente era conhecida como fornecedora do pau-brasil à Europa. Com o refinamento do negócio da pirataria, surgiriam os corsários. A prática era a mesma, mas seletiva. Dotados de uma "Carta de Corso", fornecida por algum monarca, tinham autorização para pilhar à vontade, desde que não atacassem navios do país que emitia a carta nem seus aliados, e que pagassem uma comissão sobre o butim ao soberano.

Na primeira metade do século XVIII, o Rio de Janeiro tornou-se alvo natural dos ataques dos piratas que infestavam o Atlântico Sul e o Caribe. O primeiro ocorreu em agosto de 1710. Uma pequena esquadra de seis navios e mil homens, sob o comando do capitão francês Jean-François Du Clerc, tentou entrar na Baía de Guanabara hasteando nos mastros bandeiras inglesas — nação amiga dos portugueses.

Alertado, o governador-geral Francisco de Castro Morais o forçou a recuar, debaixo de fogo dos canhões. Du Clerc tentou então um desembarque no Porto de Guaratiba. Chegando ao centro da cidade, teve de se render, depois de uma batalha de dez horas. Preso, foi assassinado no cárcere — uma execução jamais esclarecida.

Em 1711, o corsário Duguay-Trouin atacou a cidade com uma frota de dezessete navios e 4 mil homens bem armados. Há historiadores que afirmam que o rei francês, Luís XIV, organizou a expedição para vingar a morte de Du Clerc. Mas há também os que contestam essa versão. O corsário aproveitou-se de uma espessa neblina para furar as defesas da Baía de Guanabara e, quando o nevoeiro se dissipou, estava diante da atual Praça XV, com seus canhões apontados para o centro da cidade. Os invasores saquearam a cidade e forçaram seus habitantes a pagar um resgate para não a bombardear. Eles não conseguiram, entretanto, o que mais queriam, o ouro das Minas Gerais. O navio com o carregamento precioso partira para Portugal alguns dias antes da invasão.

Aos poucos, a Coroa reforçou as defesas do Rio de Janeiro. No entanto, se os saqueadores externos eram mantidos relativamente à distância, o sistema escravagista português era corrupto de cima a baixo. Dos garimpeiros aos governadores, que voltavam ricos a Lisboa depois de curtos mandatos na colônia, o contrabando e a sonegação dos impostos dominavam a atividade econômica. A extorsão promovida pelo fisco tinha como contrapartida um emaranhado de propinas, que circulavam entre as autoridades. O conde de Assumar, tão implacável na repressão aos rebeldes, desembarcou em 1720 em Lisboa com um baú contendo 100 mil moedas de ouro, um valor muito acima de seus vencimentos. Grande parte de seus negócios foram conduzidos, discretamente, por "procuradores", que hoje em dia chamaríamos de laranjas, ou testas de ferro.

Seus sucessores não fugiram à regra. A Coroa tentava conter o contrabando, mas estima-se que pelo menos 40% do ouro era desviado. Uma parte descia pelo rio da Prata para Buenos Aires; outra, ia para as mãos dos traficantes que compravam cativos na África e os traziam para o Brasil. Os governadores cobravam propina dos traficantes por cada negro desembarcado.

O Corpo de Dragões patrulhava incessantemente as áreas de jazidas e seus acessos. Era um esforço inútil. A pressão dos impostos da Coroa tornava o contrabando atrativo demais. Os contrabandistas não se intimidavam nem mesmo com as penas que pesavam sobre os que fossem capturados: entre elas, a prisão nas piores condições possíveis.

A corrupção era uma praga por todo o império ultramarino. Na região de Benguela, oficiais e soldados sequestravam pessoas para vendê-las como escravizados. Mesmo as autoridades declaravam ao fisco somente os cativos de menor valor, reduzindo a cobrança de impostos. Os sobas africanos, intermediários no tráfico, "adoçavam" os funcionários da Coroa na hora de fechar negócios e recolher impostos. As trapaças envolviam até mesmo padres e ordens religiosas. A verdade é que, por conta do alto interesse no tráfico, a Coroa fechava os olhos diante do comportamento suspeito de seus súditos, em qualquer continente.

5. A onda negra

José, João, Maria, Pedro, Sebastião, Catarina, Rosa... Assim seriam chamados, a partir daquele momento, e seriam forçados a esquecer sua identidade. Os nomes gentios, africanos, ficavam para trás, e desse modo renegavam a barbárie e a selvageria em que haviam vivido toda a sua existência, assim como haviam vivido os seus pais, seus avós e seus ancestrais.

O momento se chamava "batismo". Haviam acabado de ser apresentados ao sacramento. E bastava a unção com água benta, sem maiores explicações, para torná-los, oficialmente, cristãos — querendo ou não, é claro, entendendo ou não ao que estavam sendo convertidos.

Até ali, haviam sido sequestrados em suas aldeias, despidos de suas roupas usuais, acorrentados uns aos outros e forçados a caminhar numa fila chamada de libambo até a galeota *São José*, um navio negreiro português ancorado nas margens de um rio em Cacheu, na atual Guiné-Bissau. O ano era 1756 e eles, amontoados no porão, eram 97, sete dos quais registrados nos livros de bordo como "crianças de peito", ainda em fase de amamentação. Eram de diversas etnias e origens. Mas, uma vez batizados, iniciavam sua "ladinização" — escravizados ladinos, com nome cristão e algum conhecimento de português, valiam mais do que os boçais.

A galeota era um dos primeiros navios da recém-criada Companhia Geral de Comércio do Grão-Pará e Maranhão a chegar à Alta Guiné. O movimento de intensificação do tráfico destinado a satisfazer a crescente demanda de escravizados, ocorrida na segunda metade do século XVIII, resultou na mais impressionante onda negra que cruzou o Atlântico e que transformou o Brasil, até o final daquele século, no local com a maior concentração de cativos de todo o Novo Mundo. Um censo de 1789 — ano da Revolução Francesa, que proclamou a liberdade, a igualdade e a fraternidade — mostrou que quase metade da população do Rio de Janeiro era de escravizados. Em certas freguesias, a proporção era de três pessoas negras ou mulatas para cada branco.

Essa disparidade logo cobraria um preço e teria importante papel na luta abolicionista.

As mesmas nações que experimentavam na Europa um século de revoluções libertárias empenhavam-se no tráfico. E a Península Ibérica, Portugal particularmente, procurava se isolar do restante do continente, disfarçando seu atraso social e político e defendendo a submissão da colônia, que pagava as contas de sua nobreza parasitária.

Entre 1751 e 1842, 100 mil africanos foram desembarcados no Maranhão. O algodão, então cultivado na província devido às características de suas fibras, alimentou os teares a vapor e a Revolução Industrial inglesa — uma virada modernizadora no modelo econômico mundial —, enquanto os britânicos se transformavam em abolicionistas e caçavam os navios negreiros pelo Atlântico. O último tumbeiro chegou na Amazônia — para onde iam pelo menos metade dos cativos levados para o Maranhão — em 1846, quatro anos antes de ser decretada a Lei Eusébio de Queirós, de 1850, que hipoteticamente atenderia à exigência dos ingleses de extinguir o tráfico no Império.

Na África, as guerras e conflitos motivados pelos lucros da captura de pessoas para serem vendidas aos traficantes se tornaram a regra geral. Os europeus os estimulavam, fornecendo armas, munições, cavalos, armaduras e às vezes até treinamento a seus aliados africanos. Os soberanos ou líderes tradicionais que resistissem eram mortos e substituídos no poder. Nas "cerimônias de vassalagem", os sobas associados aos portugueses eram marcados a ferro quente no peito. Era o selo real português, que lhes permitia serem reconhecidos e respeitados pelos seus súditos. Até seus nomes eram trocados por nomes cristãos. A devastação de todo o continente era inédita na história. Vínculos familiares, hábitos alimentares e modos de vestir eram alterados. A dinâmica populacional funcionava de maneira inversa à do Brasil — a África era despovoada e entrava em decadência.

Uma importante mudança se verificou no tráfico negreiro. A demanda por mais pessoas escravizadas — devido ao Ciclo do Ouro e dos Diamantes das Minas Gerais — cresceu tanto que deixou de ser uma atividade monopolizada pela Coroa e se tornou privatizada. Lisboa tentava aumentar seus lucros, agora, com constantes elevações dos impostos. Outra mudança foi a valorização de crianças, mesmo recém-nascidas. Se embarcassem com as mães, estavam livres de impostos. No século XVIII, cerca de 17% dos cativos eram crianças. Para ser classificado assim, o cativo não podia medir mais do que 88 centímetros de altura. Mais tarde, no período de tráfico ilegal, a partir de 1831, o percentual aumentaria para 57%. Prevendo o inevitável fim do tráfico, os fazendeiros queriam um estoque de jovens, para que continuassem contando com a mão de obra escrava. De fato, se dependesse dos latifundiários e das ações dos parlamentares — e não havia, é claro, representação dos escravizados no legislativo imperial —, a escravidão entraria pelo século XX.

A estrutura para isso fora deixada intacta, apesar das leis. Na Costa do Ouro, atual República de Gana, em meados do século XVIII, num pequeno território de cerca de trezentos quilômetros de extensão, existia a maior concentração mundial de fortalezas. No total, eram 25, algumas tão próximas entre si que uma poderia atingir a outra com um tiro de canhão. Dali, saíam 20% dos escravizados nas primeiras décadas do século.

As fortalezas eram o abrigo dos traficantes europeus. Para além delas, havia uma África pontilhada de pequenos reinos, interligados pelo tráfico de pessoas escravizadas. Cada rei era um fornecedor de escravizados, capturados no interior. Os europeus não se aventuravam no interior, que temiam e desconheciam. Para isso, contavam com os mercadores, que atravessavam grandes distâncias trazendo os cativos que seriam vendidos aos traficantes no litoral. O sistema incluía ainda a incidência de impostos, pagos aos soberanos de cada reino atravessado pelos mercadores.

No começo do século XVIII consolidou-se na atual República de Gana o poderoso Reino Axante. A base do poder da sua organização política e geográfica era o tráfico. Até hoje, a dinastia descendente do rei Osei Tutu, soberano dos axante, reina em Gana. Na época, eles possuíam um exército de 80 mil homens armados, que lhes possibilitou controlar todos os demais reinos vizinhos. Negociavam diretamente com os traficantes europeus — venderam para eles perto de 350 mil africanos, resultado das guerras que promoviam. O tráfico de pessoas escravizadas era fundamental para o poderio axante, a ponto de o rei Zey, em 1817, ter enviado uma carta ao rei George II, da Inglaterra, solicitando que os ingleses voltassem atrás na decisão de proibir o comércio negreiro, que pulverizou a economia do reino africano.

Os europeus lucravam sempre. Eram os principais operadores do mercado escravagista mundial. Em 1718, os holandeses venderam armas e munições para os axante, de modo a possibilitar a guerra com seus vizinhos, Wassa e Aowin, os quais, por sua vez, também contavam com armamento e pólvora vendidos pelos mesmos holandeses.

Por outro lado, as doenças tropicais também afetavam os traficantes. Dificilmente os funcionários ingleses no castelo de Cape Coast chegavam aos 45 anos. Havia em média um funeral a cada dez dias. Dos 48 soldados que desembarcaram no castelo-fortaleza em fevereiro de 1769, quarenta estavam mortos no final do ano.

Um dos principais compradores dos escravizados do castelo de Cape Coast, na segunda metade do século XVIII, era o próprio governo britânico. A correspondência trocada entre as autoridades inglesas e os comerciantes de pessoas escravizadas de Liverpool mostra que, mesmo no auge do movimento abolicionista, o governo forçou o adiamento da proibição do tráfico, aprovada em março de 1807, para dar tempo de seus exércitos adquirirem um lote final de cativos.

O castelo de Cape Coast é um monumento à memória do tráfico no Atlântico. Barack Obama, primeiro presidente negro dos Estados Unidos, visitou o local em 2009, numa viagem repleta de significados — a primeira-dama Michelle Obama, esposa dele, é descendente de pessoas escravizadas que foram embarcadas dali para a América.

Os chefes africanos disputavam entre si posições de privilégio para o tráfico com os europeus. Já estes procuravam explorar as rivalidades regionais para obter condições mais favoráveis para seus negócios. Como resultado, o conflito corroeu profundamente os povos africanos, dos quais muitos ainda hoje são marcados pela instabilidade política. Estavam em jogo não somente os tributos, mas também a água e os mantimentos que os europeus precisavam comprar dos fornecedores locais — o que representava um custo substancial da sua estada na costa africana. Havia ainda um complexo sistema de crédito, no qual os europeus antecipavam pagamentos pela entrega de mercadorias a representantes locais, de modo que podiam comprar e estocar pessoas escravizadas antes que os navios aportassem. A Suíça, onde o sistema bancário abriga contas do mundo inteiro, atualmente especializou-se nessas operações de crédito.

Nesses contatos entre europeus e africanos, há pelo menos um personagem curioso: Paul Erdmann Isert. Alemão, nascido em 1756, chegou em 1783 à Costa do Ouro a serviço do governo dinamarquês — especificamente ao castelo de Christiansborg, réplica em miniatura de um castelo com o mesmo nome localizado em Copenhague, capital da Dinamarca. Isert era cirurgião-chefe dos estabelecimentos escravagistas na costa da Guiné. Suas doze cartas se constituem num documento valioso para conhecermos detalhes da vida e os costumes no continente africano.

Isert retornou à Europa em 1786. No entanto, ficou gravemente ferido em uma rebelião dos cativos em seu navio. A rebelião foi sufocada e o navio conseguiu chegar ao Caribe. Ele ficou tão impressionado com os leilões em praça pública que se tornou abolicionista e retornou à África, onde estabeleceu um negócio de fazendas agrícolas, pretendendo oferecê-las como alternativa ao tráfico negreiro. O empreendimento fracassou devido às doenças tropicais e dificuldades logísticas. Isert morreu em janeiro de 1789.

O escravismo era tão lucrativo porque, mesmo com gastos inesperadamente mais altos na costa africana, as perdas no Atlântico e outros percalços, os cativos, ainda que estivessem desnutridos, com problemas físicos, mesmo que não tivessem sido arrematados no primeiro leilão ou estivessem doentes — até mesmo com varíola —, encontravam um preço que satisfazia aos traficantes. Isso em função da altíssima demanda por pessoas escravizadas na colônia e da aliança dos europeus com soberanos locais, como os do Reino de Ajudá (ou Hueda).

Ajudá era localizado no golfo do Benim. Apresentava condições bastante favoráveis — por exemplo, uma sequência de lagoas interligadas, que permitia a navegação quase contínua ao longo da costa sem que fosse necessário enfrentar o mar agitado. O primeiro navegador português a subir o rio Benim, em 1486, o português João Afonso de Aveiro, rebatizou-o de "Rio dos Escravos". Aveiro chegou até a cidade de Ughoton, 65 quilômetros acima da foz. Deparou-se no caminho com uma sociedade populosa, tipicamente agrícola e pastoril — pacífica, acima de tudo.

Esse rico território foi denominado Costa da Mina, devido ao castelo de São Jorge da Mina, ou Elmina, que está no entanto localizado mais a oeste, na Costa do Ouro, atual Gana. Outra denominação era Costa dos Escravos. O primeiro carregamento de cativos negros embarcados no golfo do Benim é de 1479.

O principal fornecedor de pessoas escravizadas da Costa da Mina era o Reino de Ajudá, que foi se transformando com a entrada do tráfico. Todos os homens adultos saudáveis de Ajudá eram mobilizados para o serviço militar nos períodos de guerra. Tratava-se de uma típica estrutura triangular do comércio de pessoas escravizadas. Os navios saíam de Lisboa carregados de mercadorias, que seriam trocadas por cativos na costa africana, os quais seriam revendidos no Brasil.

Todo grande minerador no Brasil possuía escravizados da região da Mina. Acreditava-se que os cativos tivessem uma misteriosa capacidade de achar depósitos de ouro.

Enquanto isso, no Recôncavo Baiano, no século XVIII, desenvolvia-se uma próspera produção de tabaco com escravizados também vindos da Costa da Mina. A partir da descoberta de ouro e diamantes em Minas Gerais, a região concentrou a vinda de cativos, frequentemente adquiridos com contrabando de minérios preciosos. Os ingleses se especializaram nessa modalidade de contrabando. A Costa também atraiu os piratas, que entravam em confronto com os britânicos.

Segundo relatos de historiadores holandeses, a concentração populacional do Reino de Ajudá havia alcançado o limite da capacidade de produção agrícola e pecuária. Uma única safra malsucedida provocava a fome, tão disseminada que muitas famílias vendiam os próprios parentes, homens livres, para sobreviver.

Ajudá era um entreposto que vendia escravizados de trinta diferentes grupos étnicos. Havia, inclusive, os rebeldes propensos a fugas. Mais de uma viagem negreira havia terminado em tragédia devido à insubmissão dos oió. Caravanas muçulmanas, vindas das bordas do deserto do Saara, a oitocentos quilômetros ao norte do reino, traziam cativos que eram vendidos em Ajudá.

Em 1725, na cidade de Savi, capital do reino, proclamava-se um novo soberano, Huffon. Enviados de todos os principais países europeus, representados por suas companhias de exploração do tráfico, compareceram com presentes e homenagens ao novo aliado. Huffon subia ao trono ao fim de uma dura disputa pelo poder, cujo desfecho fora patrocinado pelas potências escravistas.

Na coroação, o rei surgiu de peito nu, coberto de correntes de ouro. Da cintura para baixo, vestia diversas camadas de roupas de seda. Nos dedos, tinha anéis de pérolas e, na cabeça, uma coroa dourada, emoldurada por plumas vermelhas e brancas, presente dos ingleses. Estava acompanhado de quarenta de suas esposas, as favoritas, entre as mais de mil que — assim se dizia — tinha em seu harém.

Apenas dois anos depois dessa apoteótica coroação, Huffon e toda a sua corte foram obrigados a fugir do reino para salvar suas vidas, ameaçadas pelo reino vizinho, o Daomé. Era somente mais um episódio nas guerras causadas pelo comércio de escravizados, que de novo mudava a geografia política do continente.

O soberano do Daomé, Agaja, tinha fama de impiedoso, de decapitar os inimigos derrotados na guerra, de promover sacrifícios humanos coletivos e de espetar a cabeça de suas vítimas em estacas, que espalhava em torno de seu palácio. A invasão de Ajudá deixou um rastro de destruição, incluindo o incêndio das lavouras e de cidades inteiras.

Ao cruzar as paliçadas que protegiam Savi, os exércitos do Daomé seguiram diretamente para o palácio, que encontraram vazio. Atearam fogo à residência real e seguiram então para o templo de Dangbe, onde serpentes píton eram cultuadas pelos huedas. Todas as serpentes foram fatiadas pelas espadas dos guerreiros de Agaja. Cinco mil habitantes foram mortos. O chão da capital ficou coberto de cadáveres, deixados em decomposição ao relento. Todos os fortes e entrepostos europeus foram saqueados, e as operações do tráfico, suspensas.

Algumas semanas depois da invasão, o capitão do navio britânico *Katherine*, William Snelgrave, encontrou-se com Agaja para uma negociação em Aladá, capital de um reino do mesmo nome, vizinho de Ajudá. Snelgrave mostrou-se impressionado com a quantidade de moscas na cidade, mas logo descobriria que os insetos eram atraídos pelas 4 mil cabeças de guerreiros huedas sacrificados por Agaja. Logo no dia de sua chegada, o capitão inglês testemunhou a decapitação de parte de um contingente de 1.800 guerreiros capturados numa incursão ao reino vizinho de Tofo. Os guerreiros de Agaja recebiam recompensas pelos crânios que trouxessem, os quais foram amontoados num monumento em homenagem ao rei.

Depois de ser deixado esperando por alguns dias, Snelgrave foi finalmente levado a Agaja. Tratou de elogiá-lo o bastante para receber dele a garantia da "primeira escolha" na negociação de cativos e de que cuidaria dele como "se cuida de uma jovem noiva ou esposa no primeiro encontro, para a qual não devemos negar nada". Agaja estava portanto propondo um casamento entre seu trono e o traficante inglês. Com efeito, dias mais tarde, Agaja despachou para o porto de Jaquim cerca de seiscentos cativos, o suficiente para que Snelgrave enchesse seus porões e partisse para Antígua, no Caribe.

Um inglês, Bulfinch Lambe, viveu uma aventura peculiar em meio às campanhas guerreiras de Agaja. Prisioneiro de Sozo, monarca de Aladá, passou à condição de escravizado de Agaja, no Daomé. No entanto, talvez fosse a pessoa escravizada mais bem tratada de toda a costa da África. Tanto que tinha intimidade o bastante com o soberano para, depois de dois anos, lhe propor um plano mirabolante. Ele embarcaria para Londres com uma carta de Agaja para o rei George I, na qual o rei do Daomé proporia um acordo comercial aos ingleses. Oferecia-lhe preferência no tráfico de cativos em troca de armas, munição e mercadorias. Além disso, o reino africano teria assistência tecnológica para o plantio de suas próprias lavouras de algodão e cana-de-açúcar.

Agaja, que chamava Lambe de "meu filho", aceitou sua sugestão. No entanto, mal pôs os pés em Londres, Lambe decidiu não retornar e só mudou de ideia cinco anos depois, quando entregou a carta ao sucessor de George I, seu filho George II, que recusou o plano. Ele morreu na miséria em Londres.

Agaja governou por 24 anos. Teria lutado e vencido 209 batalhas. Sua guarda pessoal era composta por mulheres armadas, chamadas de "amazonas". Foi substituído por seu filho, Tegbesso. "A guerra era a razão da existência do Daomé", descreveu o historiador britânico Robin Law. No pensamento dos súditos de Agaja, a cabeça deles pertencia ao rei e seria entregue ao dono quando este desejasse.

Era uma garantia para os súditos pertencerem ao trono, porque o rei não os poderia vender como pessoas escravizadas. Por outro lado, as histórias que se espalhavam sobre o Reino do Daomé justificavam o argumento de que a escravidão salvava os africanos da barbárie.

Mesmo com todo o seu poder, Agaja não dominava sozinho o tráfico de escravizados da Costa da Mina. Os exímios guerreiros oió, no território da atual Nigéria, representavam uma força ainda mais temida. Os dois reinos mantiveram-se em guerra permanente, ora com predomínio de um, ora do outro.

Ao longo do século XVIII, o golfo do Benim embarcou cerca de 1,2 milhão de cativos, prisioneiros de guerras, que tinham como principal objetivo justamente atender à demanda dos traficantes europeus. Para o Brasil, seguiram falantes de línguas do grupo gbe, como os povos hulas, huedas, aves, adjas, aizos, oumenusm, savalus, agonlis e mahis (chamados de jeje, na Bahia). Vieram também falantes do iorubá, como os povos que viviam sob domínio dos oió. Havia ainda os grupos que habitavam pequenos reinos entre Oió e Daomé, que sofriam invasões constantes. Jejes e nagôs formaram os modelos de organização ritual e religiosa que resultaram no candomblé da Bahia, no xangô, de Pernambuco, e no tambor de mina, no Maranhão.

Para os traficantes europeus, era mau negócio o fortalecimento de reinos africanos. O Daomé somente adquiriu sua independência, separando-se da França, em 1960. E em 1975 mudou seu nome para República do Benim. Mas a história do conflito e das tentativas de acomodação entre os soberanos africanos e os traficantes europeus não se resumiu ao Reino de Agaja e seus descendentes.

Houve até mesmo a visita ao Brasil de um embaixador de Tegbesso, filho e sucessor de Agaja. Foi no dia 22 de outubro de 1750 que o emissário do rei do Daomé desfilou em Salvador com um cortejo que espantou a população da cidade. O emissário chamava-se Churumá Nadir. Pela riqueza dos trajes e da comitiva, pelo exotismo geral da cena, marcou época.

Diante da guerra permanente entre o Daomé e os oió, os traficantes europeus, sem saber quem dava a palavra final sobre a venda de cativos, passaram a direcionar seus navios para portos mais a leste de Ajudá. Isso prejudicava seriamente os daometanos, que dependiam do comércio negreiro para sustentar sua prosperidade. Além disso, os portugueses haviam se envolvido em conspirações para levar de volta ao trono de Ajudá o rei Huffon, derrubado por Agaja.

Tegbesso estava interessado em reativar os laços comerciais com os traficantes europeus. Era esse o sentido da visita de seu embaixador ao vice-rei do Brasil. As conversações evoluíram para a troca de presentes e um princípio de acordo.

Em 1795, o embaixador do neto de Tegbesso visitou Salvador. Da Bahia, a embaixada seguiu para Lisboa, onde tentou convencer dona Maria I, rainha de Portugal, a estabelecer o comércio de cativos diretamente com Ajudá. Na volta, passaram de novo por Salvador, onde os embaixadores foram batizados e receberam nomes cristãos. Um deles morreu de gripe na cidade. O outro retornou ao Daomé com a permissão de usar as insígnias da Ordem de Cristo, uma das mais altas honrarias do reino português.

Os contatos diplomáticos entre soberanos africanos e autoridades portuguesas prosseguiram, ainda no século XIX. Numa carta de 1810 ao regente dom João, que fugira de Napoleão levando a corte para o Rio de Janeiro, o rei africano se mostrava bem informado sobre todas as novidades ocorridas na Europa, como a invasão de Portugal. Adandozan, o soberano do Daomé na época, enviou vários presentes a dom João, inclusive cativos e um trono belíssimo, esculpido em madeira, uma das relíquias destruídas no pavoroso incêndio do Museu Nacional, no Rio de Janeiro, em 2018.

Outro personagem peculiar dessa história da guerra entre o Daomé e os oió foi um africano batizado como João de Oliveira.

Quando surge nos registros, é como um traficante de pessoas escravizadas, já que assim pretendia ser reconhecido na Bahia, para onde voltou idoso, em 1770. No entanto, sua trajetória mostra peripécias — registradas num diário pessoal que se tornaria um dos documentos mais preciosos e surpreendentes da escravidão.

Declarava ter "decidido deixar aquela residência bárbara (na África) e transportar-se com seus escravos para Salvador, onde queria passar o restante de seus dias entre católicos, para assim morrer com todos os sacramentos da Igreja". Com efeito, veio num navio negreiro com 122 africanos cativos e quatro homens que se proclamaram embaixadores do ologun (rei) de Onim (atual Lagos).

Logo quando chegou, a recepção das autoridades locais foi péssima. Oliveira foi preso, junto com os embaixadores, acusado de sonegar impostos e contrabandear tabaco baiano para traficantes franceses e ingleses, o que era considerado um grave crime contra a Coroa. Seus bens foram confiscados.

Ao que parece, Oliveira fora capturado — por volta de 1700 — na atual Nigéria. Vendido para o capitão de um navio negreiro, foi embarcado para Pernambuco, onde recebeu o batismo. Já adulto, como homem de confiança de seu dono, foi enviado de volta à Nigéria com o objetivo de trazer negros para serem negociados por esse senhor, cujo nome se desconhece.

Em vez de tentar escapar, tornou-se de fato fornecedor de pessoas escravizadas e traficante de seu dono, visando ser alforriado, o que realmente aconteceu. Oliveira persistiu na carreira de traficante até ser preso em Salvador. Ou seja, nas histórias das complexas articulações entre o escravizador e o escravizado, Oliveira é um capítulo significativo, alguém que foi escravizado e depois traficante de pessoas escravizadas para se libertar.

Após um mês na prisão de Salvador, esse curioso personagem foi solto, e seus cativos, os cem sobreviventes, devolvidos. Sabe-se ainda que foi ele o responsável pela modernização do porto de Semé, na Costa da Mina, um dos mais bem equipados, e dos que oferecia maior proteção aos traficantes, no Daomé dominado pelos oió, entre todos os que serviam ao tráfico na região.

6. Áfricas brasileiras

Existem muitas Áfricas escondidas no Brasil. O traço mais marcante é a importância que a África e o escravismo tiveram em vários episódios cruciais da nossa história. Mas os desdobramentos desse envolvimento persistem vivos no nosso dia a dia, seja na paisagem e na arquitetura, cifradas em símbolos e desenhos gravados nas paredes das casas e casarões, nos altares e pinturas das igrejas, nos terreiros de umbanda e candomblé, nas pedras dos cais dos portos, nos arcos das pontes, nas grandes obras, nos oratórios de pedra que emolduram esquinas, em chafarizes e colunas. Além da dança, música, vocabulário, culinária, crenças e costumes. Nesse grande caldo que chamamos de cultura há o sangue, o suor, o espírito da África — terra onde a própria humanidade veio à luz.

Basta ter olhar atento e estar bem informado para enxergar essas áfricas, mesmo quando renegam preconceituosamente a si mesmas.

Entre esses sinais para o olhar de iniciados está um mural com cenas africanas descoberto em 2017, num sobrado da rua Direita, 134, em Ouro Preto, Minas Gerais. Ficava junto à praça onde foi exposta a cabeça de Joaquim José da Silva Xavier, o Tiradentes, em 1792 — que foi roubada, em circunstâncias até hoje misteriosas, provavelmente por alguém que não aceitou a humilhação pública do herói. Mas,

ESCRAVIDÃO

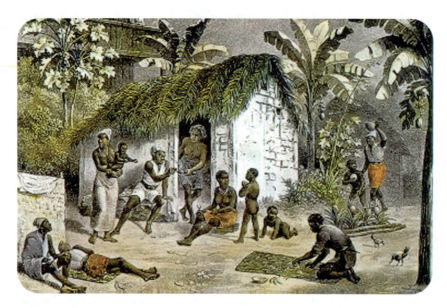

Habitação de família escravizada.

retornando ao mural, ali, pelo que se sabe, funcionou uma senzala no século XVIII.

Esculpidas por algum objeto pontiagudo sobre o reboco de uma parede, uma obra de restauração revelou, até então cobertas por entulhos, várias cenas de quem não queria nos deixar sem uma revelação sobre a vida dos escravizados no cativeiro — como mensagens jogadas no mar, ou cápsulas do tempo, para serem abertas no futuro.

Do lado esquerdo, aparecem duas mulheres que se revezam no trabalho de socar cereais em um pilão. Diversas pessoas dançam, no centro de uma aldeia murada — que seria o local de origem daqueles cativos. Mais abaixo, veem-se contornos de animais, um pássaro e um leopardo. Os detalhes mais impressionantes estão à direita na gravura.

Mulher negra da Bahia com ornamentos.

São as velas, os mastros e o casco de um navio, com gente dentro, que navega em direção contrária à aldeia.

A mensagem é óbvia: alguém está contando a história de uma travessia da África para o Brasil a bordo de um navio negreiro.

Trata-se de uma descoberta extraordinária, sob análise do Iphan desde 2019. Até hoje, não se tinha nenhum registro sobre a escravidão deixado pelos próprios cativos — e na parede de uma senzala; assim como escrevem, nas paredes de suas celas, os encarcerados.

Outro mistério — ou mensagem secreta — de Ouro Preto são os corredores laterais da igreja de Santa Efigênia, uma das joias do barroco colonial brasileiro, antiga sede da Irmandade de Nossa Senhora do Rosário dos Homens Pretos, na Capela da Cruz Alta do Padre Faria. Segundo Marcelo Hypolito, veterano guia de turismo local, trata-se de "um pedaço da África encravado no Brasil sob o disfarce de uma arquitetura católica e europeia". As mensagens secretas, pelo menos as que foram identificadas até hoje, são as seguintes:

1. No corredor lateral esquerdo, sob o altar de santa Rita de Cássia, esculpido por Inácio Pinto de Lima, há um retábulo em alto-relevo com quatro sequências de quatro búzios. O total de búzios, dezesseis, é o número sagrado de um método de adivinhação chamado *erindinlogum*, praticado pelos sacerdotes de Ifá — do iorubá —, um importante oráculo africano, originário da Nigéria. O jogo de Ifá prediz o futuro.
2. No mesmo espaço, em meio a conchas, caramujos, camarões, chifres e outros elementos da religiosidade africana, há um leque de Oxum, uma fita de Iansã e uma fita de Iemanjá com as ondulações das águas do mar. São símbolos de deuses nagô/iorubá. É a mitologia africana das águas.
3. No lado oposto, junto ao altar de são Benedito, vemos um casco de tartaruga, um dos símbolos de Xangô, o orixá africano da justiça, do poder e da administração. Sobre o casco, há três linhas paralelas horizontais, como se fossem uma referência

às cicatrizes das marcas cerimoniais que carregam os iniciados do povo iorubá.
4. Alguns passos adiante na capela-mor, numa pintura de Manuel Rebelo de Souza, datada de 1768, há uma alegoria revolucionária: um papa negro, com um barrete frígio vermelho na cabeça, símbolo da Revolução Francesa, inspiração da Inconfidência Mineira e do republicanismo.
5. Mais alguns passos, sob o altar de santo Antônio de Noto (também chamado de santo Antônio Categeró), um crucifixo encobre três ramos de pipoca em forma de vassourinha, conhecida no candomblé como xaxará de Omulu, o orixá da varíola e das doenças contagiosas.

Ou seja, as pessoas que construíram essa igreja, os negros escravizados, estavam deixando sinais de sua existência, de que suas mãos e braços estavam naquelas paredes, arcos, tetos e altares.

A igreja de Santa Efigênia, num outeiro com vista total para o casario colonial de Ouro Preto, está num lugar privilegiado e histórico. Diante dela, existe uma caverna profunda, onde, segundo as lendas, teria vivido um personagem sobre quem se contam muitas histórias: Chico Rei.

Trazido do Congo como escravizado e levado, como os demais cativos, acorrentado, para Vila Rica, atual Ouro Preto, Chico Rei trabalhou vários anos na mineração. Logo, aprendeu a desviar pepitas de ouro e minério em pó, escondendo nos cabelos e noutras partes do corpo — como muitos escravizados faziam. Assim, conseguiu acumular o suficiente para comprar não só sua alforria, mas também a mina em que trabalhava. Rico e poderoso, passou a comprar a liberdade de outros cativos, sendo reconhecido como rei africano no Brasil. Por fim, associou-se à Igreja Católica e financiou parte da construção da igreja de Santa Efigênia.

Não se sabe se ele existiu de fato, mas a lenda vive até hoje. Muitos artesãos que nos deixaram obras em escultura e arquitetura do Barroco, hoje reconhecidas como inestimáveis, eram negros e pardos alforriados. O mais famoso deles é Antônio Francisco Lisboa, o Aleijadinho, que esculpiu a imagem em pedra-sabão do pórtico da igreja. Seu pai, o português Manuel Francisco Lisboa, teria doado a madeira para a construção de Santa Efigênia.

O que mais impressiona nessas mensagens secretas é que elas representam a resistência dos cativos sob uma opressão que mal podemos imaginar. Sequestrados, aprisionados em batalhas, vendidos para pagamento de dívidas ou como único recurso de sustento de suas famílias, sofreriam o que muitos estudiosos chamam de morte social. No embarque, já teriam deixado para trás sua vida anterior, e logo também seriam forçados a abandonar nome, crenças religiosas e visões de mundo originais. Agrupados pela compra em lotes, acorrentados e arrastados para o trabalho exaustivo, suas etnias e grupos já não os identificavam. Misturavam-se, sem poder preservar abertamente seus hábitos alimentares e sua cultura. No entanto, algo neles não cedeu.

Já nos porões dos tumbeiros, os cativos formavam laços de companheirismo, solidariedade, amizade e afeto, que frequentemente duravam para sempre. Era uma outra identidade, nascida no sofrimento compartilhado. Esses novos laços surgidos na viagem eram o que criava os malungos, palavra do idioma quimbundo de Angola para designar as correntes de ferro que os prendiam, mas que era usada, entre eles, como nome dos novos amigos.

Tratava-se de uma identidade cultural inteiramente nova, que nascia oculta sob a identidade imposta. Clandestina, escondida. Secreta. Uma nova África, que surgia nas brechas e quebradas desta outra margem do Atlântico. Tudo isso prova o quanto é falso o mito da passividade com que os escravizados aceitavam o cativeiro. Contra um senhor poderoso, munido dos meios para reprimir qualquer sinal de insubordinação e até mesmo matar, já que haviam sido

ESCRAVIDÃO

reduzidos a propriedades, os africanos permaneciam africanos, não como eram, mas de um jeito novo. Preservavam seus espaços, suas práticas, como fosse possível. E escapavam para os quilombos, ou mesmo irrompiam em revoltas, quando as condições permitiam.

Marimbas.

O resultado é que hoje o Brasil, entre as muitas contribuições africanas, possui a riqueza da diversidade racial e cultural como nenhum outro lugar do planeta. A africanização dos nossos hábitos, visão de mundo, de vida e morte, e especialmente da nossa língua portuguesa — entre outros aspectos — é

Carnaval de 1827.

uma de nossas particularidades, um legado, um patrimônio. Embora tudo isso, em especial características físicas, mais especificamente a cor da pele, tenha sido submetido, sempre e até hoje, a preconceitos e discriminações que se refletem no combate constante às religiões afrodescendentes, na dificuldade dos negros e mestiços de adquirirem educação, galgarem carreira, terem seus direitos, lares e vidas respeitadas, como manda a lei. O mesmo ódio racial moveu perseguições, fosse contra judeus, muçulmanos, ciganos, negros, ou qualquer sangue que afrontasse as limitações da suposta supremacia branca, com ramificações em vários quadrantes do planeta. Inevitavelmente, as noções de defeito ou pureza de sangue estavam de tal modo enraizadas na cultura portuguesa que acabariam por também contaminar a maneira como os africanos e seus descendentes se identificavam no Brasil.

7. O sagrado

Em um terreiro de candomblé, tudo é sagrado. Tudo é mistério. Até os tambores são considerados, eles próprios, divindades.

Em diferentes eventos populares, misturam-se elementos da tradição católica e da matriz africana. Isso vale tanto para as festas negras que abrigam reis e rainhas — as folias de reis —, como, talvez, segundo alguns pesquisadores, para os próprios desfiles de Carnaval. A ligação do samba com os ritos afros é conhecida. O samba urbano nasceu no Rio de Janeiro, no terreno da frente das tias negras da Pedra do Sabão, para disfarçar e esconder da polícia o batuque dos terreiros nos fundos das casas. E as baianas das escolas de samba não por acaso trajam-se e dançam de maneira semelhante às celebrantes das cerimônias ainda hoje.

No entanto, num terreiro, a africanidade se acentua. É ali que se pode observar em seu modo mais genuíno os significados mais profundos dessa mistura mística que dá identidade e riqueza únicas à nossa cultura, quando o silêncio do nascer do dia é quebrado pelo ritmo dos atabaques. Justamente por essa confluência europeia-africana-indígena, além dos fluxos de imigrantes de várias procedências, temos a possibilidade de desenvolver uma cultura generosa, diversificada e inclusiva, como poucas no planeta.

Situado na cidade de Cachoeira, no Recôncavo Baiano, o *Humpame Ayono Huntoloji*, também conhecido como Alto da Levada, é um terreiro de tradição jeje-mahi, uma das etnias de povos escravizados falantes da língua ewe, do antigo Reino do Daomé, atual República do Benim. Composto por um conjunto de casinhas brancas com portas azuis, nasceu de outros dois terreiros tradicionais da Bahia — o Bogun, de Salvador, e o Roça do Ventura, de Cachoeira. Funciona desde 1952, e sua *gaiaku* (mãe de santo), Luiza Franquelina da Rocha, é quase uma lenda da história da música popular brasileira. Quando jovem, vendedora de acarajé nas ruas de Salvador, foi a inspiração do compositor Dorival Caymmi para "O que é que a baiana tem". A letra descrevia como a *gaiaku* de 28 anos — Dorival tinha quatro a menos —, mãe de uma filha, separada do marido e iniciada havia pouco no candomblé, estava com seu tabuleiro naquele dia, quando um mulato desconhecido e sorridente pediu para fotografá-la. Ela vestia sua típica indumentária baiana: camisa de crioula, anágua, saia rodada, chinelo enfeitado com arminho, lenço na cabeça, pulseiras de contas. Daí, veio a música...

O que é que a baiana tem?
Tem torço de seda, tem!
Tem brincos de ouro, tem!
Corrente de ouro, tem!
Tem pano da Costa, tem!
Tem bata rendada, tem!
Pulseira de ouro, tem!
Tem saia engomada, tem!
Sandália enfeitada, tem!
Tem graça como ninguém.

O terreiro está hoje sob a responsabilidade de Regina Maria da Rocha, sobrinha da *gaiaku* Luiza. A *gaiaku* Regina é uma das mais respeitadas líderes espirituais da Bahia. Como nos demais terreiros de tradição jeje, suas divindades são conhecidas como *vuduns* — e assim são chamadas também nos terreiros de tradição jeje-mahi, como na Bahia, e nos daometanos, como no Maranhão. No entanto, nesse local sagrado também se manifestam e convivem, de forma harmônica, os orixás, nomenclatura das entidades cultuadas nos terreiros da linha iorubá (ou nagô) mais famosos da capital baiana, como o Gantois, o Afonjá e a Casa Branca do Engenho Velho.

Em Cachoeira, os rituais em geral atravessam a noite ao som dos atabaques e agogôs. Alguns são fechados — somente os iniciados (de "cabeça feita") podem participar dos conhecimentos, segredos e práticas do terreiro. Já as sessões públicas são abertas a qualquer visitante.

Uma visão errônea sobre a religiosidade negra e africana dos escravizados, bastante comum até algum tempo atrás, dizia que os cativos, chegando ao Brasil, não se convertiam de fato ao catolicismo e, para proteger a si e a suas crenças, fingiam aceitar a nova religião que lhes era imposta enquanto continuavam a cultuar às escondidas suas divindades por meio de imagens de santos católicos. O sincretismo religioso seria, assim, apenas um disfarce. Na verdade, é muito mais complexo do que isso. É algo que sobreviveu e se integrou ao sincero apego que os negros, arrancados à força de sua cultura, desenvolviam pelo catolicismo, principalmente os mais idosos.

Muitos mistérios dos ritos africanos podem ser resgatados em sua amplitude se entendermos que o candomblé, como o conhecemos atualmente, não existia nem na África nem no Brasil colonial, mas é uma herança autêntica, transformada; um novo sistema de crenças nascido pela reunião, no cativeiro, de diferentes tradições e etnias. Muitas experimentações e mudanças ocorreram até se forjarem as religiões de matriz africana conforme as conhecemos hoje.

Ao contrário do que muitos imaginam, o candomblé não era comum a todas as religiões dos escravizados. Os orixás eram venerados somente pelos povos iorubás (ou iorubanos). No "iorubo" (a terra dos orixás), entre as atuais República do Benim e Nigéria, havia numerosas divindades cultuadas com essa denominação. Xangô, por exemplo, orixá do fogo e do trovão, era um ancestral divinizado de Oió (um dos reinos iorubás). Ogum teria sido ancestral da cidade-estado de Irê. Ambos eram representantes do culto aos mortos, ou ancestrais, comum entre diversos povos da África.

A maioria dos povos africanos, incluindo os iorubás, acreditava num ente supremo (o "Deus altíssimo", na linguagem judaico-cristã; Olorum ou Mawu, na tradição da África ocidental). Esse ser não estaria ao alcance dos seres humanos e não interferiria em suas vidas. Quando um fiel estivesse passando por algum padecimento ou necessidade, recorreria a entidades mediadoras, como os ancestrais ou os espíritos da natureza, habitantes de um universo invisível mas permanentemente ligado ao mundo dos homens, para que cuidassem dele. Caberia aos vivos invocar e fortalecer essas divindades por meio de sacrifícios, oferendas, danças, toque de atabaque e outros rituais.

Era igualmente muito difundida entre os africanos a crença na possessão, pela qual as entidades e os antepassados poderiam tomar posse do corpo de seus fiéis — filhos e filhas de santos, na linguagem do candomblé da Bahia atual.

Em alguns terreiros, cultuava-se simultaneamente o "caboclo" — entidade espiritual de origem indígena —, toda a galeria de orixás do candomblé iorubá ou nagô — como Ogum e Xangô — misturada a divindades típicas do antigo Daomé — como os *vuduns* Loko, Lisa e Abé —, convivendo no mesmo altar com santos católicos, como santa Bárbara (Iansã, orixá dos relâmpagos, dos trovões e das tempestades do candomblé) e a Virgem Maria. Para os africanos escravizados, que tinham à flor da pele como e por que havia nascido esse novo culto na terra brasileira, tudo era muito natural. Eles têm consciência e conhecem seu orixá, seu anjo, o guardião de sua cabeça.

As religiões afrodescendentes do Brasil têm uma mitologia própria, assim como seus próprios reis e rainhas. São figuras que saem da história para entrar na imaginação. Que inspiram a fé e unem o Brasil à África, e a escravidão, aqui, à história milenar do continente original. Entre essas figuras, temos Nã Agotimé, que se sentou no tamborete de *kpojito* — tornando-se rainha-mãe no Daomé no século xix. No antigo Daomé, a rainha-mãe era chamada *kpojito*, que em fon significa "aquela que pariu o leopardo", ou seja, o rei. "Nã" seria um tratamento honorífico, equivalente ao "dona" usado antes dos nomes das rainhas e princesas. Designava a parceira do rei, considerada a mais rica e poderosa entre todas as mulheres da corte. Segundo a tradição do Daomé, Agotimé ostentava esses títulos antes de ser escravizada.

Em meio ao casario colonial do centro histórico de São Luís do Maranhão, há um mistério cujas raízes estão na África. É um terreiro de candomblé diferente de todos os demais existentes no Brasil. O Querebentã de Zomadônu, mais conhecido como Casa das Minas. Nos fundos, no centro do pátio, há uma cajazeira, uma árvore sagrada. Ao redor dela, crescem plantas de uso medicinal, aromático e culinário. Os ambientes de terra batida são destinados aos rituais e trazem nomes africanos.

O *comé* é o quarto secreto reservado aos *vuduns*, as entidades espirituais, semelhantes aos orixás em outros terreiros. Ali, só entram pessoas iniciadas nas práticas da casa, mães ou filhas de santo, as chamadas *vudunsi*, que, em estado de transe, incorporam os *vuduns*. A *guma* é o espaço de dança, na varanda. A comida dos santos é preparada em caldeirões de ferro que fervem sobre uma trempe — fogão à lenha de três bocas, assentado sobre o chão da cozinha.

Ainda segundo a tradição oral, as primeiras mães de santo mal falavam o português. Por esse motivo, na Casa das Minas, os rituais sempre foram feitos em língua fon, típica da Costa da Mina. O nome da fundadora do terreiro, Maria Jesuína, aparece no documento mais antigo que possuem, a escritura de propriedade do imóvel, datada de 1847. No entanto, segundo alguns estudos, talvez Maria Jesuína nunca tenha existido. Seria somente um codinome ou um disfarce para a verdadeira responsável pela criação desse local de culto, cuja identificação precisa, por razões obscuras, se manteria até hoje guardada em segredo pelas suas sucessoras.

A teoria mais intrigante e desafiadora para explicar esse mistério é de Pierre Verger, historiador e etnógrafo francês.

Segundo ele, a fundadora da Casa das Minas seria Nã Agotimé, que teria sido capturada, destituída de sua posição e vendida como escravizada para o Brasil durante uma guerra de sucessão no Daomé no final do século XVIII. De acordo com essa teoria, ela teria desembarcado em Salvador e sido revendida para o Maranhão, onde teria fundado a famosa Casa das Minas.

Outra distinção da Casa das Minas para outros terreiros está relacionada ao panteão de divindades cultuadas ali. Originário do antigo Daomé, o culto dos *vuduns* sobreviveu tanto no Maranhão como na Bahia. Em Salvador e nas cidades do Recôncavo Baiano, é denominado candomblé jeje-mahi. No Maranhão, recebeu o nome de Tambor de Mina, alusão à presença constante dos tambores nos rituais e à região de onde provinham os cativos, a Costa da Mina. Mas a Casa das Minas é o único terreiro em que os *vuduns* são membros divinizados da família real do Daomé.

Curiosamente, apenas estão representados lá os que viveram até a época do rei Agonglô, morto por envenenamento em 1797. O mais poderoso deles, Zomadônu, que dá nome ao terreiro, era cultuado na capital daometana, Abomei, e seu nome, em fon, significa "não se põe fogo na boca", indicação dos segredos mantidos no terreiro. Na Casa das Minas, são cultuadas e conhecidas 45 *vuduns* e 15 entidades femininas infantis denominadas tobossis, as meninas relacionadas ao culto às princesas. Cerca de metade das entidades pertence à casa real do Daomé, são nobres, reis e princesas, chefiados pela mãe-mítica ancestral, Nochê Naé, conhecida na Casa como Sinhá Velha.

Esses terreiros são, como definiu Roger Bastide, sociólogo francês que foi professor na Universidade de São Paulo, "um Daomé em miniatura". Contam, para quem quiser ver, uma parte oculta da história do Brasil e da construção de nosso imaginário — nosso jeito de ser e ver o mundo. Em 2005, a Casa das Minas foi tombada pelo Instituto do Patrimônio Histórico e Artístico Nacional (Iphan).

Seriam um pedaço do Daomé, derrotado na guerra civil, e a Casa das Minas é um espelho dessa visão, oposta ao vencedor, Adandozan, que governou o Daomé por duas décadas, até 1818, quando foi deposto por um golpe de Estado que levou ao poder o filho de Agotimé, Gapê. Nos quarenta anos que durou seu reinado, contam as lendas que ele enviou expedições a vários locais do Brasil e a outros países escravagistas à procura da sua mãe escravizada.

Nunca se confirmou se Nã Agotimé foi encontrada. Contudo, o imortal da Academia Brasileira de Letras (ABL), Alberto da Costa e Silva, visitou um túmulo onde viu gravado "*kpojito* Agotimé", em sua passagem pela cidade do Abomei, na atual República do Benim. Ocorre que, no antigo Daomé, a mãe de cada um dos reis continuava a existir de forma simbólica depois de ter morrido. Seu nome era herdado por pertencer à linhagem paterna das rainhas-mães já falecidas. A fronteira entre a vida e a morte era tênue e praticamente indistinguível; eram considerados súditos do rei os vivos, mas também os mortos. O soberano reinava no mundo visível e no universo das sombras povoado pelos espíritos dos ancestrais divinizados, fundadores míticos dos clãs. Os sacrifícios, oráculos e preces, feitos pela mediação dos sacerdotes em transe, eram formas de comunicação entre esses mundos.

A escravização de soberanos depostos pode ter acontecido com frequência, e muitos deles vieram para o Brasil. Um caso bem conhecido é o do já mencionado Chico Rei, que teria sido um chefe do Reino do Congo. Como comprou a alforria para compatriotas, estes o reconheciam como rei. Tornou-se rico e poderoso, e hoje é possível visitar a mina de Chico Rei, onde podemos constatar as péssimas condições em que trabalhavam os escravizados — os túneis muitas vezes não tinham a altura para um homem adulto ficar de pé. E lá os cativos tinham de permanecer horas e mais horas, na umidade, sem ventilação alguma e sujeitos a desabamentos devido à precariedade da engenharia das escavações.

Há outros personagens, quase lendas, como o babalaô (sacerdote) Rodolfo Manoel Martins de Andrade, conhecido por seu nome africano, Bamboxê Obitikô, uma das figuras mais destacadas da história do candomblé, nascido por volta de 1820, no império iorubá de Oió. E o famoso dom Obá II, rei negro, nascido, segundo se estima, em 1845, em Lençóis, no Maranhão, mas descendente de iorubás. Já rico, obteve sua alforria e radicou-se no Rio de Janeiro. Ficou conhecido como uma figura excêntrica, principalmente por causa de suas vestes, que misturavam trajes de oficiais do exército com penas e outros adereços africanos, além do fraque e da cartola.

Todas essas histórias são a prova de que a escravidão afetava não só os pobres, mas também os ricos e poderosos. Reis, rainhas, príncipes e dignitários militares poderiam ser jogados nos porões de um navio negreiro e chegar acorrentados ao Brasil, para um destino que os mergulhava no mistério e no anonimato. Ou ainda podiam morrer na travessia e ser devorados por tubarões... ou se tornar lendas.

Tanto os orixás africanos quanto os santos católicos foram pessoas reais, e isso os aproxima. Todos viveram na Terra. A diferença é que, enquanto para os santos há um processo formal de canonização, promovido pela Igreja Católica, os orixás se manifestam espontaneamente nos terreiros, para os praticantes de candomblé.

Ambas as religiões — o cristianismo e os ritos africanos — cultuam os mortos, de alguma maneira, seus antepassados, e têm rituais específicos para encomendar os seus falecidos. Na cosmologia africana, os orixás e *vuduns* têm função similar — são mediadores entre os humanos e Olorum, ente masculino para os nagôs/iorubás, ou Mawu, divindade feminina para os jeje-mahi.

Os católicos fazem promessas pagas em orações, sacrifícios, caridade. E há os ex-votos depositados em capelas, em agradecimento por graças recebidas etc. É o equivalente às oferendas. Desde a Idade Média, na Europa, tinha-se o hábito de fazer orações para determinados santos, suplicando ajuda para curar doenças ou solucionar algum problema grave. Usavam-se medalhinhas, santinhos. Pessoas eram e ainda são consagradas a algum santo — como se fossem apadrinhados. Muitas são batizadas com o nome do santo ao qual se dedica o dia em que nasceram. Cidades, como São Sebastião do Rio de Janeiro, ganharam seu nome devido ao santo do dia da sua fundação. Trata-se aqui de um poderoso universo mágico, com o qual os africanos estavam acostumados — e o reconheciam, no seu tradicional uso de amuletos, mandingas, balangandãs, figas e rezas (invocações igualmente fortes). Num caso, são usados símbolos milenares do cristianismo; noutro, riscas na pele, ou outros sinais que identificam a devoção, igualmente ancestrais. Os escravizados não se identificavam, portanto, com a sofisticada e complexa teologia católica, mas com um sistema de crenças herdado dos camponeses medievais, trazidos para cá pelos próprios colonizadores, repleto de superstições, as quais podiam não ser recomendadas, mas eram toleradas pela Igreja Católica até como tática para conseguir se entranhar na cultura popular, anterior ao cristianismo e subliminarmente resiliente.

Note-se que, além de são Jorge e de Nossa Senhora Aparecida, o Brasil se notabilizou por uma proliferação peculiar de santos negros e mestiços. A oração de santa Bárbara, sincretizada com o orixá Iansã e amplamente popular entre os descendentes de africanos escravizados, ressoa os sofrimentos, os desejos e a atitude de resistência diante dos perigos e da opressão da época do cativeiro:

Santa Bárbara, que sois mais forte do que as torres das fortalezas e a violência dos furacões, fazei com que os raios não me atinjam, os trovões não me assustem e o troar dos canhões não me abale a coragem e a bravura. Ficai sempre ao meu lado para que possa enfrentar de fronte erguida e rosto sereno todas as tempestades e batalhas da minha vida.

8. O cotidiano dos escravizados

NA VISÃO DOS ESCRAVAGISTAS, seria impossível conceber o país sem escravidão. Tudo o que se relacionava à produção — ouro, diamantes, açúcar, algodão, tabaco e outras atividades menores — e aos inúmeros aspectos do funcionamento das residências e mesmo das cidades era jogado nas costas dos cativos. E, de fato, os métodos de produção nesses setores eram tão primitivos, e a praxe dos senhores era tão avessa a investimentos e inovação, que a atividade só se tornava economicamente viável porque era baseada em mão de obra extremamente barata — ou seja, na enorme diferença entre o preço pago na compra e manutenção do escravizado e o rendimento do ganho obtido pela exploração de seus anos (mesmo que fossem poucos) de trabalhos forçados.

No dia a dia, a escravidão era mantida por meio da brutalidade. Castigos físicos cruéis eram aplicados aos negros para obter obediência e submissão. A vigilância era absoluta, e qualquer deslize dos cativos poderia acarretar sua execução, sob tortura. No modo de vida brasileiro, aqueles que haviam sido embarcados à força da África foram impelidos a um novo formato de família, que poderia ser desfeito a qualquer momento pela vontade, conveniência, oportunidade ou interesse do dono em vender pais, filhos, mães, esposas e maridos para compradores diferentes. As mulheres

ESCRAVIDÃO

Engenho de açúcar.

escravizadas tinham funções específicas, inclusive de amantes forçadas — e eram expostas a diversos outros tipos de violência sexual. Não poucas foram mutiladas e mortas por esposas de senhores de escravos ciumentas. Até mesmo os sonhos ou anseios mudaram de natureza — com que sonharia um cativo? O ideal de vida dos proprietários está bem documentado, inclusive nas imagens de artistas que visitavam o Brasil e se espantavam com o que foi chamado de "ócio branco". Impressionava aos europeus, principalmente, a inatividade e lassidão dos brancos. Era como se tivessem desaprendido a realizar qualquer tipo de tarefa que envolvesse atividade física.

O trabalho tornara-se coisa de cativo no imaginário dos senhores. No Brasil colonial, trabalho e escravidão caberiam no mesmo verbete de dicionário.

Daí a impossibilidade de admitirem a rebeldia; e daí os castigos, cada vez mais truculentos, e o aumento avassalador da população de escravizados, superando em muito a branca.

Plantar, colher, moer, carregar, garimpar... Construir e reparar. Cavar valas. Carregar dejetos em bacias e brancos em redes e cadeirinhas. Vender nas ruas. Tirar da pausa de descanso três ou quatro horas para plantar uma roça (concessão dos proprietários, que ficou conhecida na América como Sistema Brasil) que melhorasse um pouco a alimentação da família, ou trabalhar por fora nas cidades e juntar dinheiro para comprar a própria liberdade — a carta de alforria. E, em meio a isso, manter o quanto possível de humanidade, enquanto durasse sua curta vida de escravizado, pois raros eram os que alcançavam os vinte anos de cativeiro.

Havia escravizados nas igrejas, eram mestres de obras e peões na construção dos engenhos de açúcar e dos prédios nas cidades; assim como em serviços mais especializados — pescadores, alfaiates, pedreiros, barbeiros, até mesmo cirurgiões. Compunham, em alguns casos, por mais estranho que pareça, milícias e pequenos exércitos particulares, que prestavam a segurança armada. Tudo era feito com mão de obra escrava no Brasil colônia.

Numa típica fazenda açucareira, as senzalas, onde eram presos os cativos à noite, ficavam a algumas centenas de metros da casa-grande, onde viviam os senhores. As senzalas tinham vigilância nas portas e muitas vezes eram galpões escuros, sem ventilação nem luz — ou não tinham janelas (maioria dos casos) ou eram bem altas. A distância servia para que a família proprietária não fosse incomodada pelos cheiros, gemidos ou barulho das atividades dos escravizados. Em geral, não dispunham de lugar para necessidades fisiológicas, nem de valas para escoamento. Em muitas, o teto era baixo demais para que um ser humano adulto ficasse de pé. Eram, com propriedade, descritas como cubículos. Além disso, mosquitos e insetos variados atormentavam o sono dos escravizados.

Eles passavam muita fome — a alimentação era pouca; em geral, duas refeições por dia, uma antes do trabalho e outra depois. E se resumia a um angu ralo: água, farinha de mandioca, feijão, às vezes acompanhado de um pouco de charque. Alguns acusavam os donos de darem mais comida a seus animais. Fumo e cachaça eram distribuídos como recompensa aos mais produtivos.

No garimpo, passavam horas a fio agachados, o corpo mergulhado em água corrente gelada. Inúmeros morriam de infecções pulmonares. Muitas vezes, as refeições eram feitas sem que se deixasse o cativo sair da água.

Nas barragens que se rompiam — como aconteceu recentemente em Mariana e Brumadinho, em Minas Gerais, com poucos anos de intervalo —, eram comuns as mortes em acidentes. Os cativos do garimpo, homens e mulheres, eram ainda mais vigiados, pela suspeita constante de que escondiam ouro ou pedras. Se fossem pegos, eram castigados barbaramente — a punição mirava sempre servir de exemplo. Se anunciassem um achado, poderiam até mesmo ganhar, como recompensa, a liberdade.

Foi no século XVIII que começou a surgir o trabalho escravo urbano, acompanhando a prosperidade da colônia, com o Ciclo do Ouro e dos Diamantes. E, nas cidades, grande parte dos cativos trabalhava nas ruas após cumprir suas tarefas domésticas. Era o que se denominaria hoje dupla jornada. Um tipo peculiar dessa realidade eram os "tigres", pessoas escravizadas encarregadas de carregar as cubas com fezes e urina. O escorrimento do conteúdo dessas bacias na pele dos carregadores, devido à amônia e à ureia, deixava listras brancas, daí o apelido.

"Tudo o que corre, grita, trabalha, tudo que transporta e carrega é negro",[1] testemunhou um observador alemão, de visita a Salvador no século XIX. Esse é um retrato preciso do "formigueiro negro" que compunha as paisagens urbanas brasileiras.

Nas fazendas de café, já no século XIX, a rotina de trabalho dos escravizados começava antes de o sol raiar. Eles eram acordados com o badalo de um sino, soltos das correntes e, depois de uma chamada — quem não respondesse era castigado —, havia orações matinais obrigatórias, dirigidas pelo próprio fazendeiro da varanda de sua casa, e um desjejum rápido. Então, eram "tangidos" para a roça. Caminhavam em fileiras indianas. As mulheres vinham atrás, e as que ainda amamentavam por vezes carregavam seus bebês às costas, em estilo africano, presos em pequenos

---

1. Robert Avé-Lallemant, citado em João José Reis, *Ganhadores: a greve negra de 1857 na Bahia*. São Paulo: Companhia das Letras, 2019. Kindle, posição 116-120.

cestos ou faixas de tecido. Se o cafezal ficava distante, levavam os caldeirões com as refeições já prontas.

Os cativos eram divididos por grupos, cada um responsável pela colheita de um determinado número de pés de café. Enquanto trabalhavam, todos respondiam a cantigas entoadas por um mestre cantor, que misturavam palavras dos idiomas africanos com o português. Eram as melancólicas *quizumbas*. Enquanto isso, os capatazes percorriam as fileiras de pés de café, estalando no ar os chicotes e pressionando os escravizados aos gritos.

Uma vez por ano, os cativos recebiam peças de algodão para fazerem roupas. Mas nunca ganhavam sapatos. Assim, seus pés ficavam expostos a cortes, espinhos, mordidas de cobra e ataques de bicho-de-pé, que provocavam feridas e inchaços dolorosos na pele. Aliás, calçar sapatos ou andar descalço era o que exibia a diferença, mais do que a cor da pele, entre a condição de escravizado e a de liberto. Não era comum, mas, em certas épocas do ano, alguns fazendeiros forneciam cobertores aos escravizados.

O almoço era servido às dez da manhã. Em geral, consistia em angu, pedaços de toucinho cozido e, às vezes, pimenta e legumes. Os cativos comiam em cuias de cabaça ou pratos de lata. As mães aproveitavam para amamentar seus filhos. À uma da tarde, havia uma pausa para um café — substituído por cachaça nos dias frios, que era chamada pelos africanos de "marafo" — e angu. Jantava-se às quatro da tarde. Alguns fazendeiros, para reduzir custos, alimentavam os escravizados somente duas vezes, eliminando a pausa para o café.

Trabalhava-se até o anoitecer, quando os cativos eram conduzidos de volta à fazenda, contados, acorrentados e trancados nas senzalas. Alguns eram convocados para um turno extra, como, por exemplo, para proteger as sacas de café já estocadas, em caso de chuva.

Mesmo no domingo, santificado para os católicos, trabalhava-se parte do dia. Em alguns terreiros, nos dias de folga, permitia-se aos escravizados cantoria e dança ao som dos batuques, os "lundus". Alguns europeus viam nessas festas sinais de lascívia e selvageria, e chegavam a chamá-las de bacanais. Essa condenação se manteve quando o lundu se tornou samba ao vir para as cidades, sempre reprimido pela polícia e autoridades.

O preconceito se disseminava de modo curioso. Cativos que se identificassem o mais rapidamente possível com os interesses do seu senhor tinham, é claro, mais chances de obter benefícios e privilégios, de formar família e até mesmo obter a alforria para si e seus parentes. Mulatos raramente se misturavam a boçais ou ladinos. Frequentavam igrejas e irmandades diferentes.

A escolha entre a resistência ou a cooperação envolvia um cálculo de risco. Por isso aconteciam casos tão surpreendentes quanto a participação de negros armados na repressão aos cativos rebeldes e, mais espantoso ainda, a notícia de marinheiros negros libertos e escravizados que atuavam no tráfico negreiro. Era comum a utilização de ex-escravizados como capitães do mato na recuperação dos que escapavam.

Os castigos físicos — a violência, que é a face evidente da escravização — eram recomendados. Era comum aplicar-se uma surra preventiva, logo à chegada do cativo, para que não ousasse praticar nenhum ato proibido. Era uma tentativa de domesticá-lo — domar o ânimo do cativo logo na chegada — e de aumentar a sua produção. A única preocupação era a incapacitação do escravizado para o trabalho e a consequente perda do investimento.

Fora isso, os castigos físicos serviam como controle social. Recomendava-se que fossem aplicados à vista dos demais escravizados — o pelourinho, onde eram amarrados os cativos, era um logradouro público, símbolo do poder branco — e, quanto mais brutais, mais efeito no sentido de amedrontar outros cativos e evitar que se rebelassem. Um simples desaforo, uma afronta, uma cara feia, uma expressão no rosto que o senhor julgasse arrogante ou serviço malfeito era motivo para amarrar ou acorrentar o cativo no tronco e puni-lo com dezenas de chibatadas.

O açoitamento era um espetáculo, anunciado com rufar de tambores. O cativo era exposto nu, como maneira de acentuar a sua humilhação diante dos outros e de aumentar o horror da plateia. Logo depois do castigo, para curar o escravizado, era jogada uma mistura tida como cicatrizante de água com sal, suco de limão, pó de carvão e vinagre sobre os rasgões abertos nas costas e nas nádegas. Ardia tremendamente.

Era recomendado, para efeito de demonstração de posse e de poder sobre a vida e o corpo do escravizado, que o castigo fosse aplicado pelo próprio senhor. No entanto, até para evitar o esforço e o incômodo do dono, logo se tornou um serviço prestado pelo Estado, em locais como o hoje em dia conhecido como Calabouço, no Rio de Janeiro. Era um lugar regido por normas de funcionalismo público. No livro-caixa, anotavam-se a quantidade de açoites encomendada pelo dono e as custas pela aplicação das chibatadas e pela permanência do cativo ali. Tudo sob estrito controle burocrático. O açoitador, então, executava a tarefa.

De certo modo, a estatização do açoite servia para evitar que o descontrole do dono, ao se sentir ofendido ou desobedecido, o levasse a utilizar instrumentos de tortura tão absurdos que o propósito do aviltamento e do suplício, como maneira de convencer os demais escravizados a serem dóceis, se perdia, e o castigo transformava-se em estímulo à revolta como única saída para a conquista do direito de vida. Houve casos de rebeliões, fugas em massa e agressões individuais contra feitores e senhores motivadas por sessões de punição.

"A vida do negro escravo desde a sua captura na África até o trabalho nas plantações no Novo Mundo foi uma longa epopeia de sofrimento", escreveu o etnólogo e antropólogo alagoano Arthur Ramos. "Séculos inteiros assistiram ao martírio e ao trucidamento, à tortura de milhões de seres humanos." Enquanto isso, havia até mesmo recomendações da Igreja — ideólogos da escravidão — sobre a justeza de correntes e açoites aos escravizados que "cometessem erros", o "castigo pio",[2] e recomendações sobre o que se considerava um número de chicotadas ideal — que ficava em torno de cem, mas que os fazendeiros geralmente não cumpriam.

Constam registros de sevícias que, mesmo em tal ambiente, horrorizaram os demais. Em meados do século XVIII, uma denúncia feita à Inquisição portuguesa[3] acusava o mestre de campo Garcia d'Ávila Pereira de Aragão — hoje nome de rua em Ipanema, Rio de Janeiro — das "heresias que fez aos seus escravos". Ali se acusa Garcia d'Ávila de colocar "ventosas com algodão e fogo nas partes pudendas das escravas". Uma delas, surpreendida dormindo fora de hora, teve uma vela acesa inserida "pelas suas partes venéreas". A um menino, certa vez, ele "deitava e pingava dentro da via" (ânus) cera derretida. Um escravizado foi açoitado por três horas seguidas, depois pendurado por mais duas, com um peso enorme atado aos seus testículos e torniquetes (anjinhos) presos aos dedos dos pés.

Mesmo quando essas atrocidades eram denunciadas à justiça, como se pode imaginar, raramente os senhores eram punidos. Considerava-se que um castigo ao senhor tiraria sua autoridade diante dos cativos.

Sobre as mulheres cativas, havia uma ambiguidade na visão que a colônia predominantemente masculina tinha delas. Em oposição ao estereótipo da mulher branca — reclusa, religiosa e submissa, primeiro ao pai e depois ao marido —, havia o da negra sensual, exuberante, que perturbava os bons costumes da América Portuguesa. Para os homens brancos, elas estariam em condição de permanente disponibilidade. Inúmeros eram os ideólogos que alegavam uma tendência das cativas a se prostituírem. Assim, jamais houve a preocupação de se denunciar em toda a sua crueza o assédio

---

2. Jorge Benci, *Economia cristã dos senhores no governo dos escravos*. São Paulo: Editorial Grijalbo, 1977, p. 165.

3. Luiz Mott, "A tortura dos escravos na Casa da Torre: um documento inédito dos arquivos da Inquisição", citado por Silvia Hunold Lara em *Campos da violência: escravos e senhores na capitania do Rio de Janeiro, 1750-1808*. Rio de Janeiro: Paz e Terra, 1988, p. 76.

sexual, o estupro e outras manifestações de violência nas relações entre escravizadas e escravizadores. Ressaltar as qualidades físicas, ou mesmo a virgindade, de cativas era texto comum dos anúncios de venda.

Havia falta crônica de mulheres na América Portuguesa, especialmente as brancas, consideradas aptas ao casamento.

O papel não reconhecido das mulheres negras na sociedade colonial foi enorme. Além das tarefas também executadas pelos homens — dos canaviais aos garimpos, até o trato com gado —, a maioria das pessoas livres no Brasil veio ao mundo pelas mãos de parteiras, cativas ou libertas, e foi amamentada por amas de leite negras. Aliás, também o aluguel de amas de leite era livremente anunciado nos jornais. Tanto que a atividade sexual era estimulada, justamente para que as escravizadas dessem à luz e pudessem amamentar. Os partos e o desgaste pela sucessão de gestações eram fatores de mortandade particular delas. Eram comuns mães ainda pré-adolescentes. São incontáveis as mulheres que tiveram filhos com brancos, resultando na alta taxa de miscigenação — proporcionalmente bem maior do que em outros países onde houve a escravidão —, que hoje na prática define o que se poderia considerar como "tipo brasileiro".

As mulheres negras agiram efetivamente para conquistar a liberdade para seus maridos e filhos. Ocuparam a direção de irmandades religiosas — tão importantes na assistência aos cativos e libertos —, fundaram terreiros de candomblé (os chamados calundus, na época colonial), se elegeram rainhas negras, fundaram quilombos, prosperaram mesmo diante da condição triplamente hostil: negra, escravizada e mulher. Já naquele tempo as mulheres negras eram, em diversos casos, o esteio de suas famílias, mesmo muitas vezes não sendo livres para escolher seus parceiros.

O cativeiro, pela visão tradicional, teria inviabilizado, ou pelo menos dificultado, a constituição de famílias. Preferia-se sempre a captura e a compra de homens para o trabalho. Além disso, a troca de donos não favorecia a união estável entre os cativos. Havia mesmo uma visão preconceituosa que qualificava a senzala como um ambiente promíscuo, além de um olhar equivocado em relação aos costumes como a dança entre os escravizados, seu ritmo, sua ginga. Nada disso impediu que os escravizados formassem famílias e tivessem filhos. A solidariedade impelida pelo sofrimento levou inclusive à criação de famílias alargadas, que incluíam parentelas para além dos laços de sangue, compadres e padrinhos, até mesmo entre brancos donos de escravizados.

O compadrio, os laços da madrinha e do padrinho com os afilhados a partir do batismo, era tomado como uma responsabilidade, às vezes como reciprocidade (os padrinhos de uns retribuíam a missão a seus compadres). Gerava uma sólida rede de solidariedade entre os envolvidos, por vezes, uma extensão da amizade entre malungos que vinha desde os porões dos navios negreiros. Foi um sistema de estabilização de relações na sociedade escravocrata.

Afinal, sempre havia a possibilidade da morte precoce por doença, castigos ou exaurimento, ou mesmo da morte do senhor, que levaria à venda de seus cativos, além da venda comum, que dispersava os membros da família.

A brutalidade inerente ao cotidiano do trato dos cativos, por outro lado, não impediu que se forjasse, no espírito resiliente deles, um sonho maior: a liberdade. Esse sonho era alcançado por muitos por meio de fugas para os quilombos. Por outros, por sua vez, era pela obtenção da tão almejada carta de alforria. No Brasil, a grande incidência de alforrias diferenciou a escravidão aqui da que houve em outros lugares, como na América do Norte. Lá, as barreiras legais para a obtenção da alforria a tornavam impossível na prática.

Palavra derivada do árabe *al-hurriiá* (estado de homem não escravo), a alforria no Brasil foi, em geral, mais uma conquista dos escravizados do que uma concessão dos escravizadores, pois havia, aqui, caminhos para que os cativos a conseguissem. Muitos filhos de brancos com mulheres escravizadas, mesmo quando não reconhecidos como legítimos, eram alforriados pelo pai, proprietário da mãe, na pia batismal. Foi o caso, por exemplo, de Antônio Francisco Lisboa, o Aleijadinho. Mas, além desses, havia inúmeros outros casos, como a autocompra, ou coartação — quando o escravizado guardava parte do que recebia por seus serviços extras e depois de um tempo tinha o bastante para pagar ao dono o quanto valeria no mercado. Isso ocorria principalmente entre os escravos de ganho — que, como já dito, tinham permissão de sair às ruas oferecendo seus serviços, é claro, mediante repasse de uma parte substancial do pagamento para o dono; era um modo comum de lucrar ainda mais com a propriedade do escravizado.

Carregadores, de Debret.

Houve casos especiais, como o da Guerra do Paraguai, em que os cativos eram chamados a se alistar sob a promessa de liberdade após a guerra — promessa, aliás, que muitos donos de escravizados tentaram burlar. Além de, entre outras situações, premiações por achados no garimpo ou mesmo por denúncias de contrabando. Houve casos, inclusive, em que um escravizado poderia oferecer um outro cativo em pagamento por sua liberdade. Muitos dos participantes da Revolta dos Malês em 1835 foram devolvidos à África por serem considerados um perigo social.

Um alforriado não adquiria direito à cidadania brasileira, mas ficava numa situação indefinida perante o Estado. Além disso, a alforria poderia ser revogada por ingratidão — sendo que o antigo dono poderia usar qualquer alegação para acusar o ex-cativo de ingrato.

Submetidos a uma carga de trabalho desumana, reprimidos de todas as formas e muitas vezes analfabetos, foram raros os testemunhos que os cativos deixaram sobre seu martírio nas fazendas e

ESCRAVIDÃO

Negros numa venda de tabaco.

garimpos. Mahommah Gardo Baquaqua é uma única exceção conhecida de um ex-escravizado que escreveu sua autobiografia.

Baquaqua viveu somente dois anos no Brasil. Por volta de 1845, na África, foi convidado a beber com alguns amigos na casa de um chefe vizinho e, quando acordou, havia sido sequestrado e embarcado num tumbeiro. Baquaqua, muçulmano do Daomé, sabia ler e escrever. Como escravizado, passou depois pelos Estados Unidos. Era poliglota e participou de uma rede internacional de abolicionistas criada na Inglaterra. O livro com suas memórias foi escrito no Canadá e publicado em 1854. Traz indicações preciosas sobre sua trajetória como escravizado, desde a captura, a marcação a ferro quente, o navio negreiro, a fome, a sede e os maus-tratos do cativeiro, e mesmo suas escapadas e os pensamentos suicidas que teve. Dos Estados Unidos, foi levado para o Haiti, onde, desde a Revolta Escrava ocorrida de 1791 a 1804, os negros eram livres. Lá, começou sua transformação.

No Brasil, o crescimento da população liberta e de seus descendentes levou ao surgimento de uma elite mestiça brasileira, como o escritor Machado de Assis e seu primeiro editor (e também primeiro editor de romances escritos por brasileiros), Francisco de Paula Brito, além dos célebres irmãos Rebouças, Antônio e André, e dos também famosos Luiz Gama e José do Patrocínio. A lista daqueles que, com a herança do cativeiro, desenvolveram o sonho de liberdade abraça ainda personagens como o já citado Aleijadinho, seu parceiro em muitas obras de Mariana, o pintor Manuel Athayde, e o padre jesuíta, multi-instrumentista e compositor, José Maurício Nunes Garcia. Todos eles, cada qual ao seu modo e em diferentes níveis, desempenharam seu papel na luta abolicionista.

9. Chica na terra dos diamantes

COMO PROVA DOS ESTEREÓTIPOS impostos a mulheres negras e da falsificação da história que elas representam, temos a trajetória de Chica da Silva, de Diamantina. O folclore e as lendas a retratavam somente como a sensual e irresistível amante de um funcionário comissionado da corte portuguesa. Foi muito mais do que isso.

Nessas histórias sobre Chica da Silva, conta-se que ela, que jamais vira o mar, certa vez pediu a seu amante português, João Fernandes de Oliveira, que construísse um imenso lago artificial. Nele flutuava uma réplica de um navio com mastros, velas e armação, guarnecido de uma tripulação, para que ela o desfrutasse sobre o enorme espelho d'água em pleno sertão do Jequitinhonha. João Fernandes atendeu ao pedido, já que não conseguia resistir a nenhum dos caprichos dela.

A pesquisa de historiadores, porém, nos mostra outra Chica da Silva, cujo cortejo fúnebre foi seguido do repicar dos sinos de todas as igrejas do então arraial do Tijuco, atual Diamantina. Sua missa de corpo presente foi rezada por todos os padres da cidade, paramentados com trajes de gala, e seu caixão foi depositado na igreja de São Francisco, num lugar reservado para pessoas brancas de grande poder e prestígio. Foi espantoso também o número de missas rezadas por sua alma, o que é explicado pelo fato de Chica da Silva ter sido integrante das fraternidades religiosas mais importantes da América Portuguesa, uma distinção que não custava nada barato. Francisca da Silva de Oliveira era dona de grande fortuna, senhora de "grossa casa", como se designava a aristocracia mineira, proprietária de muitos imóveis e de um vasto número de escravizados.

Era filha de uma negra escravizada com um homem branco. Foi comprada por diversos senhores para servir de objeto sexual, desde a adolescência, e dispensada quando o dono quis uma amante mais nova. Teve seu primeiro filho quando ainda era escravizada, e a partir desse teve em média uma gravidez por ano, até atingir a meia-idade. Ao todo, foram catorze filhos.

Nem a história do mar artificial, nem a de Chica da Silva como heroína da causa negra e da libertação dos escravizados são comprovadas. Foi dona de mais de cem cativos, que eram sua principal fonte de renda, empregados na extração de diamantes, em serviços domésticos e na agricultura. Ao que consta, jamais se empenhou em libertá-los. Conseguiu a alforria como muitos cativos no Brasil, não se sabe ao certo em que momento da vida, mas nasceu em cativeiro, e assim viveu até o início da vida adulta.

A data de seu nascimento também é incerta. Foi entre 1731 e 1735 — faleceu em 1796 — no arraial do Milho Verde, entre Tijuco e Vila do Príncipe. João Fernandes de Oliveira foi, provavelmente, seu terceiro dono e quem a alforriou. Foi comprada por ele em dezembro de 1753, pelo preço de 800 mil réis. Tinha na época somente o sobrenome Silva, como muitos escravizados, sem paternidade legítima. O Oliveira foi acrescentado depois do nascimento da primeira filha com João Fernandes, em 1755.

Fernandes era uma figura importante na tentativa de Portugal de controlar a extração de diamantes no Brasil, até para manter alto o preço no mercado mundial. A extração havia se tornado um monopólio régio em 1729, e o arraial do Tijuco era um dos mais controlados e proibidos do planeta. Com a decretação do monopólio, todas as escrituras até aquela data foram anuladas. As pedras extraídas deveriam ser registradas e recolhidas a um cofre com três fechaduras, que só podia ser aberto na presença de três autoridades. O trabalho autônomo nas jazidas foi proibido e todos os garimpeiros, livres ou escravizados, foram expulsos. Mulheres que vendiam quitutes nas ruas, sob suspeita de darem suporte para o contrabando, foram proibidas de trabalhar.

Em 1739, foi decretado o sistema de contratação. Um responsável ou um grupo de sócios contratava o direito de exploração da área, que era pago antecipadamente. O risco — de a extração da área não compensar o pagamento — ficava por conta do contratador. Os diamantes eram enviados para Lisboa em navios de guerra, e uma vez por ano eram feitos os acertos. Pedras acima de vinte quilates ficavam com a Coroa; as menores poderiam ser negociadas pelo contratador. Esse sistema foi vigente por três décadas, rendendo a Portugal uma remessa total de 1,7 milhão de quilates de diamantes. Contudo, para cada dez quilates extraídos legalmente, outros cinco eram desviados. O auge da produção foi entre 1770 e 1795.

O contratador era praticamente um monarca local. E, como se pode imaginar, o esquema foi concebido com o objetivo de dar o máximo de lucro possível à Coroa, que não corria risco algum e ganhava o certo sobre o que era extraído.

Chica da Silva e o contratador viveram juntos entre 1753 e 1770. Tiveram treze filhos e filhas. João Fernandes os reconheceu e os colocou em seu testamento.

Aberta à visitação em Diamantina, a Casa de Chica e João fica na rua Lalau Pires, antigamente conhecida como rua da Ópera. Era um sobrado de madeira e adobe, pintado de branco e coberto de telhas, com dois pavimentos e um quintal com jardins e árvores frutíferas. Tinha uma capela própria, consagrada à santa de devoção do casal, Quitéria, que deu nome a três de suas filhas — Quitéria Maria, Ana Quitéria e Rita Quitéria.

Em Minas, dedicada à vida bruta do garimpo, a população feminina era bem menor, inclusive a de mulheres escravizadas. Assim, uma jovem bonita era cobiçada pelos donos e tinha grandes chances de conseguir a alforria — sem maior alternativa a não ser se tornar amante de seu proprietário. Segundo o registro do censo da época, as mulheres de Tijuco, em sua maioria, eram negras que moravam sozinhas, quando, na verdade, mantinham relacionamentos longos ou esporádicos com homens brancos. A prostituição e o exagero nas roupas — bastante chamativas, refletindo a riqueza de Diamantina e sua mania de seguir a moda na França — chegavam por vezes a incomodar as autoridades, que preferiam que tudo fosse feito com mais discrição.

O arraial contava com uma casa de ópera — a exemplo de Ouro Preto, embora isso fosse uma raridade no Brasil colonial, onde boa parte dos habitantes não era alfabetizada nem recebia educação formal. Nesse local, eram encenadas peças populares, e por ali passaram diversos músicos e artistas de fama na região.

Em 1770, já muito doente, João Fernandes se viu forçado a retornar a Portugal devido ao falecimento do pai. Morreu nove anos depois. Até o final, mesmo à distância, protegeu os filhos que teve com Chica da Silva, inclusive cuidando dos seus interesses. Garantiu a todos carreira e bens. Cada filha recebeu uma fazenda de herança.

Simão, o filho de Francisca com o médico e juiz Manuel Pires Sardinha, anterior ao relacionamento com João Fernandes, foi para Portugal. Obteve do rei o hábito e a nomeação para a Ordem de Cristo. Como as leis portuguesas vetavam a honraria a quem não possuísse "limpeza de sangue", reescreveu sua genealogia, apagando a mãe negra. Graças à riqueza, ao prestígio e ao poder da família, as testemunhas chamadas a depor confirmaram sua versão.

10. O medo

O MEDO FOI UM PECULIAR e importantíssimo elemento da história da escravidão no Brasil. Um medo que assombrava os escravagistas, à medida que viam a população de cativos crescer, tornar-se muitas e muitas vezes maior do que o número de habitantes brancos e cada vez mais difícil de ser controlada, apesar da truculência com que qualquer ato de insubordinação era reprimido. Já desde o fim de Palmares, o espírito de Zumbi e os rumores crescentes sobre novas fugas e quilombos cada vez mais próximos perturbavam o sono das famílias brancas abastadas — os proprietários de pessoas escravizadas.

Pouco estudada e quase nunca abordada nos livros oficiais, a "Revolta dos Alfaiates" (também conhecida como "Revolta dos Búzios" ou "Conjuração Baiana") foi um episódio bastante representativo desse medo. Foi uma grande rebelião que ocorreu em Salvador em meados de 1798. Apesar do nome pelo qual ficou conhecida, nem todos os envolvidos se dedicavam ao ofício da alfaiataria. Entre eles, havia soldados, militares, escravizados e até um médico.

Os revoltosos dos Alfaiates exigiam "o fim do detestável jugo metropolitano de Portugal", a abolição da escravatura e a igualdade de direitos para todos os cidadãos, "especialmente mulatos e negros". Nesse aspecto, eram mais radicais e mais abrangentes do que a Inconfidência Mineira, considerando o todo da população e o potencial revoltoso, além do arco maior de alianças com que poderiam contar. Os mais extremados pregavam o enforcamento da elite branca da capital baiana.

Um panfleto afixado nos muros e paredes de Salvador em 12 de agosto, no início da conjuração, conclamava: "Animai-vos, Povo Bahiense, que está para chegar o tempo feliz de nossa liberdade; o tempo em que todos seremos irmãos; o tempo em que seremos todos iguais".[1]

A repressão do governo português — que, mais do que os escravagistas em relação aos cativos, dependia para sua sobrevivência do ouro e de outras riquezas extraídas da colônia — seria imediata e duríssima. Os líderes foram enforcados em praça pública, na frente de seus concidadãos, amigos, parentes e vizinhos. Os corpos foram esquartejados, e os pedaços, separados, fincados na ponta de postes em diversos locais da cidade. Os que não foram enforcados receberam pena de banimento para as colônias portuguesas na África.

Ainda assim, o terror dos senhores de escravos aumentava, em especial depois da revolta dos cativos em São Domingos, em 1791, um banho de sangue que duraria doze anos e que seria concluído com a Independência do Haiti, que foi a única nação a se tornar livre por meio de uma insurreição escrava. A maioria dos colonizadores brancos foi massacrada. Era um terror ainda mais sufocante a pesar sobre os brancos e seu cotidiano ocioso depois que os malês — os negros muçulmanos — se revoltaram e tomaram por dias a cidade de Salvador, em 1835, quando ressoou nas ruas o lema dos rebeldes: "Morra o branco, Viva o negro!". O medo, enfim, seria uma força definitiva a empurrar o país para a abolição da escravidão.

Já da metade para o final do século XVIII, as fugas e os quilombos começaram a se multiplicar. Até hoje, comunidades quilombolas guardam a memória daquele tempo, lutando para preservar sua cultura originária contra a perseguição que devora suas terras e os

---

1. Resumo da Revolta dos Alfaiates em Kenneth Maxwell, *A devassa da devassa*, p. 244; e Antonio Risério, *Uma história da cidade da Bahia*, p. 263-276.

abandona, privando-os de assistência social e de seus direitos. Como herança do período escravista, existem milhares de quilombos no Brasil.

Como dito anteriormente, a palavra *kilombo*, transcrita para o português como quilombo, vem do quicongo e do quimbundo, duas das muitas línguas faladas na África Central. Originalmente, significava acampamento, arraial, união ou cabana. Entre os povos imbangalas de Angola, aliados da rainha Jinga, indicava uma sociedade guerreira caracterizada por rituais de iniciação de seus membros, práticas de magia, destreza e rigorosa disciplina militar. No Brasil, virou sinônimo de pessoas escravizadas fugitivas, também chamados de "mocambos". Seus habitantes eram conhecidos como mocambeiros, quilombolas ou calhambolas.

A fuga foi uma das mais extremas e arriscadas formas de resistência ao cativeiro. Escravizados recapturados seriam acorrentados, submetidos ao colar de ferro, presos aos troncos de madeira, chicoteados, marcados a ferro quente, mutilados e até mesmo mortos. Como troféu de suas investidas contra quilombos, o bandeirante

Negros com colar de ferro.

Bartolomeu Bueno do Prado traria 3.900 pares de orelhas decepadas. Era uma das punições previstas para os fugitivos. Outra era ser marcado com um *F* de fugitivo no peito com ferro quente. O cativo recapturado poderia, se reincidente, ser executado.

Em outros territórios escravagistas, a repressão era ainda mais brutal. Em São Domingos (atual Haiti), escravizados ausentes por mais de quatro dias seriam submetidos a cinquenta chibatadas. Uma ausência maior poderia ser punida obrigando o cativo a carregar por meses uma bola de ferro de dez quilos presa a ele por correntes. Na Louisiana, nos Estados Unidos, os fugitivos tinham as orelhas decepadas, um braço, em caso de reincidência, e, na terceira fuga, seria morto. No Suriname, o cativo recapturado tinha a perna amputada ou o tendão de Aquiles seccionado.

Em 1719, a preocupação com as fugas e os quilombos — que as incentivavam — era tão intensa que o conde de Assumar tentou adotar a pena de morte sumária para o escravizado fugitivo. No entanto, para o escravagista, era melhor um escravizado rebelde, recapturado e trabalhando do que um morto, e assim a punição não foi adotada. Em outra proposta, Assumar sugeria cortar a perna direita do escravizado fugitivo e substituí-la por uma perna de pau, de modo que ele pudesse continuar trabalhando. Mais uma vez, com receio de perder produtividade, o castigo proposto pelo conde — nomeado pela Coroa para conter as revoltas e o contrabando na região do garimpo — não foi aceito.

Mesmo com toda a brutalidade dos proprietários e de suas milícias, e com o atraso de fazendeiros que se recusavam a modernizar suas lavouras renunciando ao trabalho escravo, muitos foram à falência, e suas terras acabaram fatiadas por herdeiros e transformadas, hoje em dia, em loteamentos de casas de campo — há notícias de inúmeros quilombos que se estabeleceram e resistiram aos ataques. É uma dimensão da saga abolicionista raramente destacada, porque implica rebeldia e luta.

Nas regiões do Grão-Pará e Maranhão, existiram cerca de oitenta quilombos entre 1734 e 1816. Em Minas Gerais, no século XVIII, 160 eram conhecidos. O maior deles, o Quilombo do Ambrósio, ou

Quilombo Grande, atacado por duas expedições militares entre 1746 e 1759, chegou a reunir mais de mil africanos e afrodescendentes que haviam escapado do cativeiro e viviam em vilarejos cercados de paliçadas. Situado a cinquenta quilômetros de Araxá, foi descrito como "quase um reino" pelo bandeirante Bartolomeu Bueno do Prado. Em Mato Grosso, o Quilombo do Quariterê, fundado por volta de 1730, resistiu por quase meio século. Outro quilombo mato-grossense, o de Vila Maria, também lutou por mais de cinquenta anos e chegou a abrigar duzentos negros armados.

Um caso especial de resistência foi o de um grande quilombo situado na bacia do rio Trombetas, afluente do Amazonas, perto das cidades atuais de Oriximiná e Santarém. Um relatório da época dizia que lá havia 2 mil habitantes e que resistiu a inúmeros ataques, conseguindo estabelecer laços comerciais e de amizade com comunidades brancas locais.

Os quilombos mineiros, por exemplo, subsistindo durante o ciclo escravista do ouro e dos diamantes, não eram, como se tentava fazer acreditar, simples refúgios improvisados de cativos. Alguns constituíam verdadeiros Estados ou reinos organizados à maneira africana. De fato, há uma abundância de referências a reis e rainhas governando quilombos. Aconteciam tantas fugas e havia tantos quilombos que foi organizada uma tropa especializada na recaptura de escravizados, e esta continuou ativa até a oficialização da abolição, em 1888. Seus membros recebiam patentes semelhantes às das forças regulares: soldado do mato, cabo, sargento, capitão do mato etc. Alguns adquiriam poder e prestígio. Na região onde hoje se localiza a Feira de Santana, na Bahia, um capitão do mato se descrevia como "capitão-mor de entradas e assaltos, chefe de milícia efetiva da redução dos escravizados foragidos e dos fortificados nos quilombos ou coitos".[2]

---

2. Stuart B. Schwartz, "Cantos e quilombos numa conspiração de escravos haussás: Bahia, 1814", em João José Reis; Flávio dos Santos Gomes, *Liberdade por um fio: história dos quilombos no Brasil*. São Paulo: Companhia das Letras, 1996, p. 376.

ESCRAVIDÃO

Um capitão do mato e sua presa.

A repressão das autoridades era implacável e aumentava conforme o crescimento do êxito do quilombo. O capitão do mato era um mercenário, que alugava seus serviços para os proprietários brancos. No entanto, em geral eram negros alforriados descendentes de africanos. Houve inúmeros casos de proprietários que organizavam suas milícias particulares armando seus próprios cativos para expedições. E é fato que os escravizados, particularmente os dos garimpos de Minas Gerais, nunca trabalharam para uma extinção coletiva do escravismo. Fugiam constantemente, mas não se registrou ali nenhuma revolta significativa ao longo de todo o século XVIII.

Em contrapartida, um número ainda maior de pessoas participava da rede de apoio e solidariedade aos quilombos e aos que escapavam do cativeiro. Inúmeras ordens de ataque foram ignoradas, houve ataques sem resultado ou frustrados por quem alertava os quilombolas sobre a ofensiva. Havia regiões em que fortes laços se formaram entre o quilombo e as populações locais. Os quilombolas forneciam produtos agrícolas, animais domésticos, peixes e caça em troca de proteção. Houve também casos em que os quilombolas se aliaram aos contrabandistas e ao comércio ilegal de vários produtos.

Os quilombos eram então mais um emblema do medo que já contaminava o país e que funcionou como alavanca para a luta abolicionista, uma ameaça que pairava de que o sofrimento dos cativos, somado ao fato de serem a grande maioria da população, levasse a uma insurreição generalizada.

Não se pensaria isso se o fantasma da Revolução Francesa (1789) não fizesse tremer as cabeças coroadas de toda a Europa. Mas a queda da Bastilha estava presente no horizonte do Novo Continente. A *Marselhesa*, cantada em altos brados pela multidão popular parisiense enfurecida, era um pesadelo para os escravistas brasileiros e logo ganharia eco na sangrenta revolta de São Domingos, episódio em que os escravizados tomaram o poder e chacinaram seus ex-donos e supliciadores.

Havia paralelos atemorizantes entre a ilha caribenha e o Brasil. Lá, São Domingos era uma colônia francesa e a elite ociosa de Paris chegava ao cúmulo de mandar lavar suas roupas em São Domingos. Lá, cedo os africanos e seus descendentes deixaram de lado a ilusão de que as palavras mágicas que derrubaram a monarquia francesa — liberdade, fraternidade, igualdade — os incluíam. Milhares de escravizados armados de paus, pedras, facas e lanças, no atual Haiti, começaram a percorrer as plantações, pilhando, incendiando, destruindo, executando proprietários e capatazes, e arregimentando mais e mais adesões. Revoltas em outros lugares do Caribe também aconteceram nos anos seguintes. Houve também uma reação internacional: os Estados Unidos, uma república escravista, se recusaram a reconhecer a nova nação; o Vaticano demorou sessenta anos para fazê-lo. Um boicote internacional se estabeleceu com a intenção de isolar o Haiti, que viveu amargas ditaduras, além de hoje estar entre os países mais miseráveis do mundo.

No Brasil, por irônico que pareça, a revolução escrava do Haiti chegou a beneficiar parte dos fazendeiros num primeiro momento. A redução da participação do açúcar caribenho no mercado mundial propiciou aumento do preço do produto e maior demanda à exportação açucareira da colônia, que já se encontrava em decadência. No entanto, o lucro inesperado não superou o medo que os levantes lhes incutiram nos pesadelos.

Se não fosse a dependência absoluta em relação à escravidão e ao ócio, é possível que os senhores brasileiros tivessem se mostrado com mais boa vontade para seguir as tendências da Europa e dos pensadores mais racionais, aqui e no exterior, e atualizar seu modelo de produção. Mas o fato também é que, numa terra desgastada pela má e arcaica tecnologia de produção, como no interior do Rio de Janeiro e em todo o Vale do Paraíba, os escravizados valiam já bem mais do que suas fazendas.

O banho de sangue do Haiti poderia se repetir no Brasil? Certamente. Essa era uma percepção viva em cada garimpo e fazenda, mas também nas cidades, já aqui mencionadas, vistas pelos observadores europeus como "formigueiros negros".

11. A liberdade é branca

A INCONFIDÊNCIA MINEIRA É ATÉ HOJE o maior símbolo da luta pela independência do Brasil. Seu mártir, Joaquim José da Silva Xavier, o Tiradentes, é um grande herói brasileiro, apesar das lacunas em sua biografia. A data da sua morte, 21 de abril de 1792, é lembrada em um feriado nacional. A saga dos inconfidentes, tão inspirada nos ímpetos revolucionários que nos chegavam da Europa, tem fundamental importância na construção do imaginário do Brasil, da nossa identidade como nação. No entanto, uma pergunta sem resposta, ou com respostas ambíguas, pode ser uma das razões do fracasso do movimento, da facilidade com que foi sufocado e brutalmente reprimido. Como poderia prosperar uma insurreição que não tinha lugar nem projeto para a maioria esmagadora da população oprimida? O que a Inconfidência Mineira pensava fazer com as multidões de pessoas escravizadas que enchiam a paisagem mineira e com libertos sem direito a cidadania e sem oportunidades reais de inserção social?

A questão — ainda atual, apesar de modificada no decorrer dos séculos — pode nos dar muitas pistas para entender como a história da escravidão no Brasil se relaciona com a da Independência. No Brasil escravagista, majoritariamente analfabeto e atrasado em tantos sentidos, essa história teve uma virada com a chegada da família real ao Rio de Janeiro em 1808. Entretanto, a questão negra e os dilemas que representava entre a atualização do país e seus atrasos é central.

Vila Rica, 1788

Esperava-se a qualquer momento a decretação de uma "derrama", e isso foi considerado, potencialmente, um estopim para a revolta. Uma questão de impostos.

Era cada vez menor o volume de ouro extraído nas Minas Gerais. Na década de 1770, os garimpos chegavam rapidamente, depois de um ciclo de extração massiva, ao exaurimento. Consequentemente, Portugal recebia cada vez menos impostos — o quinto, ou a quinta parte do ouro garimpado. Isso se tornava, para a Matriz, uma ameaça de extinção. Portugal estava falido, era um país que nada produzia e gastava imensamente — sem investimentos, somente despesas sem retorno. Privado de parte do volume de impostos provenientes da colônia, de que se tornara dependente — tão dependente quanto o próprio cotidiano da colônia dependia da escravidão —, sucumbiria. A derrama era uma complementação a que a Coroa considerava que tinha direito, uma das prerrogativas que achavam que caíra dos céus, de origem divina, com a terra brasileira que subjugavam. Já que os impostos não haviam alcançado a conta desejada, um extra seria cobrado, mesmo que fosse com confisco de bens pessoais ou tomado à força. Era, portanto, um ato violento, que provocava indignação. O momento ideal para que um grupo que vinha se reunindo e conspirando há tempos — em segredo, naturalmente — proclamasse a independência de Minas Gerais, na esperança de que todas as demais províncias aderissem à revolta contra o jugo português.

No entanto, a conspiração não era tão secreta assim...

A República Mineira teve seu programa detalhado numa reunião de conspiradores em 26 de dezembro de 1788. Os participantes do grupo eram cidadãos proeminentes de Vila Rica e de cidades próximas. Havia entre eles administradores locais, escritores, padres e militares, como Tiradentes, e outros. Todos tinham em comum o fato de serem grandes devedores do fisco português. Tinham muito a perder caso ocorresse de fato a derrama. Eram também, todos eles, proprietários de pessoas escravizadas. Se os ideais das revoluções Francesa e Americana os inspiravam, o abolicionismo, se é que a ideia circulava entre eles, não era predominante, assim como não fora nas revoluções nos Estados Unidos e na França. O mais provável é que pensassem em proclamar a independência local e, tendo discutido o assunto, deixassem a questão dos cativos para depois. Temiam, se proclamassem a abolição, como queriam alguns, perder apoio entre os habitantes brancos da cidade.

A data da derrama foi escolhida para a deflagração da revolta. Tiradentes teria a missão de organizar alguns efetivos militares e espalhar a rebelião pelas ruas de Vila Rica. Na verdade, eles ainda não haviam tido contato com os demais cidadãos; estavam realmente isolados, fechados em seu grupo. Tiradentes teve como encargo também viajar ao Rio de Janeiro na tentativa de entrar em contato com supostos rebeldes na capital da colônia e em algumas cidades do caminho. E lá ele foi preso.

A conjura foi delatada, e os conspiradores, presos. O poeta Cláudio Manuel da Costa apareceu morto na cela que haviam improvisado para ele na Casa dos Contos — o armário das cabeças cortadas (costumava-se decepar as cabeças dos escravizados que fugiam e eram recapturados, talvez devido à já mencionada crença de que o espírito de um corpo mutilado se perdia). A morte do poeta e grande incentivador da cultura local, depois de um interrogatório no qual ele, muito febril e fragilizado, pode ter ameaçado denunciar outros envolvidos, incluindo justamente autoridades locais, foi dada oficialmente como suicídio, embora fosse quase impossível alguém "se enforcar" no cubículo onde o trancaram, em que um adulto não conseguiria ficar de pé. Não se sabe o destino que tiveram seus restos mortais, até porque alguém que tivesse tirado a própria vida teria morrido em pecado e estaria condenado ao inferno, não podendo ser enterrado em campo santo — o cemitério.

Os demais prisioneiros foram levados para o Rio de Janeiro, encarcerados e, depois de três anos de espancamentos e torturas, magérrimos e imundos, alguns doentes — conta-se que alguns chegaram a se suicidar para escapar dos suplícios —, foram condenados à morte. Todos renegaram a revolta e denunciaram-se uns aos outros, menos Tiradentes, conforme registrado nos autos do julgamento. Os acusados não tinham direito à defesa, e os juízes haviam sido nomeados pelas autoridades, com recomendação expressa da rainha dona Maria I para que fossem feitos de exemplo. Mais uma noite de martírio e brutalidade, e seriam reencaminhados ao tribunal. A sentença havia sido declarada, e eles seriam expulsos para a África, entre outras penas. Novamente, todos menos Tiradentes.

O alferes foi condenado à forca, executado, esquartejado, e os pedaços de seu corpo deixados pelo caminho entre o Rio de Janeiro e Vila Rica. A cabeça seria exposta na cidade, como humilhação extra imposta à sua família, aos amigos e vizinhos — e mesmo ex-pacientes, já que o apelido vinha dos serviços que prestava como dentista rudimentar. A cabeça de Tiradentes seria deixada para se decompor dentro de uma gaiola. Mas, ousadamente, foi roubada do poste onde foi colocada, que ficava na praça central da cidade, bem à vista da fortaleza do governador-geral e dos soldados que faziam a vigilância de seus muros. Assim, a comemoração à vitória da Coroa foi frustrada.

Vitoriano Gonçalves Veloso, único conjurado "pardo", foi castigado com especial crueldade. Antes de partir para o degredo, foi obrigado a refazer a pé o trajeto de Tiradentes rumo à forca, no Rio de Janeiro, sendo açoitado diante do público ao longo do percurso de aproximadamente um quilômetro.

No entanto, o abolicionismo avançava na Europa. De maiores traficantes mundiais de cativos africanos, abaixo somente de Portugal e do Brasil, os ingleses tiveram um caminho complexo até o lugar de paladinos do combate ao tráfico negreiro no Atlântico — condição que sua marinha impôs ao mundo, sem no entanto impedir que o comércio ilegal continuasse a existir. Somaram-se para isso diferentes fatores.

Em primeiro lugar, surgiu um sentido romântico e filantrópico, implantado por idealistas britânicos e americanos, a partir de meados da década de 1780. O abolicionismo seria um evento milagroso, redentor da civilização ocidental, contrário aos imperativos econômicos das nações. Por essa visão, seria um movimento elaborado e executado por brancos, ao qual os negros deveriam ser gratos.

A essa visão romântica se somaram estudos, já no século xx, apontando que a escravidão havia se tornado insustentável a longo prazo. O rudimento do trabalho escravo, inclusive a violência que o sustinha, seria incompatível com as mudanças do século xix, como a erupção de invenções, novas tecnologias, descobertas científicas e métodos de produção próprios da Revolução Industrial — especialmente um de seus principais fundamentos, o trabalho assalariado, no qual aquele que trabalha deve ser livre para vender a quem quiser sua força de trabalho. Essa é a segunda explicação. Mesmo com as relativizações dessa liberdade, o escravismo não se encaixava no capitalismo em desenvolvimento. Em outras palavras, a escravidão se tornara contraproducente, pouco lucrativa e caíra em desuso.

A terceira explicação, bastante pertinente para o Brasil, foi que a escravidão trazia em si a semente da sua destruição. O escravismo exigia cada vez mais negros escravizados, que logo suplantaram as populações brancas e fizeram proliferar as revoltas de escravizados, incontroláveis. Somente entre 1789 e 1832, ocorreram mais de vinte revoltas de escravizados no continente americano, inclusive a de maior repercussão no mundo inteiro, principalmente nos países dentro do sistema escravagista: a revolta da Independência do Haiti, terminada em 1804. A escravidão tornava-se uma "bomba social" capaz de desestabilizar o poder político e econômico vigentes.

Como no Brasil, a luta abolicionista foi uma combinação de ações em diferentes frentes. De fato, a campanha abolicionista teve um papel e visibilidade preponderantes. O abolicionismo foi a primeira grande campanha popular a usar técnicas de propaganda de massa. Seus líderes, no entanto, tinham consciência de que não adiantaria recorrer apenas a valores humanos e morais para convencer a opinião pública, cuja prosperidade dependia do trabalho cativo. Divulgaram também argumentos concretos, como o uso de estatísticas, informações e histórias sobre o funcionamento do negócio negreiro. No entanto, foi somente em 1807 que se conseguiu a abolição do tráfico por navios ingleses. Em 1834, outra vitória: a proibição da escravidão em territórios britânicos.

Com a abolição na Inglaterra, a enorme frota de navios negreiros britânicos ficou ociosa. A maior parte foi vendida ao Brasil, onde continuaram no comércio negreiro. Na prática, os tumbeiros se abasteciam de mercadorias da Revolução Industrial, que serviam de moeda de troca na aquisição de pessoas escravizadas na África. Depois de descarregar os cativos por aqui, seguiam de volta para a Europa com matérias-primas — algodão maranhense, por exemplo, mas também açúcar, café e tabaco — que abasteciam as fábricas inglesas.

A dependência de Portugal em relação ao escravismo brasileiro era ditada por diferentes passivos enfrentados, já na segunda metade do século XVIII, pelo primeiro-ministro português Sebastião José de Carvalho e Melo — o futuro marquês de Pombal, chamado de "déspota esclarecido" pelo rigor com que mandava e desmandava no reino —, além de medidas de saneamento da economia e melhorias na administração.

O primeiro foi a necessidade de reconstruir Lisboa, devastada por um terremoto em 1º de novembro de 1755. Mais de 30 mil pessoas morreram, e a cidade ficou em escombros. A famosa biblioteca real, com 70 mil volumes, mantida com carinho e orgulho desde o século XIV, com mapas e segredos das grandes navegações, foi reduzida a cinzas e teve de ser reconstruída.

O segundo grande desafio foi conter os gastos e pagar as dívidas restantes de uma sequência de guerras entre a Espanha e Portugal (1760 - 1770). Boa parte dessa dívida era com bancos britânicos, que acabavam sendo o destino final de muitas riquezas extraídas do Brasil que financiaram em larga medida a Revolução Industrial inglesa. A Inglaterra se manteve, por décadas, o grande credor de Portugal e imensamente influente nas decisões da política brasileira, mesmo no Segundo Império.

Por um lado, para prejudicar as iniciativas de equilíbrio das finanças de Pombal, já se iniciava o declínio da extração de ouro das Minas Gerais. Por outro lado, os gastos com a nobreza portuguesa — a corte de José I —, acostumada secularmente ao luxo, à improdutividade e a ser sustentada pelo rei, o chamado "bolsinho real", não paravam de subir. Essa escassez de recursos é por muitos apontada como a razão principal de Pombal haver expulsado a Companhia de Jesus — depois de séculos de participação na colonização e expansão do Império, em todos os domínios da Coroa, inclusive o Brasil. Havia um patrimônio nos conventos e instituições jesuítas que foi bem-vindo aos cofres portugueses.

Dom José I faleceu precocemente. Foi substituído por sua mãe, Maria I, que assumiu a Coroa, abalada pela morte do filho — o irmão de dom José, dom João IV, era considerado de personalidade fraca para ser um monarca, além de seus problemas conjugais com a mulher, a princesa Carlota Joaquina, de quem, na prática, estava separado havia anos. No entanto, Lisboa era uma monarquia sitiada por um furor revolucionário republicano que corria a Europa.

Da França, surgia um nome que se tornou rapidamente o fantasma dos reis e rainhas do Velho Continente, Napoleão Bonaparte. Na esteira das conquistas do seu exército, ele decretou, em 1806, o bloqueio continental contra a Inglaterra. Maria I, que perdera a sanidade e passou à história como "a rainha louca", já não reinava. Dom João, o regente, hesitava entre obedecer à ordem do corso ou manter relações com a Coroa britânica. Não se sentia capaz nem de desafiar Napoleão nem de romper com o aliado (e credor) de Portugal.

Foi a própria Inglaterra, constatando que Portugal não se equilibraria por muito tempo em sua indefinição, que deu a solução para o impasse. Forçaram o exílio em massa da corte, incluindo rainha, príncipes, nobreza e funcionários.

Em 27 de novembro de 1807, a população de Lisboa assistiu, espantada e sem aviso, a seu regente, seus nobres e personalidades do reino, carregando o que podiam, embarcarem numa flotilha de 58 navios, escoltados por uma nau de guerra britânica. A

Coroa portuguesa nem se entregava a Napoleão nem traía a Inglaterra, tampouco enfrentaria a invasão do francês. Abandonou simplesmente o país e seu povo, transferindo a corte para o Brasil.

Depois de uma parada em Salvador, chegaram ao Rio de Janeiro em 7 de março de 1808. Conta-se que quando Carlota Joaquina desembarcou no cais da atual Praça XV, no centro da cidade, sentiu um profundo asco diante da cena urbana, repleta de negros nus da cintura para cima. E não que não estivesse acostumada a africanos escravizados, já que havia muitos em Portugal, mas o choque foi devido à enorme desproporção de cativos circulando pelas ruas da nova corte. A princesa detestaria cada momento de sua estada no Brasil.

Já a nobreza trazida por dom João, além de continuar recebendo sua dotação — à custa de novos impostos —, foi agraciada com boas casas, desapropriadas dos abastados locais com tudo o que havia dentro, sem maiores avisos (a não ser um cartaz pregado ao batente na calada da noite noticiando o despejo). Naturalmente, não houve indenização, já que o príncipe regente, ao requerê-las, segundo o que acreditava, estava somente requisitando o que era seu, como tudo o mais que havia na colônia, incluindo a vida de seus súditos, principalmente dos nascidos aqui. Para financiar sua corte, implantou um sistema de toma lá dá cá, até hoje danoso ao país, em que títulos de nobreza e honrarias eram vendidos a pessoas de posses, em sua maioria ligadas à exploração ou mesmo ao tráfico escravagista. Daí a existência de tantos comendadores, viscondes, barões, condes e até duques que são nomes de logradouros no Brasil e que, ao contrário do que ocorre na Europa, não tiveram seus títulos herdados em nenhuma linhagem centenária nem conquistados por altos serviços prestados à defesa do reino.

Iniciava-se assim uma nova etapa na história brasileira. O que era o entreposto administrativo de uma enorme fazenda continental transformou-se na corte do império e, anos depois, entraria no ciclo de lutas pela independência. Naquela casa real que se formava estava a raiz de uma Coroa que teria somente dois monarcas — dom Pedro I e seu filho e sucessor, dom Pedro II — e que, mesmo

Dom Pedro II.

chegando quase ao século seguinte, resistiu o quanto pôde para reconhecer a necessidade de abolir a escravidão e a declará-la oficialmente extinta — o que aconteceria só no dia 13 de maio de 1888. Até porque intuía que na persistência do sistema escravista, assim como teve garantidos os meios para a sua subsistência na chegada ao Brasil, residia também sua possibilidade de sobreviver, estagnada e coroada, em meio a um mundo em rápida mutação.

PARTE III

Da Independência até a abolição da escravatura

1. O ciclo da Independência

Na Bahia, o dia da independência é 2 de julho. A letra do hino da Bahia diz:

Nasce o sol a 2 de julho
Brilha mais que no primeiro
É sinal que neste dia
Até o sol, até o sol é brasileiro

"O primeiro", no caso, é o de 7 de setembro, data celebrada nacionalmente como o dia da Independência, imortalizada pelo famoso quadro de Pedro Américo, *O grito do Ipiranga*, ou *Independência ou morte*. Hoje, sabe-se que a cena foi bem diferente daquela idealizada pelo pintor. Na hora do célebre grito, o príncipe dom Pedro, além de estar com dor de barriga e recorrer seguidamente ao abrigo de moitas à beira da estrada para se aliviar sem vexames, montava um animal de carga, talvez uma mula, próprio para aquela trilha pedregosa e escarpada, e não o fogoso cavalo alazão que aparece na obra de Pedro Américo. A guarda de honra era composta por sertanejos do Vale do Paraíba, vestidos de forma simples, e não por soldados que, no quadro, usam uniformes impecavelmente brancos, como se fossem de um exército europeu da época, modelo para os chamados, hoje, Dragões da Independência. Por fim, o 7 de setembro foi apenas um episódio em meio a uma luta que vinha de muito antes e continuou ainda por bastante tempo, tendo custado sangue e sacrifícios de milhares de brasileiros em todas as regiões do país, incluindo gente anônima e humilde, indígenas e negros escravizados. Por isso, os baianos comemoram, especialmente, não o feriado nacional, mas o 2 de julho de 1823, data da expulsão das tropas portuguesas da Bahia, o que, na prática, consolidou a independência do Brasil.

É esclarecedor enxergar todo o ciclo da independência do Brasil pela ótica de um sistema escravista. Homens e mulheres escravizados participaram ativamente da luta. Foi, por exemplo, o boicote promovido por marinheiros negros no fornecimento de comida do Recôncavo Baiano para Salvador que forçou a rendição das tropas portuguesas lá aquarteladas. Soldados negros foram recrutados, pegaram em armas e combateram bravamente contra as forças de Portugal. Muitos morreram. Apesar disso, esses heróis anônimos não passaram para os livros de história.

Até recentemente, toda a luta pela independência era contada segundo o ponto de vista dos homens poderosos que governavam o Brasil no eixo Rio de Janeiro–São Paulo, em sua maioria brancos, descendentes de colonizadores europeus. Ressaltaram, exclusivamente, a "corajosa concessão" expressada no brado do Ipiranga. Dom Pedro, como regente, era representante da Coroa e do colonizador; logo passaria a ser suspeito de tentar reverter a Independência e reunificar Portugal e Brasil sob o trono que herdaria do pai, devolvendo à corte portuguesa a condição de Matriz do Império. Era essa, inclusive, a reivindicação em Lisboa das chamadas Cortes — uma espécie de parlamento formado por representantes da aristocracia do reino. A Independência somente foi reconhecida por Portugal anos depois, mediante uma indenização cedida por dom Pedro I que deixou o Brasil em estado de falência. Mas a história oficial retrata a luta pela independência como se os demais brasileiros, de outras regiões, origens e condições sociais, fossem meros agentes passivos ou secundários no longo e penoso processo de formação do Brasil como nação soberana.

No entanto, havia, acima de tudo, uma questão que a Independência não levou em conta, muito menos tentou resolver: o que fazer com os negros no Brasil? Para uma parte da elite brasileira, composta de fazendeiros, comerciantes, advogados, políticos e intelectuais, quase todos descendentes de europeus, a população negra era uma espécie de "estorvo". O Brasil ideal, segundo se defendia nesses círculos, deveria ser branco. Obviamente, era uma ideia absurda, mas havia quem na época da Independência pensasse que o novo Brasil deveria se "livrar" dos seus negros. Estava ali, portanto, uma extremada manifestação do racismo que até hoje assombra nosso país: a ideia de que os negros seriam inferiores e, portanto, indignos de ter os mesmos direitos e oportunidades dos demais brasileiros.

Em 7 de setembro de 1822, o Brasil era o maior território escravista das Américas. Sua população, já na época, era majoritariamente negra e africana. Um terço dos habitantes desta terra era composto por escravizados, e outro terço por forros, mestiços e pardos de origem africana, pobres, carentes de tudo, sem direito a votar ou serem votados. Mais de 9 milhões de pessoas que nem sequer eram contadas como cidadãos.

Naquela altura, os indígenas eram dizimados e expulsos de seus territórios originários. Também não eram contabilizados na população.

Mesmo depois da Independência, a situação dos negros permaneceu inalterada. A Constituição de 1824 não reconhecia a condição de cidadãos e súditos — submetidos à mesma lei — àqueles que tivessem sido trazidos da África recentemente e de modo ilegal, para burlar as leis brasileiras, como era o caso da maioria dos cativos (considerando que seu curto tempo de sobrevivência no cativeiro exigia a compra constante de novos escravizados). Cidadãos seriam somente os nascidos no Brasil.

Por mais que José Bonifácio de Andrada e Silva, conselheiro de dom Pedro e chamado de Patriarca da Independência, definisse a escravidão como um câncer que contaminava e roía as entranhas da sociedade brasileira, comprar e vender gente era o maior negócio nacional. Por pressão da Inglaterra, o tráfico de pessoas escravizadas foi declarado ilegal em 1831. Infelizmente, não era uma decisão para ser cumprida. A legislação de 1831 que aboliu o tráfico passou para a história com o apelido de "lei para inglês ver". Depois da lei aprovada pelo parlamento e sancionada pelo imperador, o contrabando negreiro até aumentou em volume e lucratividade justamente por comerciar ilegalmente. O contrabando de escravizados era a base material com que o próprio Estado brasileiro cobria as despesas públicas, e essa foi uma das razões de a monarquia jamais tê-lo combatido de frente, hesitando em aceitar oficialmente que a escravidão era insustentável — resistindo dissimuladamente até quando já não se podia mais esticá-la.

México, Chile, Bolívia, França e Inglaterra aboliram o cativeiro de seus domínios entre 1818 e 1840. Nos Estados Unidos, a abolição veio em 1865, ao final de uma guerra civil na qual morreram 750 mil pessoas. Em 1886 foi a vez de Cuba, um país periférico das grandes potências europeias e exportador de açúcar. O Brasil foi o último país a aceitar o fim da escravidão no Ocidente. Em resumo, sem a escravidão, não haveria o Brasil imperial do século XIX — pelo menos não como existiu e como os conservadores o quereriam manter. Depois que caiu a escravidão, cairia logo a seguir, como duas peças vizinhas num labirinto de dominó, a monarquia.

No cotidiano da corte, os anúncios de jornal compravam, vendiam, leiloavam, alugavam, hipotecavam, emprestavam, legavam em herança, doavam e até mesmo trocavam os negros escravizados. Mesmo a casa real participava das transações.

Em 1871, sob pressão da Inglaterra, foi proclamada a Lei do Ventre Livre, que libertava os nascidos em cativeiro, mas não dava solução para garantir a sobrevivência dos nascituros se fossem afastados de suas mães. Claro que todos permaneciam nas fazendas trabalhando como escravizados logo que tinham forças para tanto. O passo seguinte foi a Lei dos Sexagenários, editada em 1885, que libertava os escravizados maiores de sessenta anos, uma idade que muito raramente alguns deles alcançavam. Na prática, todas as medidas tentavam adiar o inevitável, o que as insurreições e a opinião pública internas e a intensa pressão internacional exigiam: a abolição da escravatura. A Lei Áurea somente foi assinada quando a escravidão estava, na prática, mais do que abolida. O regime de cativeiro havia se tornado inviável e insustentável, além de economicamente anacrônico.

As décadas que antecederam o fim da escravidão no Brasil foram marcadas pelo surgimento de um novo ciclo econômico por aqui, o da produção de café. Chamado de "ouro verde" em razão da cor dos grãos em fase de maturação, o café fez a riqueza dos fazendeiros no Vale do Paraíba do Rio de Janeiro, no sul de Minas Gerais, no interior de São Paulo e nas regiões vizinhas. Muitos desses cafeicultores ganharam títulos de nobreza. Eram donos de milhares de pessoas escravizadas e dominaram a política do Segundo Império. Eram conhecidos como os barões do café.

O café tornou-se o grande pilar da economia nacional depois do exaurimento do ciclo do ouro e dos diamantes em Minas Gerais, Goiás e Mato Grosso. Foi Francisco de Melo Palheta quem trouxe as primeiras sementes e mudas, contrabandeando-as de um viveiro em Caiena, na Guiana Francesa. Como nos ciclos anteriores, houve uma realocação da mão de obra cativa do Nordeste para as plantações de café, no Sudeste, num movimento de tráfico interno de escravizados que alguns denominam como uma segunda escravidão.

Os barões do café foram o principal sustentáculo do período final da monarquia no Brasil. Em troca, recebiam do imperador posições de influência no governo, concessões para negócios públicos e honrarias, especialmente títulos de nobreza que, ao contrário dos europeus, não seriam herdados por descendentes, mas se extinguiriam ou ficariam vagos com a morte do comprador.

A história da escravidão brasileira (e do próprio Brasil) no século XIX poderia ser resumida na biografia de um desses grandes fazendeiros, o maior de todos eles. Conhecido como o "Rei do Café", Joaquim José de Souza Breves, embora nunca tenha obtido sequer o título de barão, foi um dos personagens mais representativos do que se chama de elite econômica e social da época, que tinha sua base de poder e prestígio nas lavouras de café e na exploração de mão de obra cativa.

Souza Breves integrara a comitiva de dom Pedro em 7 de setembro de 1822, aos dezoito anos. Nas décadas seguintes, se dedicaria ao cultivo do café no Vale do Paraíba e, na metade do século XIX, já era o maior produtor brasileiro. Além de Rei do Café, foi também o maior dono de escravizados de todos os tempos no Brasil. Suas senzalas mantinham 6 mil homens, mulheres e crianças. Era proprietário de navios negreiros e a certa altura embrenhou-se no tráfico ilegal de africanos. Contando com a cumplicidade das autoridades locais, usava praias e portos para o desembarque clandestino de negros aprisionados. Em 1830, tendo se tornado amigo do imperador desde o 7 de setembro, foi agraciado com a Ordem da Rosa. Em 1847, recebeu de dom Pedro II a Ordem de Cristo. Eram as mais altas honrarias do Império, e, por conta disso, ele passou a ser chamado de comendador Breves. Tinha palacetes no Rio de Janeiro e casarões luxuosos em suas fazendas, circulava com desenvoltura nos salões da corte ao lado de outros membros da nobreza cafeeira. Era convidado frequente do imperador dom Pedro II para almoços e jantares.

Souza Breves morreu em 30 de setembro de 1889, apenas um mês e meio antes da Proclamação da República. Estava desgostoso com o final da escravidão e com os rumos do Império, que contrariou, em seus estertores, os desígnios dos escravocratas. Um de seus filhos participou do golpe que derrubou a monarquia, em 15 de novembro de 1889, ajudou como deputado na elaboração da primeira constituição republicana, de 1891, e fez oposição à ditadura militar do marechal Floriano Peixoto, que promoveu exílios, execução de prisioneiros e opositores, e perseguiu a imprensa, entre outros atos repressivos.

Apesar dos ventos de modernização da produção que chegavam sob a forma de ideias da Europa, não é difícil entender a posição dos latifundiários do café em reação à abolição. Em muitas fazendas, o cultivo atrasado — a "lavoura arcaica" — havia arruinado as terras do Vale do Paraíba, algo que ainda se percebe na região. Seria preciso um esforço enorme e alto investimento para recuperar a fertilidade dessas propriedades. No entanto, era mais barato e dentro do que os barões estavam acostumados investir na compra de mais e mais pessoas escravizadas. Entre 1836 e 1854, o número de escravizados mais do que triplicou nas regiões cafeeiras do Vale do Paraíba. Em média, o valor do plantel de cativos representava mais da metade do valor das fazendas e de seus cafezais. E havia casos em que a terra, de tão desgastada, valia até menos do que os cativos de que dispunha o fazendeiro.

Souza Breves, que tinha milícias armadas particulares com mais de cem homens para manter seus negócios funcionando e se impor nas disputas de poder e concorrência comercial locais, foi um escravista renitente. Apostou seus lucros no cativeiro até o último momento. Ao contrário de outros fazendeiros, jamais se preocupou em substituir a mão de obra escrava por de imigrantes. Há notícia de que estava comprando pessoas escravizadas ainda nas vésperas do dia 13 de maio de 1888. Um sinal de como tratava os cativos foi que suas fazendas, ao contrário de muitas outras, foram abandonadas em massa pelos escravizados no dia seguinte à publicação da Lei Áurea. Postulante da indenização, decepcionou-se seriamente com a monarquia, que a negou.

Os cafeicultores resistiram até onde foi possível à abolição do tráfico e ao fim da escravidão usando uma série de argumentos que os historiadores batizaram de ideologia escravagista. Primeiro, afirmavam que, no fundo, a escravidão era benéfica para os negros — argumento ainda hoje levantado —, já que os retirava da barbárie, do paganismo e da ignorância do continente africano para incorporá-los à civilização, supostamente humanista e avançada do catolicismo português. Dizia-se ainda que o negro seria incapaz de sobreviver em liberdade, cabendo aos senhores brancos educá-los, orientá-los e tutelá-los de todas as maneiras possíveis, inclusive com a aplicação de castigos físicos, repressão, vigilância e constrangimentos morais. Sustentava-se ainda que a escravidão, embora condenável do ponto de vista humanitário, era um mal necessário. Dependente da atividade agroexportadora atrasada, incapaz de inovar-se e adotar outro modelo para tocá-la adiante, a economia brasileira, nessas concepções, jamais poderia sobreviver ao fim do cativeiro. A abolição da escravidão levaria, portanto, à ruína da jovem nação. Era o que diziam os agricultores donos de escravizados.

No entanto, a escravidão, diante de inovações técnicas e de mudanças na opinião pública internacional, tornava-se um sistema obsoleto não somente no Brasil, mas no mundo inteiro. Quem defendia a possibilidade de sobrevivermos como nação no atraso e isolamento, defendia a escravidão. Soluções paliativas eram utilizadas para preservá-la o quanto possível. No delírio conservador, buscaram viabilizar a escravidão até a segunda década do século xx.

No século xix, importantes mudanças ocorreram no espírito do país em relação ao escravagismo. A fuga e a rebelião, fazendo eco às múltiplas pressões do momento, pela primeira vez obtiveram da Justiça simpatia e solidariedade, pelo menos em alguns casos. A campanha abolicionista oferecia aos negros apoio para suas ações insurrecionais. Episódios históricos como a chegada dos imigrantes que ocuparam as lavouras com sua mão de obra — a princípio submetida a privações semelhantes às dos escravizados, mas sempre reagindo e exigindo direitos — e a Guerra do Paraguai, encerrada em 1870, provocaram uma aceleração e uma radicalização da ideia antiescravagista. Em muitas localidades, líderes abolicionistas foram perseguidos, juízes e advogados, expulsos. Fazendeiros e jagunços atacaram jornalistas e intelectuais que ousaram se pronunciar a favor da causa dos escravizados. Milícias eram formadas e armadas secretamente para defender os interesses dos fazendeiros escravagistas. Jornais foram invadidos, quebrados, incendiados e fechados. Até mesmo a acusação de o movimento abolicionista ser inflamado por uma ligação, jamais provada, com a Internacional Socialista europeia foi disseminada como justificativa para a repressão. Nada disso impediu que mais e mais clubes abolicionistas abertos ao público proliferassem.

Em poucas décadas, o sistema escravagista, que se mantivera por séculos, mostrava progressivos sinais de degeneração.

2. Para inglês ver

O QUE FAZER COM OS NEGROS DO BRASIL? Os horrores da escravidão por aqui já chamavam havia muito a atenção do mundo. A pressão internacional era tremenda, principalmente por parte da opinião pública abolicionista do Reino Unido. Contribuíram para a nova consciência relatos de viagens, diários pessoais, livros, quadros e gravuras, além da correspondência diplomática. Pintores como o francês Jean-Baptiste Debret e o alemão Johann Moritz Rugendas se tornaram os olhos do exterior focados em cenas brasileiras. O que acontecia nas senzalas e calabouços da escravidão, incluindo cenas de tortura e humilhação, entrou nos salões de exposição, mas também nos lares europeus. A repulsa foi tremenda.

Parte da elite no Brasil, sempre influenciada pela visão do estrangeiro, não sabia mais como responder ao dilema básico da nação que se queria reconhecida como civilizada. Não havia mais como justificar a outra parte, a indolência doméstica, a dupla exploração do trabalho escravo com os cativos alugados, os escravos de ganho, o exaurimento de seres humanos e a brutalidade praticada por fazendeiros, pecuaristas, senhores de engenho, mineradores, tropeiros e comerciantes. Tudo que se movia no Brasil dependia da escravidão, agora rejeitada pela Europa.

No entanto, o Brasil nunca trouxe tantos africanos escravizados, e em tão pouco tempo, quanto na primeira metade do século XIX. O tráfico negreiro no Atlântico seria interrompido pela Lei Eusébio de Queirós, em 1850, mas o comércio de seres humanos entre as províncias brasileiras — do Nordeste em direção ao Vale do Paraíba e aos cafezais, principalmente —, fosse por terra ou por navegação costeira, continuaria firme e cada vez maior até 1888.

O Brasil estava tão dependente da escravidão que se atrevia a resistir à Inglaterra, a maior potência econômica, militar e naval da época. Inúmeros tratados internacionais foram assinados. Uma lei de 1831, formalmente aprovada no parlamento brasileiro, proibia a importação de cativos. Era uma exigência do governo britânico em troca do reconhecimento da independência do Brasil. Dom Pedro I empenhou sua palavra, prometendo que seria cumprida. "O comércio de escravos cessou!", anunciaria solenemente na Fala do Trono de 1830. Era tudo jogo de cena.

A legislação aprovada em 1831 passaria à história, como se viu anteriormente, com o nome de "lei para inglês ver", expressão até hoje corrente no país.

Enquanto isso, o tráfico do Atlântico prosperava a números astronômicos. O governo, tão eficiente em reprimir com brutalidade movimentos emancipatórios e libertários — chegou a contratar mercenários estrangeiros para extirpar a Confederação do Equador —, apesar de seus pronunciamentos e leis, jamais tomou nenhuma atitude para impedir que continuassem chegando ao Brasil navios negreiros com os porões abarrotados. As autoridades brasileiras, como sempre, eram cúmplices confiáveis e bem gratificadas por seus serviços.

Já em 1810, com sua corte no Rio de Janeiro, dom João assinara um documento se comprometendo, junto ao governo britânico, a promover o fim do tráfico. Outro tratado se sucedeu, com o mesmo teor, cinco anos depois, ratificado por uma "Carta de Lei" em 1817. O tratado autorizava o governo britânico a abordar os navios negreiros em pleno mar.

Mas de nada valia a assinatura em documentos e a palavra dada. O Brasil simplesmente não sabia viver sem escravizados.

Com o passar dos anos, o jogo de gato e rato entre traficantes, acobertados por uma rede envolvendo receptadores e autoridades no Brasil, e a poderosa marinha britânica foi se tornando rotineiro. Operações eram feitas à luz do dia, sem a menor preocupação de se esconderem. A situação marginal se prolongou por décadas. Juízes, oficiais navais, funcionários portuários e agentes policiais se encarregavam, na ponta do negócio, acompanhando a dissimulação do governo, de acobertar os traficantes. Havia até mesmo uma tabela de propinas, conhecida por todos. A liberação ilegal de cada navio preparado para o tráfico, por exemplo, renderia às autoridades portuárias 800 mil réis de suborno, o equivalente a quatro jovens escravizados. Já o secretário-chefe da embaixada de Portugal receberia um pouco mais, cerca de um conto de réis para ceder ao tumbeiro uma bandeira portuguesa, que facilitaria sua partida. Nem mesmo processos, julgamentos e condenações valiam grande coisa. Houve casos de navios apreendidos pelos britânicos, com sua carga de cativos libertada, mas cujo dono e traficante estava de volta aos negócios meses depois.

Ganhadeiras e tocador de berimbau.

Os navios negreiros eram "ossários flutuantes", segundo a descrição de um documento da marinha inglesa, mas nada detinha o tráfico. Em 1850, a Lei Eusébio de Queirós foi apenas editada em reflexo da duríssima pressão inglesa. Depois disso, o tráfico entrou em declínio, mas, não raro, navios negreiros surpreendidos em alto-mar atiravam os cativos à morte nas ondas, antes de serem abordados, para evitar provas que levassem à apreensão da embarcação.

A hipocrisia, no entanto, reinava na Inglaterra lado a lado com a Coroa britânica — e isso não ajudava a encerrar o tráfico nem a avançar na extinção do escravagismo no Brasil. Das fazendas do Maranhão, de Pernambuco e das províncias vizinhas saía, no século XIX, grande parte do algodão de fibra longa, que alimentava as fábricas de tecidos de Manchester e assegurava a prosperidade da Revolução Industrial na Inglaterra. E todas essas lavouras cresciam à custa do sangue e suor dos escravizados. Da mesma maneira, outros produtos de consumo de massa nos Estados Unidos como açúcar, tabaco e café ganhavam os mercados internacionais. Tudo produzido com mão de obra cativa. O sistema bancário, principalmente as operações financeiras, além de outros empreendimentos de porte, cresciam articulados ao tráfico, já que banqueiros, armadores (da indústria naval), seguradoras e comerciantes britânicos e norte-americanos, entre outras nacionalidades, financiavam ou eram sócios de traficantes ilegais e dos compradores de pessoas escravizadas no Brasil.

De fato, os ingleses foram os responsáveis por grande parte dos investimentos estrangeiros no Brasil durante o Segundo Reinado. Coube aos Estados Unidos trazer para o Brasil o navio negreiro a vapor, a mais importante inovação tecnológica do tráfico ilegal de pessoas. Foram os norte-americanos também que introduziram no navio negreiro outra inovação que diminuiu em muito os custos com perdas de escravizados para a desidratação: uma máquina de destilar a água do mar. Até então, a capacidade de transporte de cativos era limitada justamente pelo volume de água potável que os tumbeiros poderiam estocar a bordo.

Os grandes centros europeus e norte-americanos — Londres, Bristol, Liverpool, Nova York, Boston, Baltimore — eram as principais fontes de crédito, sem as quais o tráfico não sobreviveria. O Brasil, que já fora o principal destino dos navios negreiros ingleses, depois da proibição do tráfico nos domínios britânicos de 1807, se tornou também um dos grandes centros onde era investido o capital financeiro internacional. Os ingleses eram acionistas de companhias de mineração brasileiras, e, ainda em Minas Gerais, pessoas escravizadas continuavam a ser empregadas em minas de ouro de propriedade de britânicos até as vésperas da Lei Áurea.

Em 15 de setembro de 1845, no auge do tráfico ilegal de africanos no Brasil, nada menos do que 21 empresas britânicas, com escritório no Rio de Janeiro, passaram atestado de idoneidade a um dos maiores traficantes do país, o português Manoel Pinto da Fonseca. Entre as empresas estaria uma de propriedade de alguém visto até hoje por algumas fontes históricas como uma celebridade da modernização do país — ou do episódio da oportunidade de modernização perdida, já que o protagonista foi à falência. Tratava-se de Irineu Evangelista de Sousa, futuro visconde de Mauá. Sobre ele, até hoje, imensos louvores são deixados nas páginas dos livros de história, saudando-o como abolicionista, esquecendo-se de que ele fechava os olhos para o fato de que alguns de seus empreendimentos tão "avançados" interligavam-se com o tráfico ilegal de escravizados.

3. Os esquecidos

A ELITE LATIFUNDIÁRIA, representada pelos fazendeiros, cafeicultores e senhores de engenho, mesmo enxergando a inviabilidade do sistema escravagista, acreditava que podia prolongá-lo. Alguns até mesmo viam a entrada do século XX ainda com escravizados. Outros advogavam que a libertação dos cativos poderia ser tolerada, desde que os negros continuassem a "cumprir seu papel", ou seja, aceitassem a submissão e prosseguissem produzindo riquezas e serviços, sem remuneração nem direitos; que assegurassem o bem-estar, os privilégios e o ócio das classes dominantes. Outros, ainda, defendiam a abolição e a entrada de imigrantes europeus, mas como tática para evitar a definitiva africanização da sociedade brasileira.

Enfim, todos os argumentos tinham em comum a ideia da inferioridade racial dos africanos. O negro era caracterizado como um ramo à parte da espécie humana. Alguns pensadores chegavam a propor que o sangue e outros fluidos dos negros seriam mais escuros, tornando-os "predestinados à escravidão pela apatia e pela capacidade cerebral pouco desenvolvida". A África, berço de toda a espécie humana, teria, segundo esses ideólogos do escravagismo, gerado seres inclinados à preguiça, à imaturidade emocional e aos vícios. Daí o temor quanto à africanização do Brasil, a rejeição em relação a tudo o que fosse africano e os argumentos que defendiam uma separação mais delineada entre os homens e os "brutos". Os escravizados seriam os inimigos domésticos, uma raça que, impossível de se misturar a nossa herança branca, teria de ser contida, ou a nação não prosperaria nem sequer poderia existir como uma unidade harmônica. A segregação étnica e racial, como seria adotada nos Estados Unidos e na África do Sul (o sistema de Apartheid), era uma ideia latente.

Temia-se até mesmo que as ideias de liberdade desse século de revoluções libertárias contaminassem a maioria da população — cativos, ex-libertos e seus descendentes — de nossa sociedade, infundindo-lhes a rebeldia e estimulando levantes. Ou, pelo menos, era o que se propagava. Felisberto Caldeira Brant, futuro marquês de Barbacena, alertava para "a peste revolucionária",[1] já em 1824 — somente dois anos depois do 7 de setembro —, que poderia se propagar "em um país de tantos negros e mulatos".

Assim, de todos os problemas brasileiros na Independência, o da escravidão foi o mais camuflado e o mais mal resolvido, até porque expunha uma contradição no pensamento dos revolucionários mais radicais da época, até mesmo na Revolução Pernambucana de 1817 e na Confederação do Equador. Por convicção, entre os mais poderosos daquele momento, havia aqueles que defendiam o fim do tráfico negreiro e a abolição da escravatura. Por força das circunstâncias, no entanto, foram incapazes de colocar suas ideias em prática.

Dizia-se, por exemplo, que dom Pedro II era favorável à abolição e saudou, da Europa, a Lei Áurea assinada por sua filha, a regente. No entanto, ao longo das décadas de sua permanência no trono, nenhuma medida efetiva tomou nesse sentido e ratificou leis de pouco efeito prático para o fim da escravidão — como a do Ventre Livre e a dos Sexagenários, que procuraram, em vão, desviar a atenção internacional para nossa condição de país em que o escravagismo

---

1. Hendrik Kraay, "Muralhas da Independência e liberdade do Brasil: a participação popular nas lutas políticas (Bahia, 1820-1825), em Jurandir Malerba (org.), *A Independência brasileira — novas dimensões*, p. 305. Rio de Janeiro: FGV, 2006.

persistia. Essas leis, de certo modo, camuflavam a continuidade do escravagismo.

Já o pai, Pedro I, deixou um documento escrito em 1823 em que afirmava: "Ninguém ignora que o cancro que rói o Brasil é a escravatura, é mister extingui-la". Cabe perguntar: se um ano após a Independência, até o imperador era contra a escravidão, por que ela continuou a existir no Brasil? Se até o ministro principal de dom Pedro I, José Bonifácio, era um abolicionista convicto, por que nenhum movimento de fato foi feito para extinguir o tráfico? Por que a Coroa, sob pressão da Inglaterra para abolir a escravatura, procurou sempre contornar, se esquivar, iludir e até mesmo entrar em conflito diplomático com os britânicos, em vez de usar essa força a favor de seus anseios para abolir a escravidão?

A resposta parece óbvia. Por tudo o que foi descrito como uma dependência da Coroa, dos latifundiários do café e traficantes, e mesmo da sociedade como um todo, em relação ao trabalho escravo. E os homens e as mulheres escravizados, o que achavam disso tudo? A história da Independência, como toda a história do Brasil, foi escrita por pessoas brancas, a partir de fontes brancas. E fixavam o ponto de vista que defendiam.

Na Assembleia Constituinte de 1823, que entrou em confronto com dom Pedro I por conta das inclinações absolutistas do imperador, e que fora eleita para repensar um novo acordo social para o país, houve um número enorme de petições para que os deputados servissem de mediadores em casos de violência dos proprietários, pedindo assim alforria aos tribunais. Num caso contra Águeda Caetana, proprietária de pessoas escravizadas, a reação dos constituintes foi condenar os autores da petição, chamando-os de "miseráveis", "desgraçados", "infelizes", "órfãos", "pródigos", "mentecaptos" e "desvalidos". Os constituintes encaminharam o problema ao imperador, que se recusou a interferir no conflito alegando respeito ao direito de propriedade.

Não é surpresa que a Constituição de 1824 — redigida pelo imperador depois de fechar a assembleia e prender os opositores — dizia que todos os cidadãos brasileiros nascem iguais em direitos,

que incluíam a liberdade. Infelizmente, eram privilégios que deixavam à parte a existência dos escravizados trazidos recentemente e ilegalmente da África, que, na Carta Constitucional, não eram nem sequer mencionados.

    A maioria da população fora deixada órfã pela Independência. E seus descendentes, libertos depois da Lei Áurea, receberiam o mesmo tratamento da República. São os brasileiros esquecidos no processo de construção do novo Brasil.

4. O império escravista

TANTO QUANTO O VALE DO PARAÍBA, com seus belos casarões, residências de barões e viscondes, mas servidos por mulheres e homens escravizados, o Brasil do século XIX era um país de faz de conta. Queria ser visto como um país europeu, enquanto a imensa maioria da população vivia nas condições mais arcaicas. Na barbárie.

Nesse faz de conta estão incluídas, por exemplo, estátuas imponentes. Joaquim Pereira Marinho está até hoje eternizado num monumento feito de mármore branco de Carrara — material importado e caríssimo — no Largo de Nazaré, em Salvador, a maior cidade negra do mundo fora da África. Tudo no monumento indica ter sido um filho da nobreza, dotado de saber, refinamento e compaixão. Aos seus pés, duas crianças vestidas com trajes europeus do século XIX estendem os braços para cima, como se lhe pedissem ajuda e proteção. E a mão direita dele pousa suavemente sobre os ombros de uma delas, uma menina, em sinal de afeto e acolhimento

No entanto, o que não aparece escrito na coluna de mármore que sustenta sua estátua é que Pereira Marinho, primeiro conde Pereira Marinho em Portugal, foi um dos maiores traficantes de pessoas escravizadas da história do Brasil.

Nos porões de seus navios negreiros, milhares de homens, mulheres e crianças, sequestrados de suas terras, cruzaram o Atlântico imobilizados por correntes e colares de ferro. Incontáveis deles morreram na travessia. Foi o que o tornou um dos homens mais ricos do país na época. Com o sangue e o suor de cativos, fabricou navios, fundou bancos, inaugurou indústrias, construiu estradas de ferro, manteve redes de comércio, entre uma infinidade de outros empreendimentos lucrativos.

Nessa estátua, é somente celebrado como o cidadão benemérito que doou dinheiro para instituições de caridade e ajudou a construir hospitais.

É mais um de tantos monumentos, além de nomes de praças, ruas e avenidas em todo o país, que homenageiam, como se fossem heróis nacionais, pessoas de caráter duvidoso, racistas, cruéis, opressores, com uma trajetória que não condiz com a imagem que se quer fazer deles para os brasileiros. Como quase todos os senhores de escravizados, o conde Pereira Marinho tentou limpar e suavizar a sua biografia, fosse com negócios lícitos, fosse com iniciativas beneficentes. Isso, aliás, é um traço em comum entre os traficantes de pessoas escravizadas daqui e os dos Estados Unidos e da Europa. Os traficantes não eram seres de aparência monstruosa, intratáveis, repulsivos, inumanos. Pereira Marinho apoiou financeiramente asilos e orfanatos.

No Brasil, os traficantes moravam em algumas das casas e mansões mais luxuosas das cidades, frequentavam missas, praticavam caridade publicamente, participavam de irmandades religiosas, eram convidados de honra de cerimônias oficiais, festas, jantares, e contavam com a amizade de altas autoridades, além de membros do parlamento. Eram tratados como empreendedores honrados e circulavam em meios respeitáveis. Não eram vistos no pelourinho local aplicando chibatadas pessoalmente, mas cobravam lucratividade sobre quem geria seus cativos. Seus empregados executavam a parte suja da operação. Em sociedade e nos centros de negócios eram homenageados, bajulados, admirados, mais ainda em função de sua fortuna recente.

O IMPÉRIO ESCRAVISTA

Jantar de casal branco servido por negros.

Pereira Marinho nasceu em Portugal, em 1816, e não tinha ainda treze anos quando chegou ao Brasil. No início, ganhou a vida modestamente como caixeiro e marinheiro, residindo em Salvador. Mas logo descobriu a sua mina de ouro: o tráfico de pessoas escravizadas. Como muitos jovens portugueses, atravessara o Atlântico sem nada, e aqui, no comércio de pessoas, fez fortuna. Fundou o Banco da Bahia e, mais tarde, tornou-se um dos maiores acionistas do Banco do Brasil. Foi um personagem histórico típico de uma época, e só de alguns anos para cá, depois de levantada sua história completa, questiona-se o papel que lhe atribuíram e a existência de uma estátua em sua homenagem.

O negócio escravista era muito mais complexo do que alguns pensam. Para começar, mesmo na metade do século XIX, com a proibição do tráfico e os riscos da captura dos "ossários flutuantes" pela armada britânica, os lucros ainda compensavam. Faziam valer a pena tanto o investimento quanto a possibilidade de perda do que foi empregado. Para se armar um navio negreiro, além da tripulação — que poderia incluir membros utilizados na ladinização, desde o padre para o batismo até um professor de português para ensinar aos cativos rudimentos do idioma, sempre visando valorizar o que para eles era mera mercadoria —, por vezes uma embarcação carregava uma quantidade inacreditável de armamentos, munição e tripulantes aptos ao combate, que lhe davam o poder de fogo de um navio de guerra. Haveria ainda os mantimentos, em volume suficiente para abastecer a tripulação e os cativos — alimentados com o mínimo até dias antes da chegada, quando eram submetidos à engorda que os preparava para os leilões —, chegando a catorze toneladas de farinha e sete de carne seca, entre outros itens.

A lista dos traficantes portugueses e brasileiros agraciados com honrarias nos dois lados do Atlântico é inacreditavelmente extensa. O conde Pereira Marinho é a prova de que Portugal e o Brasil continuariam sócios no tráfico de escravizados até muito depois da Independência. Concedidos em Portugal pela rainha dona Maria ii, esses títulos eram em geral reconhecidos oficialmente no Brasil pelo irmão dela, dom Pedro ii, que chegava a alugar a sua bandeira para embarcações de outros países para continuarem a praticar o tráfico. Alguns traficantes foram expulsos do Brasil depois da Lei Eusébio de Queirós, de 1850. Com isso, o imperador queria demonstrar à Inglaterra que, dessa vez, a proibição do tráfico seria para valer. Contudo, como se sabe, a escravidão ainda demorou muito para acabar.

No seu testamento, o traficante de pessoas cativas Pereira Marinho declarou ter "a consciência tranquila de passar para a vida eterna sem nunca haver concorrido para o mal do meu semelhante".

Traficantes reciclados para heróis e uma nobreza exótica. Assim era no reino do faz de conta. O município de Vassouras, no estado do Rio de Janeiro — terra tornada infértil pela exploração agrícola antiquada praticada pelos escravagistas, hoje em recuperação por novos métodos de cultivo —, foi o grande centro de produção de café, um dos maiores do país. Tinha também a maior concentração nacional de viscondes, barões e marqueses, ou seja, nobres sem história; assim como comendadores sem atributos, nem feitos ou serviços prestados, além de coronéis sem passagem pelo exército. Todos, enfim, detentores de honrarias oferecidas pela Coroa, que, improdutiva, necessitava de recursos para manter seu luxo e a nobreza que trouxera de Portugal, a qual continuava sustentando e mesmo ampliando. Essa foi a aristocracia deixada como herança pelo império escravista brasileiro, o maior balaio de títulos, talvez, de todo o planeta. Entre 1878 e 1889, período em que a pressão abolicionista e republicana colocava a monarquia em risco, a concessão de títulos acelerou-se. Foram 370 barões, sendo que quase metade deles recebeu o título entre a oficialização da Abolição pela Lei Áurea, em 1888, e o golpe protagonizado por Deodoro da Fonseca em 15 de novembro do ano seguinte.

O ministro da guerra de dom Pedro II, visconde de Maracaju, à beira da crise final da Coroa, propôs que títulos fossem usados para seduzir os oficiais dos quartéis, descontentes com o governo. Já o visconde de Ouro Preto, chefe do governo, ele próprio detentor de seu título apenas desde 13 de junho de 1888, pediu limites para as concessões, a fim de não vulgarizar os títulos. Mesmo assim, às vésperas do 15 de novembro, 35 coronéis da Guarda Nacional passaram a barões. Todos casos típicos do que Rui Barbosa chamou de "fidalgos baratos".

Já a Guerra do Paraguai, que entre outros impactos históricos foi o estopim da crise da monarquia com os militares, representou outro momento crítico. Foi decretado que deveriam ser agraciados com títulos os donos de escravizados que libertassem seus cativos para se alistarem. No total, o Império distribuiu 871 títulos de nobreza, entre 1840 e 1889, cobrando aos agraciados um preço considerável pelas honrarias. Eram fidalgos de nomes pitorescos, cunhados aleatoriamente. Muitos desses novos nobres possuíam mansões também na corte, como o Palácio do Catete, de propriedade do barão de Nova Friburgo, Antônio Clemente Pinto, tão luxuoso e tão desmesuradamente grande que serviu de residência oficial aos presidentes da República, no tempo em que a capital do país era o Rio de Janeiro, ou seja, até a transferência para Brasília, em

1960. Foi o lugar onde se suicidou Getúlio Vargas, em 1954, e que hoje abriga o Museu da República, no bairro do Catete.

O capital do tráfico de africanos foi investido na criação das lavouras de café. Por sua vez, essa elite econômica mantinha e ampliava seu poder promovendo casamentos e alianças entre as famílias de proprietários. O mesmo valia para regiões do interior de São Paulo, como o Oeste Paulista, onde proliferavam igualmente muitos barões.

A joia urbana do Império seria a cidade de Petrópolis, na região serrana do estado do Rio de Janeiro. Batizada em homenagem ao imperador, foi construída para ser o bastião dos sonhos — ou delírios — de uma nobreza fora do lugar, num país cuja elite não queria enxergar a realidade que a cercava. Se os luíses franceses, já depostos a essa altura, tinham Versalhes, os Orléans e Bragança brasileiros tinham Petrópolis. Até hoje a delicadeza da arquitetura dessa cidade histórica, feita para brilhar como uma coroa, acima da cidade-corte, encanta seus visitantes. O fato de ter sido construída com o sofrimento e o esforço de pessoas escravizadas e de estar acossada por quilombos na ocasião em que a princesa Isabel resolveu afinal assinar a Lei Áurea quase não se conta.

"A nação não sabe ler!", denunciava Machado de Assis, desolado, já em 1872. E seu amigo, diplomata e polemista, Joaquim Nabuco, autor do clássico *O abolicionismo*, de 1883, acusava a elite de devoção ao ócio e rejeição ao que hoje se chamaria de empreendedorismo:

> *Queimou, plantou e abandonou; consumiu os lucros na compra de escravos e no luxo da cidade; não edificou escolas, nem igrejas, não construiu pontes, nem melhorou rios, não canalizou a água nem fundou asilos, não fez estradas, não construiu casas, sequer para seus escravos, não fomentou nenhuma indústria, não deu valor venal à terra, não fez benfeitorias, não granjeou o solo, não empregou máquinas, não concorreu para progresso algum da zona circunvizinha.*

E em um trecho de *O erro do imperador*:

[Dom Pedro II]... passou [os] 45 anos [de seu reinado] sem pronunciar sequer do trono uma palavra em que a história pudesse ver uma condenação formal da escravidão pela monarquia, um sacrifício da dinastia pela liberdade, um apelo do monarca ao povo a favor dos escravos.

Fora do mundo, alheia ao Brasil, de costas para a maioria do povo, enaltecida pela sua nobreza pitoresca, uma caricatura da corte europeia, de olhos postos no além-mar, na Europa. Julgavam-se europeus e modernos, numa terra de escravizados. Essa era a corte brasileira, na visão de seus críticos. E não necessariamente os republicanos, já que Joaquim Nabuco propunha não que derrubassem dom Pedro e a família real, mas que eles fossem os protagonistas da Abolição — em vez de empurrados a ela — e das reformas sociais que incluiriam os então ex-cativos na sociedade, possibilitando a prosperidade do país. A escravidão, classificada por Nabuco como "ilegal e criminosa", era o atraso, no coro dos abolicionistas. E Ferreira Viana ironiza: "O imperador levou cinquenta anos a fingir que governava um povo livre".

No entanto, a escravidão era onipresente no país. Mesmo o brasileiro mais humilde sonhava em comprar um escravizado. Mesmo os estrangeiros, logo que chegavam, adquiriam cativos. Enquanto nas fazendas e nas vilas do interior lutava-se pela manutenção do tráfico negreiro e da própria escravidão, o Rio de Janeiro do século XIX, apesar de todas as restrições legais, era a maior cidade escravista do hemisfério ocidental.

5. A desumanização

Os negros eram vendidos, comprados, alugados. Indícios sem pudores da linguagem escravista estão nos anúncios de jornais. Mães negras escravizadas, que tivessem acabado de dar à luz, eram descritas como "mulheres com cria", em vez de "filho", e valorizadas não só por estarem à venda acompanhadas da criança, que se tornaria uma cativa, mas ainda serviriam como amas de leite, essenciais para as famílias brancas, já que era malvisto uma senhora de família amamentar — além de ser algo penoso. Havia também, ainda no caso das mulheres, insinuações como esta, tirada de uma edição de 28 de abril de 1859 do *Diário de Pernambuco*:

> *Vende-se uma escrava boa cozinheira, engoma bem e ensaboa, com uma cria de três anos, peça muito linda, própria de se fazer um mimo dela; e também se vende só a escrava, no caso que o comprador não a queira com a cria.*

Separar uma criança de três anos da mãe era corriqueiro e casual. Somente em 1869 tornou-se ilegal separar marido, mulher e filhos com menos de quinze anos.

Outro anúncio no mesmo jornal, de 30 de janeiro de 1830, fazia referência explícita à beleza e ao porte físico de uma cativa jovem, que, segundo o texto, poderia interessar a "algum homem solteiro que estiver em circunstâncias de precisar de uma ama de casa para todo o serviço necessário".

Jean-Baptiste Alban Imbert, formado em medicina pela faculdade de Montpellier, na França, chegou ao Brasil em 1831 e tornou-se membro da Academia Brasileira de Medicina do Rio de Janeiro. Foi o autor do *Guia médico das mães de família*. Como a gravidez das casadas era um estado constante — as mulheres tinham um filho por ano —, não havia tempo para a amamentação. Assim, Imbert ratificava o uso das amas de leite, recomendando: "Os peitos deverão ser convenientemente desenvolvidos, nem rijos, nem moles, os bicos nem muito pontudos, nem encolhidos, acomodados aos lábios do menino". Além de vendidas, as amas de leite eram alugadas pelos seus donos por uma diária que correspondia ao preço de um quilo de feijão em 1859. Imbert, em seu livro, recomendava ainda que os compradores evitassem os negros com cabelos demasiadamente crespos, além de apontar o nariz muito achatado e ventas apertadas como indícios da possibilidade de problemas de respiração, o que causaria menor produtividade. O médico francês tinha, além dessas, uma lista de indicações para a boa compra.

Ainda mais valorizadas para a venda eram as amas de leite "sem cria", efeito de uma mortalidade infantil que na população escravizada chegava a 80%.

Havia escravizados que eram utilizados por seus donos para mendigar e se prostituir. As mulheres de elite, nesse caso, exerciam o papel de cafetinas. Cobriam suas cativas de joias e roupas provocantes e as despachavam para as ruas com uma autorização especial para circularem à noite. Havia bordéis de escravizadas funcionando abertamente, apesar de a prostituição ser proibida.

Em leilões, africanos eram postos em lotes junto com animais. E, de fato, trabalhavam como bestas de carga. Vestidos com apenas um calção de algodão cru, descalços, sob a vigilância de um capataz e de seu chicote, filas de carregadores cativos subiam e desciam as ladeiras de Salvador e outras cidades. Os "tigres",

A DESUMANIZAÇÃO

carregando bacias de fezes e urina, continuaram em atividade até a instalação de esgotos no Rio de Janeiro em 1860 e, no Recife, até 1882.

Os escravizados poderiam ser hipotecados ou servir de garantia para se tomar dinheiro emprestado a bancos e casas de crédito. Era uma transação corrente no mercado financeiro da época. Podiam ser confiscados para se pagar uma dívida. Eram incluídos nos dotes das noivas. Dados de presente, doados e herdados. Pessoas abastadas mantinham suas rendas altas graças ao aluguel de seus negros como escravos de ganho. E isso era tão natural que é citado de passagem em *Dom Casmurro*, de Machado de Assis. Bentinho, o protagonista da história, se referia à principal fonte de renda de sua "boníssima e virtuosa mãe", dona Glória, como a exploração "a ganho" de escravizados. Aliás, a sutileza com que Machado, em vários trechos, se refere à naturalização do cotidiano escravagista e sua perversidade intrínseca causa espanto. É algo tão entranhado que não precisa ser destacado, somente relatado. No sistema de ganho, o escravizado, às vezes nos horários de descanso, poderia trabalhar por conta própria, sem a supervisão direta de ninguém. No final do

Venda de africanos recém-chegados ao Brasil.

dia, tinha a obrigação de entregar ao seu dono uma quantia previamente combinada. Se ganhasse mais, poderia fazer uma poupança, usada em geral para comprar sua alforria.

O fato é que viver de escravos de ganho no Rio de Janeiro de 1849 era duas vezes mais lucrativo do que investir em imóveis para aluguel. A operação rendia ao proprietário de 10% a 20% anualmente sobre o preço da compra do escravizado. A capacidade do cativo de render dinheiro por aluguel era um atrativo agregado para a sua venda.

A própria família real, além de alugar escravizados para determinados serviços, como remadores, por exemplo, ganhava dinheiro alugando cativos da Fazenda Real de Santa Cruz a particulares. Existiam até mesmo vendedores ambulantes de cativos que circulavam pelas ruas puxando uma fileira de negros acorrentados que eram oferecidos de casa em casa.

Nada desse Brasil real foi enxergado pelo chamado "grito do Ipiranga". Em 1826, o explorador escocês John McDouall Stuart, ao fazer uma escala no Rio de Janeiro a caminho da Austrália, calculou que houvesse cerca de 2 mil pessoas escravizadas em exposição para venda no Valongo. Em razão de depoimentos como esse, que existem em grande quantidade, o Valongo é um dos mercados de cativos mais bem documentados do mundo. No entanto, jamais houve a preocupação de se criar ali um museu nacional da escravidão, um dado eloquente na denúncia do projeto nacional de esquecimento forçado desse aspecto tão esclarecedor de nossa história.

6. África ferida

FOI PELA FORÇA DAS ARMAS que o negócio escravista se manteve ativo por quatro séculos no Atlântico. Os canhões tiveram importante papel, tanto na defesa dos navios contra piratas como nos ataques que faziam aos reinos que se recusavam a fornecer cativos, mas também na defesa dos entrepostos no litoral. O Forte de São João Baptista de Ajudá, erguido em 1721, é um dos mais bem armados da Costa da Mina.

O edifício fica em frente à praça, para onde estão apontados dois canhões, instalados no casarão de três andares. Ali funcionava um mercado negreiro, uma feira de gente ao ar livre, onde pessoas sequestradas e capturadas ficavam expostas para serem examinadas e compradas pelos capitães dos tumbeiros, ancorados a poucos quilômetros de distância. Era um local de tensões, de sofrimento. A qualquer momento podia ocorrer um ataque de saqueadores, ou uma revolta dos cativos, aproveitando que não haviam ainda deixado o continente africano.

Desse forte, o mulato de pele clara Francisco Félix de Souza comandava todas as operações de comércio de gente em ambas as margens do Atlântico. Nascido em Salvador na metade do século XVIII, foi o maior e mais famoso traficante de pessoas escravizadas do seu tempo. Era amigo do rei — no caso, parceiro do rei Guezo, do Daomé.

ESCRAVIDÃO

Francisco Félix foi tão importante no Daomé que ganhou o título de *chachá*, um conselheiro do rei. Seus descendentes formam hoje uma poderosa e influente dinastia no golfo do Benim, com ramificações na França. Estão espalhados por quatro países africanos: Benim, Nigéria, Togo e Costa do Marfim. Sua biografia não informa o local nem a data de nascimento, mas há registro de que, em Portugal, teria ganhado a comenda de cavaleiro da Ordem de Cristo, em 1846, e sido considerado pela Coroa como um "benemérito patriota".

Quando chegou à África, a escravidão continuava sendo uma das atividades mais lucrativas do continente. A abolição do tráfico para os domínios britânicos e para os Estados Unidos, entre 1807 e 1808, aumentou o escravagismo doméstico na própria África. Os ingleses usaram de meios variados — desde concessão de privilégios a intimidação — para impedir que os soberanos africanos continuassem fornecendo cativos aos traficantes portugueses e brasileiros. No entanto, décadas depois, em maio de 1849, continuava valendo a lei da oferta e da procura, como resumiu o governador de Angola, Adrião Acácio da Silveira Pinto: "Enquanto houver quem compre escravos, haverá quem os venda".

Francisco Félix esteve no centro de uma intensa disputa de poder no Daomé, ainda envolvido nas hostilidades constantes com seu eterno rival, o vizinho Império Oió. A luta se estendeu até a primeira década do século XIX. Os derrotados nas batalhas eram vendidos como pessoas escravizadas, gerando uma gigantesca onda humana no Atlântico, rumo ao cativeiro nas Américas, no Oriente Médio e em algumas regiões do oceano Índico. Os oió somente seriam

Rei Guezo.

derrotados em 1823 pelo rei Guezo, sócio e amigo de Francisco Félix, que ajudou no golpe de estado que levaria o governante ao trono. Dezenas de membros da família real, inclusive o pai de Guezo, rei Agonglô, foram assassinados. Alguns foram torturados até a morte. Conta-se que o pacto entre Francisco Félix e Guezo foi celebrado num ritual que envolvia beber o vodu, um líquido preparado por sacerdotes, no qual uma divindade estaria presente. À bebida, se acrescentaria sangue dos pactuantes, que passariam a ter laços até mais fortes do que os familiares. O rei passou a ser acompanhado nas ruas da cidade por um cortejo, formado por um arauto, que anunciava sua passagem dirigindo louvores a seu nome, além de bufões, músicos e cantores, e de uma guarda armada que incluía as famosas e temidas mulheres-soldado, as terríveis amazonas do Daomé.

Francisco Félix, além de se tornar *chachá*, recebeu a concessão de um monopólio que lhe dava exclusividade na negociação de cativos na região, o que o tornou o maior traficante de pessoas escravizadas de todos os tempos. Era quem representava o rei nas transações junto ao mar.

Os negócios de Francisco Félix se encaixavam na complexa e relativamente sofisticada rede de relacionamentos do tráfico negreiro, que envolvia conexões em três continentes. Na compra de mercadorias, utilizava os créditos de instituições financeiras sediadas em Londres, Liverpool, Bristol e Nova York. Suas faturas eram aceitas e honradas por grandes banqueiros e comerciantes nos Estados Unidos e no Brasil. As mercadorias iam para a África, onde eram trocadas na prática usual de escambo por cativos, passados ao tráfico negreiro e, assim, encaminhados principalmente para o Brasil, um dos únicos países que continuava aceitando-os.

Falecido em 1849, aos 94 anos, Francisco Félix recebeu do rei Guezo homenagens até então reservadas apenas a soberanos. Uma comitiva de oitenta amazonas o conduziu para o sepultamento, escoltando ainda sete pessoas que seriam sacrificadas em honra do *chachá*, inclusive um menino e uma menina, segundo algumas fontes, que foram decapitados e enterrados com os restos mortais do traficante. O "vodu do *chachá*", associado à deusa-serpente, *Dan*

(*Dangbê*, em fon), existe até hoje no Daomé. Junto à tumba, há também uma imagem de são Francisco de Assis.

Esses episódios da história do Daomé mostram como a África foi remoldada e ferida, mortalmente, pelo tráfico negreiro. Se passarmos para Angola, o enredo não se modifica, e é até mais traumático, com sequelas visíveis atualmente.

A colonização de Angola foi um processo tão brutal que o país somente conquistou sua independência em 1975, e isso não significou que a jovem nação seguiria em paz daí para a frente. E não somente pela inacreditável quantidade de minas explosivas que as tropas portuguesas abandonaram enterradas, que fizeram de Angola o país com a maior incidência do mundo de mutilações de pessoas que pisavam nas minas acidentalmente. Diferentes organizações de combatentes como o MPLA (Movimento Popular de Libertação de Angola) — a força principal — e a Unita (União Nacional para Independência Total de Angola), que haviam lutado contra os colonizadores, agora disputavam o poder internamente. Angola, tornada uma unidade nacional artificialmente, por cima das diferenças étnicas e culturais, permaneceria um campo de batalha.

Um século depois da fundação de Luanda em 1576, Angola já havia se tornado o maior fornecedor de mão de obra cativa das Américas. Do território, cuja demarcação política havia sido feita justamente para o tráfico negreiro, havia saído praticamente a metade — 5,4 milhões — dos escravizados. Até a proibição formal do tráfico, em 1850, 70% dos cativos vinham da colônia dominada pelos portugueses na África e, já na fase do tráfico ilegal, estima-se que mais de 1 milhão dos que desembarcaram vivos no Brasil foram extraídos de Angola. O tráfico de cativos seria o maior negócio português na África até quase o final do século XIX, e Luanda era o maior porto negreiro da costa africana.

Tanto que, no final de 1823, quando circularam em Luanda rumores de que uma esquadra brasileira — na verdade, comandada pelo mercenário inglês contratado por dom Pedro I e um dos responsáveis pela repressão truculenta à Confederação do Equador, o almirante Alexander Cochrane — se dirigia para Angola pretendendo anexar o território africano ao Império do Brasil, o pânico se instalou entre as autoridades portuguesas. Não poderiam se dar ao luxo de perder Angola. Entretanto, eram somente boatos. Nunca houve intenção de dom Pedro I de tirar nada de Portugal.

A Independência de Angola foi o golpe final no regime fascista que dominava Portugal desde 1933. A Revolução dos Cravos, ou Revolução de 25 de Abril de 1974, encerrou um ciclo que tentava prender o país ao passado e o isolou do restante da Europa. De fato, o regime português não sobreviveu à libertação de suas colônias na África, como a própria Angola e Moçambique.

No entanto, em Angola, a guerra civil que se sucedeu à Independência entre os diferentes movimentos de libertação durou até o início do século XXI e custaria mais de meio milhão de combatentes, além de devastar a economia e deixar uma ferida profunda em termos de atraso e dor.

Ao longo dessa disputa, os angolanos derrubaram monumentos e renomearam logradouros públicos que homenageavam os colonizadores portugueses, inclusive aqueles que protagonizaram o tráfico de escravizados. A memória do país guardaria para sempre as cenas dos libambos — as filas de cativos acorrentados — que chegavam a Luanda para serem embarcados para o Brasil.

Luanda, hoje, é uma cidade muito parecida com algumas metrópoles brasileiras. Mas, ao menos por lá, resgatou-se o que, no passado, poderia significar o espírito da luta do povo por liberdade. Os nomes que homenageavam a colonização e os escravistas foram substituídos, e a estátua da rainha africana Jinga, que liderou milhares de guerreiros negros contra os portugueses, é honrada como lembrança da heroína da pátria e do povo.

7. Do medo ao pânico

No dia 24 de janeiro de 1835, a cidade de Salvador acordou tomada por boatos e receios que só fizeram crescer ao longo das horas.

A cidade estava praticamente paralisada. As pessoas se viam impedidas de comparecer às missas. Aproximavam-se as festas do Bonfim, quando hoje ocorre a famosa lavagem das escadarias da Igreja Nosso Senhor do Bonfim por devotas das irmandades religiosas, filhas e mães de santo de candomblé.

Na tradição muçulmana, a qual pertencia um expressivo contingente de escravizados na cidade, era a Noite do Destino (em árabe, *Laylat al-Qadr*), o encerramento do Ramadã, período de jejum que marca o início das revelações do *Alcorão*, o livro sagrado do islã, feitas pelo Anjo Gabriel ao profeta e fundador da fé muçulmana, Maomé (571-632).

A capital baiana tinha motivos para ir do medo — que rondava o país havia séculos, devido à tensão entre a minoria branca e a maioria escravizada — ao pânico. A Revolta dos Malês, maior insurreição escrava ocorrida em ambiente urbano em todo o continente americano, começou a ressoar na noite de sábado para domingo. E, já no dia santo, o que se viu foi a explosão de toda a violência acumulada. Rápidos e brutais confrontos entre forças militares, policiais e cativos atravessaram a madrugada, e o domingo amanheceu com pilhas de cadáveres nas ruas.

Esse foi um dos resultados do modelo de uma sociedade em que imperava a escravização, sempre imposta com truculência e crueldade, e que se recusava a aceitar que esta já era insustentável.

Em vez de repudiar a escravidão e se esforçar para superá-la, o que se tentava eram maneiras de tornar o sistema escravista mais eficiente e prolongá-lo por muitas décadas. Esse era o desejo das elites, que contavam com a complacência da Coroa, que, por sua vez, dissimulava suas atitudes diante das pressões abolicionistas da Europa, principalmente da Inglaterra. Talvez date daí a cristalização de duas características básicas da mentalidade conservadora no Brasil: o apego ao passado e o isolacionismo em relação ao mundo. Sua dependência visceral em relação ao trabalho cativo já não correspondia à nova realidade internacional nem à local. O Brasil só conseguiria se manter escravagista pelo emprego da força, mas isso se tornava inviável à medida que esse sistema superava em tamanho e em potencial de força a estrutura que o havia gerado.

Somente a ameaça do chicote já não bastava para conter a rebeldia. Por outro lado, os castigos físicos serviam como deflagra-

dores de revoltas. E foi o que abriu caminho para uma série de manuais e tratados, alguns deles escritos pelos próprios fazendeiros, com o objetivo de adequar o tratamento dado aos escravizados aos novos tempos. Chamados de "manuais agrícolas", eram de fato manuais do cativeiro que ensinavam como ter menos problemas sendo um senhor de escravos. Alguns circularam nos EUA — por exemplo, recomendando a reprodução de pessoas escravizadas no cativeiro. Fizeram grande sucesso no Brasil da época e traziam orientações, dadas por fazendeiros bem-sucedidos com seus cativos, aos seus iguais com dificuldades para controlar os escravizados. Seriam o equivalente aos livros de autoajuda de hoje, especialmente os que trazem indicações de como obter êxito financeiro.

Por exemplo, aconselhavam os donos a alimentar bem seus cativos, fornecendo moradia e vestuário adequado, e a tratar deles quando adoecessem. A permitir que "amealhassem" alguma renda, bens, propriedades, coisas que os distraíssem de pensar na sua miserabilidade. A ter cuidado com os que nascessem no cativeiro, já que eram a garantia de renovação do plantel. A conceder tempo livre, para que se divertissem um pouco. A ter cuidad na aplicação de castigos, sempre com moderação.

Tudo no sentido de, como observou o historiador Ricardo Salles, prevenir o "potencial explosivo das relações entre senhores e escravos".[1] Algo como a velha combinação do pão e circo, recomendada desde a época do Império Romano para manter a população inerte.

Trechos desses manuais nos mostram que os fazendeiros buscavam orientação sobre temas como o uso do medo como coação, o que seria o chicote (ou sua aplicação) ideal, a religião como meio de controle e justificativas para sua atividade, como a necessidade do tráfico negreiro, da escravidão, o que seria o bom cativeiro e o reforço dos escravizados como incapazes de pensar, como crianças, ou mesmo sobre a reprodução dos escravizados e cuidados práticos na manutenção da senzala.

---

1. Ricardo Salles, *E o vale era o escravo: Vassouras, século XIX. Senhores e escravos no coração do Império*. Rio de Janeiro: Civilização Brasileira, 2008, pp. 89-110.

É com esse quadro que se chega a movimentos como a Revolução dos Malês, que propagou de vez o pânico em diversas regiões do país, à medida que se espalhava (acrescida de tenebrosos boatos) a notícia da revolta — e o medo de que contagiasse os escravizados em nível nacional —, abalando os já frágeis alicerces do sistema escravista brasileiro. Por isso, se os mortos nas ruas são estimados em setenta, na devassa que se seguiu, mais de quinhentas pessoas foram punidas com sentenças de morte, prisão e açoites.

Entretanto, era tarde demais. O sonho de manutenção do escravismo era pulverizado, ano a ano, por uma sucessão crescente de revoltas, fugas em massa e conspirações que tiravam o sono das famílias brancas já nas primeiras décadas do século XIX.

Nem todas as revoltas provocaram enfrentamentos de rua como em Salvador. A maioria foi interrompida quando ainda estava em planejamento, ou por delações ou por rumores que vazaram, alertando as autoridades. E nenhuma assombrou tanto a imaginação nacional como esta dos muçulmanos escravizados. Tanto que houve até mesmo uma iniciativa de devolver africanos da mesma procedência e fé dos rebeldes à África.

Na época da Revolta dos Malês, entre 8 mil e 10 mil africanos escravizados desembarcavam anualmente no porto de Salvador. A imensa maioria era originária do golfo do Benim, onde hoje estão situadas as repúblicas do Togo, Benim, Nigéria e Camarões. Em geral, praticavam as crenças e religiões dedicadas ao culto dos orixás. No entanto, muitos haviam se convertido ao islamismo — tinham um traço em comum, que superara as diferenças étnicas ancestrais. Alguns estudiosos apontam um alto nível de organização na Revolta dos Malês, articulada com rebeliões simultâneas em outros lugares. Chegam a sugerir algum tipo de organização, disseminada e clandestina, da qual nunca se encontrou provas, mas que a tornaria o prolongamento de uma espécie de *jihad* (guerra santa) deflagrada na África décadas antes.

Some-se a isso o clima de instabilidade que já se seguia desde a proclamação do 7 de setembro. Pairava no ar a possibilidade de o próprio imperador, dom Pedro I, conspirar para, por ocasião da

DO MEDO AO PÂNICO

Panorama da cidade de Salvador à época da Revolta dos Malês.

morte do pai, dom João VI, rei de Portugal, reunificar as Coroas daqui e de lá, tornando Lisboa, de novo, a Matriz do Império. Ou seja, um processo de reversão da Independência, contra o qual se insurgiu a Confederação do Equador.

O Brasil continuaria conturbado até a expulsão de dom Pedro I, em 1831, e ainda até a declaração de maioridade de seu filho, dom Pedro II, em 1840. Foram muitos os movimentos separatistas — como a Balaiada, de 1838, no Maranhão. O enfraquecimento do poder central favorecia as rebeliões de escravizados.

Surgiam líderes, como Mariana Crioula, Rainha do Quilombo, que liderou no Vale do Paraíba, em 1838, uma fuga de mais de quatrocentos escravizados e resistiu às tropas que os perseguiram. Conta-se que ela, diante dos soldados, teria gritado, animando os seus seguidores: "Morrer, sim; se entregar, não!". Outro líder da revolta de 1838 e do quilombo em que os rebeldes se reuniram, Manuel Congo foi condenado à forca. Alguns dos rebeldes foram punidos com até 650 açoites, o que equivalia a uma sentença de morte. Os que sobrevivessem eram condenados a usar a gargalheira, colar de ferro com haste suspensa, por três anos. Conta-se que Mariana Crioula foi aprisionada na destruição do quilombo por um expressivo contingente de forças milicianas e militares fortemente armado.

Manuel Congo, Mariana Crioula, os malês. Foram imagens que alimentaram o pânico da população branca no país, especialmente o furor dos fazendeiros e traficantes. Dormia-se pensando que a noite poderia trazer assassinos escapados das senzalas, acordava-se sem conseguir afastar esse temor quando caísse de novo a noite. O império escravagista desmilinguia-se.

8. O fim do tráfico

Em 1º de julho de 1850, a pacata cidade portuária de Paranaguá, no litoral paranaense, foi sacudida pelo ribombar de um tiro de canhão às nove da manhã. Situada no fundo de uma baía de águas claras recortada por ilhas, bancos de areias e manguezais, com 494 casas térreas e 63 sobrados em estilo colonial português, o ataque foi totalmente inesperado. Logo soou outro disparo, e outros, a seguir, como se estivesse desabando uma tempestade tropical. O bombardeio durou cerca de quarenta minutos. Foram mais ou menos trinta disparos, segundo testemunhas. A população — 6 mil moradores, dos quais perto de 1.200 escravizados — preparava-se para ir à missa dominical ou iniciar sua rotina domingueira de trabalho. Ninguém entendeu o que acontecia.

Parecia que a troca de tiros de canhão se dera a alguns quilômetros de distância, na direção do mar. Ali se situava a Fortaleza de Nossa Senhora dos Prazeres, erguida na ilha do Mel para proteger a entrada da barra. Horas depois, chegou a confirmação de uma batalha entre a fortaleza e o cruzador inglês HMS *Cormorant*. Fora um fato inédito, uma luta rápida, embora com grande impacto, relacionada ao tráfico ilegal de escravizados.

Dois dias antes, o comandante do *Cormorant* enviara ao chefe militar da fortaleza uma mensagem notificando que, pelas leis inglesas em vigor, seu navio entraria na baía, examinaria as embarcações suspeitas e confiscaria todas as que estivessem praticando tráfico de cativos. O capitão inglês fez exatamente isso e encontrou, de fato, várias embarcações que haviam recentemente retornado da África em atividades negreiras. Os próprios tripulantes do tumbeiro *Astro* o afundaram para evitar que fosse capturado. Outros três navios foram amarrados ao *Cormorant* para serem rebocados para fora da baía.

No entanto, quando voltava, passando de novo ao largo da ilha do Mel, o capitão da fortaleza decidiu interceptá-lo. Foi uma atitude temerária. O *Cormorant*, fabricado oito anos antes, era um dos navios mais modernos e poderosos da armada inglesa. Seu capitão tinha extensa experiência, tendo participado das guerras napoleônicas, e sua tripulação era muito bem treinada. A fortaleza, com canhões enferrujados, era inapta para batalhas, e seu capitão, um militar que havia feito carreira meramente burocrática até então, estivera lotado na paradisíaca ilha do Mel nos últimos dezenove anos.

Mesmo assim, ele despachou um escaler — barco a remo pouco maior do que uma canoa de pesca — em direção ao *Cormorant*, exigindo imediata liberação das embarcações brasileiras apreendidas. Era um ultimato: ou o cruzador inglês obedecia ou a fortaleza abriria fogo.

O *Cormorant* disparou um tiro de pólvora seca contra o escaler, para afugentá-los. O capitão da fortaleza entendeu isso como uma agressão e acionou seus canhões. E assim deu início à batalha.

Num dado momento, o *Cormorant*, cujo capitão recusou-se a utilizar o poderio total de sua artilharia, evitando assim um massacre, retirou-se para uma enseada próxima, onde incendiou dois dos navios apreendidos e, dali, enviou o terceiro para a ilha de Santa Helena, para que seus oficiais fossem julgados por um tribunal britânico.

Pela proximidade do Vale do Paraíba e de suas ricas fazendas de café, até então protegidas dos olhos britânicos, o litoral do Paraná se tornou o refúgio preferencial dos traficantes clandestinos de escravizados. Em Paranaguá, tal comércio envolvia as mais altas autoridades, sempre pelo sistema habitual de parcerias comerciais e propinas. Grandes fortunas começavam a se construir na região por conta dessa atividade articulada ao tráfico negreiro. O próprio interior do Paraná se tornava uma região cafeeira e, portanto, dependente da mão de obra escrava.

Já a tática da Coroa e dos parlamentares brasileiros em relação ao escravagismo era se esquivar e dissimular o quanto podiam diante da pressão interna e externa pela abolição. Foi o que aos poucos tornou a reação dos ingleses cada vez mais incisiva.

No caso de Paranaguá, o cruzador inglês apresentou provas irrefutáveis de ocorrência do tráfico, que as leis brasileiras oficialmente proibiam, e as autoridades, sempre oficialmente, negavam. Já a atitude do comandante da fortaleza demonstrava cumplicidade com os traficantes — e, por isso, ele foi afastado do cargo e submetido a um conselho de guerra. No entanto, foi inocentado no processo, e acabou a carreira no esquecimento.

Na capital, os boatos ampliavam ao máximo a repercussão do episódio, que já era classificado como uma "agressão britânica" segundo o ministro do governo, Paulino José Soares de Souza, futuro visconde de Uruguai. A consequência natural seria declarar guerra aos ingleses. Mas nem o mais insensato e reacionário dos escravagistas se atreveria a propor uma coisa dessas a sério, afinal, tratava-se de uma marinha inapta e inepta a enfrentar a maior potência armada do mundo. Nenhuma capital litorânea estaria a salvo de ataque, sítio e bombardeio. O desastre seria colossal e arrastaria junto, sem dúvida, a monarquia. Era de fato uma afronta à nossa soberania, mas, dadas as circunstâncias, a Coroa resolveu ignorar o ocorrido — e assim dava mais uma demonstração das razões por que se deteriorava ano a ano. O próprio Paulino sugeriu uma acomodação das coisas: "Podemos resistir à torrente?", disse, referindo-se à pressão abolicionista internacional e interna. "Acho que não." Portanto, 65 dias depois do bombardeio de Paranaguá, sempre sob a mira dos canhões britânicos, foi sancionada a chamada Lei Eusébio de Queirós, assim batizada em homenagem ao seu autor, então ministro da Justiça. A partir daquele momento, o tráfico de africanos escravizados para o Brasil estava oficialmente proibido. E, ao contrário da "lei para inglês ver" de 1831, dessa vez foi para valer. O último registro de desembarque de africanos cativos no litoral brasileiro é de 1856, poucos anos após a sanção da nova lei.

Enquanto isso, cresciam as fugas, ameaças de rebeliões e insurreições, assim como o medo — já transformado em pânico — em relação ao fantasma da revolta escrava. No entanto, a abolição ainda demoraria 38 anos para ser oficializada.

Pela Lei Eusébio de Queirós, o tráfico negreiro passaria a ser tratado como crime de pirataria, e de fato a Marinha brasileira, com suas limitações, passou a se empenhar em perseguir e capturar embarcações negreiras. Os navios ingleses, como fizeram ostensivamente em Paranaguá, estavam prontos para atacar, de modo a não permitir o comércio escravagista caso a lei — que impunham ao Brasil sem maiores cerimônias — fosse novamente descumprida.

Os ingleses haviam demonstrado que não tolerariam mais a hipocrisia da Coroa brasileira. A elite escravagista reagiu enfurecida, mas impotente.

Entre 1848 e 1849, mais de 100 mil pessoas escravizadas foram introduzidas ilegalmente no Brasil. Dois terços desse contingente desembarcavam no litoral do Rio de Janeiro, ou mais ao sul, na baía de Paranaguá. O embaixador britânico James Hudson, em relatório a Londres, declarou: "Todo esse governo é corrupto e abominável [...]. E não fará nada para suprimir o tráfico se não for coagido". Por essa razão, portos, enseadas e saídas de rio passaram a ser invadidos pela Marinha britânica à caça de navios negreiros, já sem aviso prévio. Qualquer embarcação suspeita era sumariamente confiscada.

A pressão funcionou. O fato é que, depois do bombardeio de Paranaguá, apesar dos protestos inúteis das autoridades brasileiras e escravagistas, tudo mudou. Dignitários até então empenhados em proteger os traficantes — e que lucravam por baixo dos panos com o comércio ilegal — passaram a reprimi-lo. Como era previsível, havia sinuosidades na ação oficial. Houve a denúncia de que Eusébio de Queirós, em 1849 (meses antes da aprovação da lei com seu nome), teria convocado ao seu gabinete os maiores traficantes do Rio de Janeiro para avisá-los de que o governo agora estava determinado a acabar com o tráfico, e que tinham um prazo de seis meses para mudar seus capitais para outros empreendimentos, de modo a lhes evitar prejuízos. Era mais um exemplo dos inúmeros conchavos entre as autoridades e a elite escravista.

Mesmo depois da Lei Eusébio de Queirós, as relações diplomáticas entre o Brasil e a Inglaterra não pararam de azedar. Em 1860, um arrogante e impulsivo diplomata britânico no Rio de Janeiro, William Dougal Christie, acusava o governo de fechar os olhos para proteger fazendeiros escravocratas. Reclamava principalmente do tráfico interno de pessoas escravizadas entre as regiões Nordeste e Sudeste, que frequentemente usava portos costeiros e que, no seu entender, violava os tratados feitos entre as duas nações.

Foi a famosa "Questão Christie". Vários episódios se sucederam. Primeiro, uma fragata inglesa encalhou no litoral do Rio Grande do Sul e foi saqueada. A seguir, três oficiais britânicos foram presos por desacato a policiais. Christie exigiu explicações e indenizações do imperador, no que não foi atendido. Em retaliação, Christie decretou o bloqueio do porto do Rio de Janeiro. A população saiu às ruas, inclusive o próprio imperador, para protestar em defesa da soberania nacional. Escravistas se aproveitaram do conflito para fazer a defesa do tráfico interno. A embaixada inglesa foi cercada por uma multidão enfurecida e quase foi depredada. Mas, aos poucos, a situação foi contornada. No entanto, as relações entre a Inglaterra e o Brasil ficaram rompidas por dois anos.

Nessa época, milhares de homens e mulheres viviam à deriva, sem lugar na sociedade, equilibrando-se precariamente na fronteira entre a liberdade e o cativeiro. Eram os chamados libertos, trazidos ilegalmente e apreendidos depois da proibição do tráfico em 1831 (a "lei para inglês ver"). Legalmente, não eram mais cativos, mas, ao mesmo tempo, a Constituição não reconhecia sua existência, e nunca chegaram a conquistar a autonomia plena, quanto mais a cidadania. Pela Constituição escrita exclusivamente e outorgada em 1824 por dom Pedro I — que fechara a constituinte eleita e evacuara o prédio sob a ameaça de destruí-lo com seus canhões, com todos lá dentro —, só eram considerados merecedores de cidadania brasileira os libertos nascidos no Brasil, que ficavam, entretanto, excluídos da cidadania política: não poderiam votar, nem ser votados. Não tinham direitos, nem o Estado tinha obrigações em relação a eles, especialmente em relação à proteção da vida desses cativos. Propriamente falando, não eram cidadãos brasileiros, embora também não fossem estrangeiros.

Isso acontecia num país em que a maioria da população ainda acorrentada não tinha direitos de espécie alguma. Eram cativos de propriedade de um senhor, que podia arbitrar sobre eles castigos físicos sob o pretexto que quisesse, ou mesmo condená-los à morte, sem direito à defesa nem tribunais.

Esse mesmo país ansiava ser visto como civilizado, uma parte da Europa nos trópicos, a começar por seu imperador com sua família real, que prezava espalhar a imagem de homem culto, dedicado às letras e às novidades e invenções do mundo. Um cidadão europeu, por acaso num trono brasileiro.

Os libertos eram a ironia cruel da escravidão. Alforriados, continuaram de fato no cativeiro — sem condições de construir outra vida, outra subsistência —, prestando serviços para o governo em obras públicas ou alugando a si mesmos para os próprios senhores e escravocratas. Luís Alves de Lima e Silva, o Duque de Caxias, foi o concessionário individual com maior número de escravizados "emancipados", e fazia solicitações de africanos livres para as tarefas dos quartéis, a fim de poupar os soldados de "serviços indignos". Tratava-se de mais uma hipocrisia da sociedade escravista brasileira. Eram o produto do proposital vácuo jurídico das leis nacionais.

Esse limbo permitiu que os traficantes, por muito tempo, reescravizassem africanos, conseguindo repô-los como suas propriedades, com obtenção de certidões de óbito falsas — que davam como mortos os cativos ilegais — e os faziam renascer, escravizados, com certidões de nascimento igualmente falsas.

Para os libertos, a cor negra da pele era um estigma. A uma mera desconfiança, qualquer policial ou senhor de escravos poderia pará-lo e lhe pedir documentos para provar sua condição. Isso aconteceu, por exemplo, com Antônio Pereira Rebouças, pai do famoso abolicionista André Rebouças, em 1823, quando foi detido pela polícia sob a suspeita de ser um escravizado fugitivo.

Já os quilombolas de Capão Alto, todos libertos, foram atacados pelas forças policiais, seus líderes, presos, e os demais, reconduzidos à escravidão. A ameaça do vácuo legal, que não lhes dava direito de defesa, permitia esses absurdos.

Houve ainda o célebre episódio da Guerra dos Farrapos, no Rio Grande do Sul dos anos 1840. O Duque de Caxias foi o comandante das tropas imperiais, com a missão de acabar com a revolta. Escravizados foram mobilizados de ambos os lados, mas, na rendição dos Farrapos, um acordo secreto entre os chefes e Caxias determinou que os escravizados capturados fossem devolvidos a seus donos.

Não se aboliu, mesmo para os libertos, o uso de instrumentos de tortura, como o tronco e o chicote. Mesmo quando conseguiam emprego, os salários que ofereciam aos libertos eram desumanos, e só lhes dava um nível de sobrevivência próximo à escravidão, sem que os empregadores tivessem agora que investir na compra do cativo.

ESCRAVIDÃO

Açoites e castigos.

A Guerra do Paraguai foi a crise que sintetizou e potencializou todas as demais crises e dilemas em que se debatia o Império. O Brasil entrou na guerra devido às pretensões expansionistas-imperialistas de Solano López. O homem forte do Paraguai era uma ameaça a todas as nações vizinhas e é chamado, quase sempre, de ditador pela história brasileira. Já a história paraguaia mantém outra imagem do homem e da Guerra do Paraguai. Solano López foi morto em 1º de março de 1870, depois de uma perseguição ao regimento que o acompanhava, em debandada. Assunção, a capital, já fora ocupada, nessa ocasião, e assim continuaria até 1876.

O conflito demorou mais tempo e custou mais vidas do que se imaginava de início. Durou entre 1864 e 1870, com centenas de milhares de vítimas, sendo entre 30 mil e 60 mil brasileiros e um desproporcional extermínio de paraguaios, principalmente homens. De fato, a população do país foi reduzida à metade, e sua economia extremamente próspera, sobressaindo-se na América do Sul, foi extinta, com sequelas até os dias atuais.

Terminada a guerra, o Império Brasileiro começou a enfrentar diversas crises simultâneas. Uma delas foi o início da chamada Questão Militar, uma série de divergências entre as lideranças das Forças Armadas e o governo imperial. Seria um dos estopins do golpe que derrubou a monarquia, em 15 de novembro de 1889. Ao mesmo tempo, eclodiu uma crise no sistema parlamentar então vigente — a alternância dos partidos Conservador e Liberal, extremamente semelhantes entre si —, que levou ao início da campanha republicana. Acrescente-se ainda que foi por essa época, no começo dos anos 1880, que se tornou público o fato de que o imperador sofria graves problemas de saúde, como o diabetes, que aparentemente o incapacitavam para lidar com as pressões do momento. Além disso, o fim da Guerra do Paraguai coincidiu também com o início da campanha abolicionista, que levaria à Lei Áurea de 1888. Todos esses fatores somados praticamente selaram o destino da monarquia brasileira.

É importante notar que, na época da Guerra do Paraguai, o Império Brasileiro acabava de sair de uma década que para muitos foi tanto seu apogeu quanto o início de seu declínio. As revoltas escravas e separatistas haviam sido reprimidas. Havia um clima de liberdade na imprensa, no parlamento e no país como um todo. O Brasil, até então atado ao atraso, absorvera mudanças trazidas do exterior, como os trens e os navios a vapor, novos meios de comunicação, como a imprensa mecanizada e o telégrafo. Surgiam as primeiras companhias de seguros, bancos e instituições de crédito a partir do acúmulo financeiro gerado pela lavoura escravagista cafeeira. E começou a ganhar importância também uma classe nova, composta por jornalistas, advogados, professores, escritores, intelectuais, engenheiros e funcionários públicos — setores médios, mais permeáveis a ideias abolicionistas e republicanas que vinham da Europa e dos Estados Unidos.

Internamente, a guerra produziu efeitos colaterais importantes. Nunca tantos brasileiros haviam juntado forças em torno de uma causa comum. Brasileiros de cor branca lutaram lado a lado com escravizados, negros, mulatos, indígenas e mestiços; ou seja, os que eram reconhecidos como cidadãos com os que não eram. Mais de um terço dos efetivos foi formado pelos Voluntários da Pátria. Havia um renovado sentimento de patriotismo, o imperador transferiu-se pessoalmente para a frente de batalha, e o hino nacional era tocado com frequência. O Brasil fora invadido: urgia defender a nação!

Vinte mil escravizados foram mandados para a guerra sob a promessa de ganhar a liberdade — por meio de um decreto imperial de 1866, elegendo-os como "escravos da nação" —, incluindo 190 de propriedade de dom Pedro II.

Em São Paulo, o abolicionista baiano, emérito precursor da luta abolicionista, Luiz Gama, denunciava que os escravizados, ao se juntarem às forças brasileiras, meramente "recebiam uma carabina envolvida numa carta de alforria, com a obrigação de se fazerem matar à fome, à sede e à bala". Muitos proprietários tentaram doar escravizados doentes, fracos ou idosos demais para lutar, esperando algum ressarcimento pelo seu gesto de generosidade. Era permitido aos filhos de fazendeiros substituir seu engajamento na luta por algum escravizado. Assim, cerca de 15% das tropas brasileiras no Paraguai eram de negros escravizados. O Duque de Caxias, comandante-geral das forças brasileiras, os responsabilizava pelos atos de indisciplina recorrentes na tropa.

Outro comandante brasileiro, o coronel José Antônio Correia da Câmara, responsável pela perseguição final a Solano López, o líder paraguaio, afirmou que a eliminação de López teria ocorrido antes: "se nossos soldados de infantaria não fossem os negros mais infames deste mundo, que chegam a ter medo até do inimigo que foge".

Depois da guerra, muitos escravizados foram recapturados e reincorporados às fazendas na mesma condição. A inexistência de direitos constitucionais facilitou essas quebras da lei, feitas muitas vezes com a complacência de autoridades. Mas isso não impediu que o Brasil passasse por convulsões. Continuavam as disparidades antigas de um império que queria brilhar em seus salões e palacetes, imitando capitais europeias, mas cujos fundos das residências mais elegantes, seus subsolos e as suas próprias ruas eram dominadas pela escravidão.

As rachaduras no sistema imperial se tornaram mais visíveis quando o imperador, para agradar Caxias, líder do Partido Conservador, nomeou um ministério dominado pelos conservadores, apesar de a maioria da Câmara ser do Partido Liberal. Logo, foi organizado o primeiro Clube Republicano do país, sob a liderança de Quintino Bocaiúva e outros, como o médico e orador das ruas José

Lopes da Silva Trovão. Parte deles era de dissidentes do Partido Liberal, frustrados com o imperador. Anos mais tarde, viria se juntar ao movimento, embora sempre afastado pela cúpula do partido, o advogado fluminense Antônio da Silva Jardim, um jovem idealista que tinha uma proposta radical para a derrubada da monarquia e a instauração da república. Grande agitador dos setores médios, mas também de caixeiros, comerciários e outros segmentos populares, nas ruas e nas assembleias de clubes republicanos do Rio de Janeiro, reivindicava a república acompanhada por profundas reformas sociais e políticas — que jamais aconteceram.

O Manifesto Republicano, divulgado em 3 de dezembro de 1870, foi o grande marco pela mudança do regime. Ao mesmo tempo, os militares reclamavam de descumprimento de promessas feitas aos que seguiram para os campos de batalha. A insatisfação era enorme e só fez crescer, ano a ano. Já às vésperas do Quinze de Novembro, eram tantas as manifestações contra a monarquia, tantas as denúncias sobre a inércia e a inaptidão do imperador e da família real — fora a ojeriza contra o conde d'Eu, o provável sucessor de fato, o consorte francês, importado para se casar com Isabel mas que nada trouxe de seu, a não ser o título — que a Coroa já não tinha mais como conter a revolta aberta no meio militar. A Proclamação da República seguiu o roteiro de um golpe de Estado.

O governo não pretendia a abolição imediata, e muitos dos seus aliados no parlamento defendiam a ideia de prolongá-la o máximo que pudessem. Em julho de 1867, na Fala do Trono, o imperador havia pedido aos congressistas que repensassem a "questão servil", sem assumir posição e sem nem ao menos citar a palavra "escravos". No mesmo ano, falando em nome da Coroa, Zacarias de Góis e Vasconcelos apresentara um projeto que previa a extinção da escravidão no último dia do século, 32 anos mais tarde. Mesmo assim, conservadores e liberais se uniram para rejeitar a proposta, enquanto crescia a reivindicação dos fazendeiros por uma indenização pela perda dos escravizados.

Procurava-se reformar a escravidão e ao mesmo tempo dar-lhe fôlego. Em 1871, o visconde do Rio Branco fez aprovar a Lei do Ventre Livre, estabelecendo que os filhos de cativos teriam liberdade, mas permaneceriam a serviço do proprietário até os oito anos, quando então este poderia entregá-lo ao governo em troca de uma vultosa indenização ou mantê-lo até os 21 anos. Registros foram trocados às pressas, sob o pagamento de propina, modificando as datas de nascimento dos bebês para declará-los nascidos antes da aprovação da lei. Em 1882, onze anos depois, o Ministério da Agricultura informou que somente 58 crianças em todo o Brasil haviam sido entregues ao governo. Os proprietários prefeririam sempre manter seus cativos. Mesmo com suas evidentes limitações, a Lei do Ventre Livre foi mal aceita pelos barões do café, que a partir daí começaram a suspeitar de intenções abolicionistas reais por parte da Coroa.

Já burlar a Lei dos Sexagenários, de 1885, demandou menos trabalho. Como era notório, poucos escravizados chegavam à idade de sessenta anos para receber então a liberdade.

Para todos, menos para os escravagistas, o processo era irreversível. Diante das declarações ambíguas da Coroa sobre a indenização exigida, muitos proprietários se tornaram republicanos. André Rebouças, abolicionista, bradava que, após a abolição, quem deveria receber indenizações eram os escravizados em razão dos séculos de abusos, violência e trabalhos forçados. Defendia a "Democracia Rural", um avançado programa que, incluindo a reforma agrária, daria pequenos lotes aos libertos e promoveria a alfabetização em massa, para integrá-los à sociedade. A dívida da sociedade brasileira para com o sequestro, tráfico, violência e imposição de cativeiro aos africanos jamais foi paga. Nem as elites da época admitiam que se falasse nisso, assim como hoje, como sequela daqueles tempos e daquela visão de mundo, tentam desmontar o sistema de cotas — semelhante ao modo que, em países avançados pelo mundo, se tenta compensar o desfavorecimento estrutural dos descendentes daqueles que foram submetidos à escravização.

9. A luta abolicionista

A LUTA PELA ABOLIÇÃO SE DEU em diferentes frentes. Cada qual assumia uma forma própria de combate.

No meio rural, prosseguiam de modo crescente as fugas e a proliferação de quilombos. Células clandestinas revolucionárias, principalmente em São Paulo, apoiavam fugas, revoltas nas fazendas e conta-se que até mesmo desfiles dos que haviam escapado do cativeiro pelas ruas conduzindo feitores e proprietários presos com seus próprios grilhões e correntes. Eram os "caifases", quase lendários, que alguns intelectuais, como o escritor Raul Pompeia, apoiavam quase abertamente.

Nas cidades, em comícios realizados nas ruas e em clubes, e em artigos nos jornais, poetas e oradores incendiavam a opinião pública. O poeta baiano Castro Alves é o mais falado, mas temos sempre de lembrar a figura sofrida de José do Patrocínio e do pioneiro Francisco de Paula Brito, mestiço, primeiro editor brasileiro de romances de autores nacionais, como José de Alencar e Machado de Assis, e também do jornal *O homem de cor*, primeiro periódico brasileiro dedicado à luta contra o preconceito racial, um precursor da imprensa negra no Brasil. Sua livraria tonou-se um famoso ponto de encontro de escritores e intelectuais da época.

Entre as elites, pessoas como Antônio Rebouças e Joaquim Nabuco combatiam a escravidão com argumentos, projetos de leis e programas de reformas sociais, incluindo reivindicações de inclusão dos que se tornariam ex-cativos na sociedade. No que se poderia considerar um front jurídico, um nome que se tornou célebre como patrono da causa abolicionista, o advogado Luiz Gama — com uma história de vida impressionante —, forçava tribunais a indeferirem artifícios legais e ilegais de escravagistas para manter seus cativos. Isso tudo, somado à pressão externa, colocava a monarquia e sua complacência com a escravidão sob cerco, à medida que o século XIX avançava.

Se não contarmos as fugas e rebeliões espontâneas que implodiam os cativeiros, o promotor e juiz Antônio Bento de Sousa e Castro e seus caifases eram a ala mais radical da luta abolicionista. Sua tática era a luta direta contra os fazendeiros escravagistas. Eles penetravam nas propriedades rurais disfarçados de mascates e vendedores ambulantes. Esgueiravam-se para dentro das senzalas, onde promoviam reuniões com grupos de escravizados. Incentivavam rebeliões, perseguiam capitães do mato, denunciavam fazendeiros acusados de maltratar escravizados, organizavam e davam suporte para fugas em massa. Uma vez fora das fazendas, os fugitivos eram levados para abrigos, situados nas fraldas da Serra do Cubatão, no litoral paulista. Um desses refúgios, o Quilombo do Jabaquara, chegou a reunir 20 mil pessoas. Ali, contatos com abolicionistas eram acionados para produzir documentos falsos que certificavam a alforria dos ex-escravizados.

Caifás foi um sumo sacerdote que participou do julgamento de Cristo e o entregou a Pôncio Pilatos. Raul Pompeia descreve os caifases como "sem nome, sem residência, sem profissão, disciplinados, resolutos, esquivos, impalpáveis". Já Antônio Bento, o escritor o via como um tipo excêntrico, magro, alto, sempre metido num comprido capote negro, "como um tubo". Usava chapéu alto, tinha cavanhaque e olhos azuis.

Antônio Bento assumiu a liderança do movimento abolicionista em São Paulo depois da morte de Luiz Gama, em 1882.

O núcleo de seus seguidores era formado pela confraria negra de Nossa Senhora dos Remédios, da qual era provedor. As reuniões aconteciam na redação do jornal *A Redenção*, publicado entre 1887 e 1888.

Os caifases contavam com uma rede de colaboradores clandestinos que reunia pequenos sitiantes — os quais davam abrigo e alimentavam os fugitivos —, e, nas cidades, estudantes, comerciantes, trabalhadores livres e vários profissionais da nascente classe média. Mas havia também gente de elite, como o industrial Henrique Porchat. Essa rede tinha códigos para os membros se identificarem: casas e estabelecimentos que aderiam hasteavam uma pequena bandeira branca na porta. Dessa maneira, sob a proteção dos caifases, os fugitivos podiam ir de uma cidade para outra, dificultando sua captura. O pesadelo dos fazendeiros, os barões do café, era ter sua propriedade sob ataque dos caifases.

Em 1886, os abolicionistas liderados por Antônio Bento promoveram na Igreja de Nossa Senhora dos Remédios uma exposição dos instrumentos de suplício dos escravizados — ganchos, ferros e correntes para imobilizar e pendurar os cativos. Somado a isso, houve a divulgação de casos atrozes de cativos martirizados. Todas essas iniciativas tiveram enorme impacto na opinião pública.

A onda abolicionista foi a primeira grande campanha popular da história do Brasil. Um longo caminho, até que a Lei Áurea a oficializou, e que se aguçara com a Guerra do Paraguai, coincidindo com o forte surto de desenvolvimento e modernização que se seguiu. Além disso, com as inovações tecnológicas vindas de fora, que transformaram o cotidiano da vida e do trabalho da população — como o trem, o navio a vapor, o telégrafo, os jornais — e ajudaram a propagar a ideia e a luta abolicionistas, viveu-se um ciclo de reformas que incluiu a modernização dos currículos das escolas públicas e investimentos na infraestrutura e na economia. A partir de 1870, era corrente a ideia de que o tempo se acelerava, depois de décadas de um Brasil mergulhado em inércia.

No Rio de Janeiro e em São Paulo, a vida começou a girar em torno de confeitarias, cafés, livrarias e teatros. Havia até mesmo as conferências-concertos, que misturavam música, apresentações e discursos — como os "showmícios" de hoje. Em junho de 1883, quando Patrocínio entregou a carta de alforria a 115 ex-cativos de uma só vez, a multidão jogou camélias sobre os libertos. As camélias, então cultivadas em um quilombo onde hoje fica o bairro do Leblon, na Zona Sul do Rio de Janeiro, se tornaram um poderoso símbolo, usado na lapela esquerda como adesão à luta abolicionista. Na imprensa, entre muitos jornais, destacou-se também a *Revista Ilustrada*, de Ângelo Agostini, grande ilustrador e cartunista.

Partidários da luta direta e sem tréguas contra os escravagistas, os caifases consideravam ridículas, idealistas e românticas — e mesmo piegas — demonstrações de apoio como essa. Já Joaquim Nabuco defendia uma reforma legal da monarquia (ele não era republicano). Nabuco achava que era no parlamento, e não em fazendas e nos quilombos, que se aboliria a escravidão. A tarefa caberia exclusivamente aos políticos, e não aos escravizados e seus apoiadores clandestinos. Ele considerava um equívoco, com possibilidade de trágicas consequências, incitar escravizados desarmados à insurreição, como faziam os caifases. Seu livro, *O abolicionismo*, teve enorme influência naquele momento histórico — e, ironicamente, contém propostas de reformas sociais que poderiam, ainda hoje, ser lançadas. Preferia enfatizar que, além da desumanidade, a escravidão impedia o progresso do país. Foi de Nabuco o mais ousado projeto de lei apresentado ao Parlamento em 1880, prevendo a abolição completa e imediata da escravidão e propondo medidas concretas para resolver seu perverso legado. Nabuco concordava com a indenização aos proprietários, mas mesmo assim seu projeto não prosperou e, no ano seguinte, não foi reeleito para o Senado — até porque as eleições naquele tempo eram controladas pelas elites, que restringiam os votantes e os votados segundo seu interesse.

Vários clubes abolicionistas foram fundados, alguns de grande repercussão nacional, como a Sociedade Cearense Libertadora e a Caixa Emancipadora Luiz Gama. Em maio de 1883, essas organizações se reuniram na Confederação Abolicionista. O presidente era João Clapp, de 43 anos, filho de um cidadão norte-americano. O tesoureiro eleito foi André Rebouças, e o responsável pela propaganda, José do Patrocínio, diretor do jornal *Gazeta da Tarde*. As ramificações do movimento levaram ainda à publicação de romances de grande êxito popular, como *A escrava Isaura* (1875), de Bernardo Guimarães, e *O mulato* (1881), de Aluísio de Azevedo. Houve apoios expressivos, como do poeta Cruz e Sousa, de Santa Catarina, um homem negro, filho de um pai escravizado com mãe alforriada. Mas o maior sucesso abolicionista foi sempre *O navio negreiro* (escrito em 1868), do baiano Antônio de Castro Alves.

No início do século xix, o que predominava era um abolicionismo constrangido, ao estilo de dom Pedro ii, que projetava prolongar a escravidão até o século xx e negociar, quem sabe, uma indenização aos donos de cativos após a Guerra do Paraguai. No entanto, esse projeto foi substituído aos poucos por um movimento mais radical e eficaz. Em 1883, André Rebouças publicou um panfleto da recém-criada Confederação Abolicionista com o título "Abolição imediata e sem indenização". Era um rompimento drástico com o tom conciliador adotado até então. Rebouças defendia que era necessário indenizar os escravizados e não os escravistas, que já se haviam beneficiado demais. Advogava ainda, além da alfabetização em massa de libertos, "a destruição do monopólio territorial e o fim dos latifúndios" — esse era o programa básico que se denominava "Democracia Rural".

No meio urbano, os abolicionistas, que tiveram como uma de suas figuras mais proeminentes o poeta e orador de ruas, falecido prematuramente, Castro Alves, contagiavam a juventude e os intelectuais. A imprensa abolicionista foi um palco fundamental, e aí temos figuras como o jornalista e editor Francisco de Paula Brito. De modo geral, todos esses

Retrato de André Rebouças.

setores urbanos convergiam para manifestações públicas, que se confundiam com o Movimento Republicano. Jornais e panfletos abolicionistas inundavam os maiores centros.

De certo modo, essas forças, mesmo agindo cada qual em seu espaço e com métodos diferentes, formavam o conjunto de forças que se lançava contra a inércia do imperador e sua recusa de assinar a lei que garantiria a abolição.

Enquanto isso, o tráfico prosseguia, agora não mais no Atlântico, mas na transferência de centenas de milhares de cativos das regiões Norte e Nordeste para o sul do Brasil. No mesmo ritmo, refúgios para fugitivos eram criados em quantidade, por todo o país. Nesses lugares, os libertos estavam sob a proteção dos abolicionistas, e a polícia não ousava tentar resgatá-los.

Há uma galeria de celebridades pouco enaltecidas na luta abolicionista. Mas ninguém lutou tanto pelos seus quanto Luiz Gama. Ninguém antecipou com tanta clarividência os argumentos contra o que hoje se chama de racismo estrutural — um racismo que, por conta de nosso recente passado escravista e de suas sequelas na parcela negra e mestiça de nossa população, ainda causa conflito, preconceito, violência, perdas, atraso, perseguições, discriminações e desigualdades.

Luiz Gama morreu em 24 de agosto de 1882, seis anos antes da Lei Áurea. Foi quem abriu caminhos para a luta abolicionista. Por conta disso, Raul Pompeia escreveu: "Havia para ele como que um trono em minha alma".

Baiano de Salvador, criado na ilha de Itaparica, Luiz Gonzaga Pinto da Gama nasceu livre às sete da manhã de 21 de junho de 1830, filho de Luísa Mahin, uma africana alforriada — personagem central do premiado romance *Um defeito de cor*, de Ana Maria Gonçalves — e de um fidalgo português cujo nome jamais foi revelado. O pai, em 10 de novembro de 1840, para saldar dívidas de jogo, vendeu-o como escravizado. Passaria os oito anos seguintes no cativeiro.

No entanto, a identidade real de seus pais jamais foi comprovada. Pouco se sabe sobre sua juventude. Gama deixou uma autobiografia um tanto vaga sobre esse período e algumas cartas nas quais mencionava o assunto.

Gama foi transportado para o sul do país na correnteza do tráfico que abandonava o Recôncavo Baiano e áreas do Nordeste. Fugiu então, pelo que contou, da casa de seu novo senhor e obteve "provas" da sua condição de homem livre. Nunca esclareceu direito esse episódio, mas, tendo aprendido a ler e a escrever com um jovem estudante — Antônio Rodrigues do Prado Júnior, hóspede de seu dono —, mesmo sem formação acadêmica adquiriu sólidos conhecimentos sobre as leis.

Já adulto e liberto, se tornou advogado, escritor, poeta, militante político e brilhante orador. Foi um dos fundadores do Partido Republicano Paulista, que teria importantíssimo papel histórico. Entretanto, rompeu com seus correligionários porque o PRP, em 1873, que tinha como base latifundiários do café, se recusou a assumir no seu programa o combate à escravidão. Especializou-se em descobrir falhas na documentação de africanos trazidos para o Brasil depois da proibição do tráfico, em 1831. Era a lei para inglês ver, mas Gama exigia o seu cumprimento. O tráfico continuava ativo. Era prática comum dos traficantes a falsificação de papéis, com datas trocadas e outros expedientes. Uma vez comprovadas essas fraudes, a pessoa era declarada livre. Se os juízes se recusassem a cumprir a lei, Gama levava o caso à imprensa, denunciando nomes.

O artigo 179 da Constituição de 1824 proibia castigos físicos aos escravizados. Sempre foi ignorado, mas Gama, ao mostrar marcas de torturas nos cativos — como as que eram feitas a ferro em brasa —, forçava sua libertação. Usou também a Lei do Ventre Livre, de 1871, exigindo que fosse cumprida à risca.

Assim, se José do Patrocínio, com seus artigos, era exímio em levantar a opinião pública; se os caifases de Antônio Bento optaram pelo enfrentamento direto; se Nabuco e Rebouças preferiam travar a luta no Parlamento e em outras instituições, Luiz Gama procurou usar a hipocrisia do sistema escravista — num país que queria se pensar moderno e europeu, com uma legislação correspondente — como maneira de combater o escravismo.

Gama era descrito como um homem modesto, afável, de vida simples. Morava no bairro do Brás, em São Paulo, em companhia de sua mulher, a negra Claudina Fortunato Sampaio, e do filho Benedito. No jardim de sua casa, repleto de lírios, jabuticabeiras e passarinhos, todos os dias se aglomeravam dezenas de escravizados em busca de ajuda. No entanto, esse homem gentil, no tribunal do júri ou em outras arenas, se transformava num vigoroso e implacável combatente.

Escreveu, depois de ser insultado num comício em Santos:

Em nós, até a cor é um defeito, um vício imperdoável de origem, o estigma de um crime; e vão ao ponto de esquecer que esta cor é a origem da riqueza de milhares de salteadores, que nos insultam; que esta cor convencional da escravidão, [...] à semelhança da terra, através da escura superfície, encerra vulcões, onde arde o fogo sagrado da liberdade.

Suas linhas poderiam descrever muita coisa no Brasil atual, assim como são semelhantes os adversários que ele enfrentava aos que reagem, hoje em dia, a mudanças no racismo social e estrutural, que pode ser resumido no "defeito de cor". Gama foi acusado de pertencer à Internacional Comunista de 1864, de prejudicar a economia do país e de secretamente tramar uma insurreição de escravizados no Brasil.

Faleceu vítima do diabetes. No seu cortejo fúnebre, Luiz Gama foi chorado por multidões que acompanharam o féretro pelas ruas de São Paulo, inclusive — uma cena que teria lhe trazido enorme orgulho — milhares de mulheres e homens negros que, graças a ele, alcançaram a justiça e a liberdade nos tribunais.

Já Joaquim Nabuco, diplomata, escritor, amigo dileto de Machado de Assis, membro e um dos fundadores da Academia Brasileira de Letras, era pernambucano, filho de senhores de engenho. Assim como Gama, via na escravidão um traço que se tinha instalado no nosso espírito nacional. Narrava que se convertera ao abolicionismo certo dia, muito jovem, ainda em Pernambuco, ao ser abordado por um jovem negro desesperado, cativo de um engenho vizinho, marcado pelas torturas, que suplicou a Nabuco que convencesse a madrinha a comprá-lo para se livrar do suplício. Por toda a sua vida, Nabuco se lembraria desse dia.

Para ele, era preciso não somente libertar os cativos, mas incorporá-los à sociedade como cidadãos de pleno direito. Nos seus discursos, no entanto, predominavam a compaixão e o sentimento de que cabia aos brancos libertar os escravizados, cujas ações considerava ineficazes para esse objetivo. Contava que as ideias iluministas e civilizatórias — Nabuco era um homem do mundo — de seus escritos contribuíssem para inspirar as elites e, especialmente, a monarquia.

José do Patrocínio era negro retinto e alvo de constantes ataques e injúrias raciais, tanto nos comícios que promovia quanto em artigos publicados pela imprensa. Nasceu no interior do Rio de Janeiro, em 9 de outubro de 1853. Era filho do vigário da cidade de Campos dos Goytacazes com uma adolescente escravizada, Justina Maria do Espírito Santo. Sua vida mudaria completamente quando, acostumado a ser tratado como filho do dono, atingiu com o cabo do chicote um idoso escravizado, abrindo uma ferida na cabeça do homem. O pai o repreendeu severamente, e esse episódio o marcou.

Jornalista agressivo e polemista, pelos jornais que fundou e dirigiu passaram grandes abolicionistas como o próprio Nabuco e André Rebouças. Tornou-se um defensor da princesa Isabel — contra a opinião de outras correntes da luta — quando ela se mostrou disposta a assinar a Lei Áurea. Foi quem cunhou para a regente (dom Pedro, adoentado, estava na Europa) o epíteto de "A Redentora". Por um tempo, foi um defensor da monarquia, como Nabuco e Rebouças, mas, no decorrer dos acontecimentos, aderiu à república. No entanto, desiludiu-se rapidamente com os que se estabeleceram no poder a partir de 1899, ao constatar que o novo regime adotara velhos hábitos, ou seja, deixar os negros à margem da sociedade e da proteção da lei. Os barões do café, agora republicanos, continuavam mandando na nação.

José do Patrocínio foi deportado durante a ditadura militar de Floriano Peixoto para o interior do Amazonas. Anistiado, retornou ao Rio de Janeiro e morreu na miséria, em 1905.

André Rebouças foi uma figura extraordinária na luta abolicionista por suas ideias avançadíssimas e reformistas em relação à sociedade. Tinha ideias que não se limitavam à abolição, mas visualizavam o país em desenvolvimento — o que nunca aconteceu.

Baiano, nasceu livre, em 1838, em uma família excepcionalmente privilegiada para um homem negro do século XIX. Ele e seu irmão, Antônio (em homenagem aos dois, foram batizados os túneis que no Rio de Janeiro são a principal ligação entre as zonas Sul e Norte), formaram-se em engenharia na Escola de Aplicação da Praia Vermelha, no Rio. Descobriu o que significava ser negro já adulto e fora do Brasil.

Foi em Nova York, onde chegou em viagem de conhecimento. Lá ele, cuja família era amiga da Coroa e frequentava os bailes e festas na casa da princesa Isabel — era amigo íntimo do conde d'Eu —, se viu barrado em hotéis e restaurantes. Para sua surpresa, a razão disso era a cor da sua pele. Nunca havia sofrido com o preconceito até então. Pela primeira vez reconheceu-se como filho do tráfico de sequestrados africanos. Na volta ao Brasil, estava convertido.

Rebouças exigia ação, e rápido. Também percebeu o quanto a escravidão — e sua contrapartida, o ócio branco — estavam entranhados em nós: "Precisamos educar esta nação para o trabalho!". Tornou-se também um facilitador da fuga de cativos, indicando-lhes o rumo do Ceará, onde a escravidão fora abolida em 1884 por força de um movimento popular, cuja expressão maior havia sido os "jangadeiros", ao se recusarem a continuar desembarcando cativos dos navios negreiros e a transportá-los do porto do Ceará aos navios ancorados ao largo.

Os jangadeiros foram liderados por Francisco José do Nascimento, também chamado de Chico da Matilde, ou, como ficou conhecido, Dragão do Mar. Pela configuração da costa, os navios maiores não podiam se aproximar do litoral e, assim, o tráfico ficou inviabilizado. A rua Jangadeiros, em Ipanema, Zona Sul do Rio de

Janeiro, tem nome em homenagem aos pescadores inspirados por Francisco José.

Rebouças ficou célebre pela formulação da proposta — avançadíssima para o seu tempo — da "Democracia Rural", uma reforma agrária que retalharia os latifúndios improdutivos e os redistribuiria em lotes pequenos a trabalhadores livres, como os ex-escravizados. Caso suas propostas tivessem sido triunfantes, muitas revoltas e chacinas — como a Guerra de Canudos — não teriam acontecido, e talvez o país se encontrasse com o progresso sonhado por ele e seu parceiro de ideias, general Beaurepaire-Rohan, de notável carreira militar. A eliminação do monopólio da terra, para Rebouças, era condição crucial para o desenvolvimento e a efetivação da liberdade. Por isso, sofreu forte resistência dos fazendeiros e dos que ainda viviam do tráfico, mesmo nas vésperas do Treze de Maio.

A República nunca conquistou a confiança de Rebouças. Quando dom Pedro II e a família foram banidos do Brasil, André Rebouças exilou-se junto, em solidariedade. Amargurou-se com o Brasil, e talvez com mais do que isso. Seus tempos finais parecem ter sido dominados por uma depressão profunda. Seu corpo apareceu boiando no mar, em 1898, na cidade de Funchal, na ilha da Madeira, para onde se mudara. Tudo indica que tenha se suicidado. Tinha sessenta anos.

10. O país se divide

EM MARÇO DE 1884, José do Patrocínio estava em Paris, fazendo propaganda da luta abolicionista, quando recebeu uma bela notícia. O governador do Ceará, Sátiro Dias, acabara de anunciar que no dia 25 daquele mês estava extinta a escravidão na província. Isso, quatro anos antes da oficialização da extinção da escravidão com a Lei Áurea.

O decreto foi oficializado no Teatro Polytheama, ao som da *Marselhesa dos Escravos*, paráfrase da revolucionária *Marselhesa* francesa — que já se tornava hino do movimento republicano brasileiro mais radical, liderado por Antônio da Silva Jardim e Lopes Trovão, no Rio de Janeiro. A versão cearense foi composta pelo maestro Antônio Cardoso de Menezes e Sousa. Algumas semanas mais tarde, no dia 10 de julho, seria a vez de o Amazonas se declarar "território livre". Manaus foi enfeitada de flores, lanternas e bandeiras. Houve desfile de bandas nas ruas e concertos no palácio do governo.

Atacada em diversas frentes, a escravidão esfarelava-se por todo o país, apesar da renitência dos barões do café, seus associados no Parlamento e outros poucos setores. Em sua inércia, sem uma posição clara sobre a questão, a monarquia estava cada vez mais sem apoio.

"Do porto do Ceará, não se embarcam mais escravos!", liderou Chico da Matilde, o Dragão do Mar. O movimento começara a se organizar em 1880, com a Sociedade Cearense Libertadora, a primeira entidade abolicionista de envergadura fora do Rio de Janeiro. Fundada por João Cordeiro, violeiro, repentista e presidente da Associação Comercial de Fortaleza, e José Correia do Amaral, sócio de uma casa de ferragens, já nasceu com 227 membros. O artigo primeiro de seus estatutos reproduzia uma linha célebre de *Os três mosqueteiros* (1844) do escritor francês Alexandre Dumas — "Um por todos e todos por um!". O parágrafo único acrescentava: "A sociedade libertará os escravos por todos os meios ao seu alcance".

"Ceará é o herói da Abolição, São Paulo é o castelo-forte hediondo do escravagismo", registrou José do Patrocínio, no *Gazeta da Tarde*, depois de uma visita à província. Naturalmente, referia-se ao Vale do Paraíba, ao oeste do estado e aos cafeicultores mais atrasados, já que São Paulo era também o centro de atuação de Luiz Gama, dos caifases e de outros núcleos e personalidades compromissados com a causa. Foi daí que Patrocínio começou a chamar o Ceará de "Terra da Luz".

Já na volta de Paris, Patrocínio trouxera um grande trunfo, de enorme influência na intelectualidade mundial e, naturalmente, na brasileira — uma carta de Victor Hugo, celebrando o ato dos cearenses e constrangendo, por sua complacência, o imperador, que tanto alardeava suas tendências liberais à europeia e era amigo do escritor já de alguns anos: "A liberdade é a lei humana!", exortava Hugo, símbolo para muitas das causas progressistas.

A verdade era que havia uma clara percepção de que a escravidão era irmã gêmea da monarquia. Os dois sistemas haviam se tornado, juntos, obsoletos e atavam o país a um passado que se recusava a ser superado. Um carregava o outro para o ralo.

Patrocínio escreveu ao imperador cobrando dele a contribuição financeira — de um liberal e antiescravagista, como se declarava — à Sociedade Cearense Libertadora. A contribuição veio, mas nem por isso dom Pedro deixou de se recusar a comparecer a cerimônias abolicionistas. Mesmo quando teve oportunidade institucional para tanto, não fez nenhum pronunciamento incisivo contra a escravidão, nem executou ação alguma para efetivamente, e sem mais protelações, extingui-la. O monarca estava de mãos atadas, e isso servia de combustível para a campanha abolicionista.

O tráfico interno intensificava-se, transferindo cativos do Norte e Nordeste para o Sudeste. Nessas regiões, surgiu o pequeno traficante ambulante, que percorria fazendas e cidades do interior, com dinheiro, ferros e correntes para comprar cativos, representando grandes casas comerciais do Sudeste. Eram embarcados em navios a vapor e transportados para fazendas do Vale do Paraíba, sul de Minas Gerais e Oeste Paulista. Havia ainda os comboios terrestres, que seguiam a pé em caravanas, com altíssimo índice de mortalidade, principalmente de crianças, muitas abandonadas em meio ao caminho quando ainda bebês de colo. Nas regiões cafeeiras, os anúncios de compra e venda de cativos engordavam o faturamento das páginas dos jornais.

Enquanto isso, o ativismo cearense se espalhava para as demais províncias nordestinas. Em Pernambuco, havia o Clube do Cupim, dedicado a corroer a escravidão. Era clandestino, usava meios de ataque direto, e seus membros, por isso, adotavam codinomes e senhas secretas, reunindo-se às escondidas da polícia.

Os integrantes eram bem-humorados. Certa vez, um "bloco de cupins", aproveitando o carnaval, escoltou uma negra que havia escapado do cativeiro, vestindo-a e a todos da comitiva com fantasias de dominó.

A reação escravocrata logo recrudesceu. Vereadores que representavam cafeicultores de Minas levaram uma representação ao parlamento, no Rio, acusando os abolicionistas de serem socialistas, comunistas, "anarquizadores da ordem pública" e adversários da propriedade privada. A mesma linha de argumento justificava a formação de milícias armadas em várias regiões cafeeiras, principalmente com o objetivo de defender seus cativeiros. Em agosto de 1880, o deputado mineiro Martinho Campos denunciava os abolicionistas como membros do "movimento socialista internacional para subverter a ordem e os costumes". E concluía: "A esse grito de abolição, os fazendeiros respondam com arma na mão!". Jornais sustentados por fazendeiros condenavam as províncias, como Ceará e Amazonas, que haviam abolido a escravidão, alegando que teriam "rasgado a Constituição".

Começaram a circular boatos sobre estrangeiros pregando ideias revolucionárias, infiltrados nas senzalas no meio da noite. Defendia-se abertamente o uso da força contra os abolicionistas, enquanto disseminava-se ainda mais pânico, espalhando-se notícias falsas de fugas e rebeliões, assassinatos e formação de quilombos. Alguns refúgios de fato existiram, e a atitude dos escravizados em relação ao jugo e aos maus-tratos tornava-se cada vez mais insubmissa.

A reação escravocrata ganhou reforço internacional ou, mais especificamente, dos EUA. Lá, a escravidão foi abolida pela Guerra da Secessão e pela derrota do Sul escravista. Algumas famílias da aristocracia sulista norte-americana, proprietárias de escravizados, ganharam incentivos, inclusive oficiais, para transferirem seus cativos e capitais para o Brasil. A ideia era fundar aqui colônias de confederados — os derrotados na Guerra Civil —, onde poderiam manter seus cativos sem serem molestados. Desse modo, instalaram-se fortemente, por exemplo, na cultura de algumas regiões do Oeste Paulista, Vale do Paraíba e Minas Gerais. As colônias confederadas mais bem-sucedidas — cujos descendentes celebram até hoje as tradições sulistas, ficam nos municípios de Santa Bárbara e Americana, em São Paulo.

Casos de violência se reproduziam em todo o país. O jornal *O Corsário*, do Rio de Janeiro, em outubro de 1883, criticou a utilização das forças armadas para reprimir violentamente revoltas de cativos. Dirigiu-se explicitamente ao 1º Regimento de Cavalaria da corte. Um grupo de soldados do regimento invadiu o jornal, e o editor, Apulcro de Castro, acabou morto a punhaladas. Onze oficiais foram responsabilizados em inquérito. Nenhum foi punido. Entre os acusados, estava um oficial que se tornaria famoso pela truculência, tanto que ganhou o apelido de Corta-

-Cabeças, em rebeliões Brasil afora. Era o capitão Antônio Moreira César, enviado para destruir Canudos, anos depois. Partiria, então, para o sertão da Bahia a fim de se credenciar para chefiar a derrubada do governo eleito, mas frustrou, pelo menos dessa vez, as pretensões golpistas. Morreu em combate, e seu exército foi posto em debandada. Costumava chamar José do Patrocínio de "Rei Zulu". A missa de sétimo dia de Apulcro de Castro foi um acontecimento político e reuniu cerca de mil pessoas. Acabou se tornando um grande comício abolicionista.

Casos de linchamento de escravizados ganhavam publicidade nacional, como o episódio ocorrido em Itu, interior de São Paulo, em 1880. Quatro negros, acusados de assassinar o filho de um fazendeiro, foram arrancados da cadeia e massacrados por uma multidão, sem que as autoridades tentassem detê-la. Luiz Gama denunciou a tragédia com veemência. Mas a violência tornara-se política antiabolicionista. O ministério chefiado pelo barão de Cotegipe — entre 1885 e 1888, por mercê e graça do imperador — ficaria marcado como um dos mais brutais da nossa história. Contra o abolicionismo pregava "o regime do cacete". Em 1888, ano da Lei Áurea, o jovem delegado Joaquim Firmino de Araújo Cunha, de Penha do Rio do Peixe, interior paulista, por ser um abolicionista e se recusar a caçar cativos que escapavam das fazendas, foi trucidado, juntamente com toda a sua família. No Rio de Janeiro, Patrocínio denunciava: "O morticínio tornou-se o complemento necessário da escravidão".

Dessa maneira, enquanto a luta abolicionista, em diferentes frentes, ganhava corpo e causava abalos na monarquia e na sua contrapartida, o sistema escravista usava outras táticas para evitar uma convulsão social transformadora. Uma das que mais tocou certos setores do pensamento e da política brasileira de então foi a do "branqueamento da raça". Se o problema que enxergavam era a maioria desproporcional de negros e mestiços na população e as necessidades de uma mão de obra que acarretasse ínfimos gastos aos fazendeiros, a solução encontrada foi o incentivo à imigração europeia.

Centenas de milhares de imigrantes — pobres lavradores despojados de terras — foram desembarcados nos mesmos portos onde, décadas antes, despejavam cativos. O tratamento, é evidente, foi diferente. O governo pagava as passagens e os primeiros dias de estadia. Essas pessoas vinham com seus pertences e sua família, tudo por conta do governo, e eram relativamente bem tratados na viagem. Nenhum deles foi marcado a ferro quente, como acontecia com os africanos. Havia a promessa de os imigrantes receberem lotes de terra no Brasil depois de algum tempo e condições para começarem pequenas lavouras próprias. As acomodações nas fazendas eram modestas, mas não chegavam nem perto da decrepitude das senzalas, e, além disso, adultos e crianças receberiam subvenções. Mesmo com esse gasto — considerando que os preços dos escravizados, com a proibição do tráfico em 1850, estavam disparando —, compensava em muito o investimento, até porque era em sua maior parte custeado pelo governo.

Na verdade, a imigração, adiada pela reação escravista, chegou tarde ao Brasil e foi mal executada. As políticas adotadas não foram o bastante para atrair imigrantes em número suficiente.

Imigrantes deixam a Itália rumo ao Novo Mundo.

Paraíso mundial do latifúndio, jamais a promessa de uma sutil reforma agrária — a distribuição de lotes e o incentivo ao surgimento de uma classe de pequenos produtores rurais — foi efetivada. Logo, a ganância orgânica dos fazendeiros fez com que o tratamento dos novos trabalhadores se aproximasse do que era dado aos escravizados: baixíssimos salários, esquema do barracão, que exigia que os colonos comprassem mantimentos e materiais a preço altíssimo no estabelecimento do proprietário das terras, além de outras restrições que derrubaram por terra o discurso modernizante do estímulo à imigração.

Alguns países europeus passaram a recomendar que seus cidadãos não escolhessem, como destino, o Brasil. Na Europa, era denunciada a propaganda enganosa feita por latifundiários e pela Coroa brasileira para atrair imigrantes. Muitos voltaram para seus países de origem denunciando a fraude da política de imigração brasileira, que no fundo pretendia reduzir os europeus às mesmas condições de escravização, com custos ainda menores, já que não precisavam "adquirir" os imigrantes, e o que lhes pagavam como honorários era menos do que se gastava com a manutenção de escravizados.

André Rebouças, entre os preceitos da "Democracia Rural", já denunciava, defendendo a abolição, os latifundiários como principais responsáveis por levar o país à "ruína", por inviabilizar os incentivos ao trabalho livre. E isso se confirmou quando os europeus vieram para as fazendas, todos com o anseio de se tornarem proprietários de um pequeno lote de terra, o que lhes era negado na sua terra natal, e esbarraram aqui na ganância e truculência dos fazendeiros.

Ao perpetuar por muito tempo a dupla condição de paraíso do latifúndio, como o chamava Rebouças, e maior território escravista do planeta, estabeleceu-se, dali para o futuro, a base do legado de desigualdades, concentração de privilégios e de riquezas que marca o país.

Mais ainda, com os imigrantes vieram de vez para o país as ideias anarquistas e socialistas — potencialmente antimonarquistas —, um nível muito maior de organização, letramento e rebeldia contra a opressão do que os fazendeiros estavam acostumados a enfrentar com os escravizados, e grupos mais próximos, por laços familiares, de idioma e nacionalidade. Por isso, há regiões até hoje no Brasil em que o italiano, o alemão e dialetos derivados são idiomas mais falados do que o português, e a cultura trazida da terra original é predominante. Esses fatores políticos e culturais significaram nova agulhada na já fragilizada estabilidade do Império.

11. A Lei Áurea

A ESCRAVIDÃO, NA PRÁTICA, estava inviabilizada. Precisava somente ser oficialmente extinta.

Era evidente que, ao protelar a abolição, o governo apenas agravava a um ponto insuportável os problemas que despencavam sobre os restos do muro escravista e da monarquia. A assinatura da Lei Áurea foi uma tentativa de assumir o protagonismo de um processo ao qual, havia tempos, o governo tinha sucumbido. E pior, abandonado por todos os setores. Foi a tentativa de angariar e atrair de volta apoios, vestindo uma nova roupagem. Mas era tarde demais. O exemplo, tanto de uma ostentação tardia de fausto e festa como de alienação em relação às principais tendências do momento que viviam, foi o famoso baile da Ilha Fiscal: luxuoso, espalhafatoso e escandaloso até. Vestidos e joias, inclusive os da

Assinatura da Lei Áurea.

princesa, recém-chegados de Paris, desenhados para ser uma demonstração de poder de uma Coroa que se queria europeia. Enquanto, no Brasil real, a monarquia já não tinha poder. Fala-se muito do nababesco cardápio do banquete, nos exageros alcoólicos e libidinosos dos convidados. O que mais impressiona, porém, é o fato de não se perceberem fora do mundo. O baile ocorreu na noite de 9 de novembro de 1889. Menos de uma semana depois, a monarquia era posta no chão, e a família real, exilada por uma tropa incipiente, por um proclamador que não quis, conscientemente, proclamar República alguma, mas que, adoentado e amarrado ao cavalo para não tombar, foi manipulado e envolvido pela conspiração mais flagrante e mais elitista de que se tem notícia. Deodoro entrou no Ministério da Guerra para depor um gabinete ministerial; na saída, Quintino Bocaiúva e um grupo de apoiadores o esperavam para dar "Vivas à República" e empurrar o estonteado Deodoro, em cima de seu cavalo, para a rua do Ouvidor — o centro político da cidade.

Mais tarde, já acamado, com a casa cercada pelos revolucionários de Silva Jardim, que, cantando a *Marselhesa*, exigiam que o marechal assumisse a República, Bocaiúva o convenceu com o argumento: "Assine (a Proclamação da República) antes que esses aí fora o façam!". Era o terror dos conservadores e representantes dos fazendeiros! Pretendiam alijar os radicais de Silva Jardim do processo. E isso foi feito, efetivamente. Silva Jardim, apesar de seu destacado papel, nem sequer foi eleito para o primeiro parlamento republicano, e o programa de reformas jamais foi considerado.

Deodoro, portanto, assinou a deposição do imperador e a seguir mergulhou de novo no seu sono comatoso. Acordou dias depois sem saber ao certo o que fizera e já indicado na prática primeiro presidente da República. Renunciaria em menos de dois anos, e seria substituído num golpe de estado por seu vice, Floriano Peixoto, o "Marechal de Ferro", um ditador que reprimiu inclusive os que questionavam sua ascensão ao cargo. Pela Constituição, Floriano deveria ter convocado eleições, e não assumido a presidência. Assim começou a República, a qual, o historiador Murilo de Carvalho, aproveitando a frase de uma testemunha do episódio, o jornalista

Aristides Lobo, ressalta que o povo assistiu à proclamação "bestializado", alijado, deixado à margem.[1]

Mas, voltando a 1888, o jornal *Novidades*, de Vassouras, Vale do Paraíba, região do interior do estado do Rio de Janeiro e dos barões do café, dizia que os cafeicultores aceitavam a "justeza" do processo de abolição em andamento. Só não queriam que a liberdade dos escravizados viesse "de uma só vez" e sem indenização para os proprietários. Isso, nas linhas do jornal, equivaleria a "preparar a ruína da nação através de falências e transtornos". Dois meses depois, em 20 de março, fazendeiros reunidos no paço municipal insistiam que as decisões sobre a abolição fossem tomadas "mais devagar"; "sem perturbação e conflito, sem abalar a riqueza do povo, sem perigo para os nossos concidadãos, por meios pacíficos e ordeiros, como todos os brasileiros desejam".

Esse tom conciliador, falando em nome de "todos os brasileiros" (mas não, por óbvio, em nome dos cativos), mudou de maneira drástica na mesma Vassouras, assim que se evidenciou que nada deteria a assinatura da Lei Áurea. Então, os fazendeiros proclamam: "Sentimos profunda e dolorosamente que a proscrição da tranquilidade e o exílio da razão tenham sido decretados. Que promessas, palavras, ideias tenham sido esquecidas". Como se vê, tudo se resume a como se olham os fatos, ao que se tenta fazer crível, à versão que se forja. Os meses que antecederam a oficialização do fim da escravidão foram de ansiedade, medo e preocupações para os donos dos cativos.

Porta-voz dos fazendeiros mais reacionários do interior fluminense, o jornal *Correio do Cantagalo*, dez dias antes da assinatura da Lei Áurea, alardeava: "... depois de trinta ou sessenta dias [da Abolição], teremos o desmantelamento das fazendas, a perda quase total das colheitas, a cidade ameaçada por hordas de maltrapilhos esfaimados, as estradas frequentadas por numerosas quadrilhas e salteadores".

---

1. Ver Laurentino Gomes, *1889*. Rio de Janeiro: Globo Livros, 2014.

O pânico chegou a tal ponto que os proprietários passaram a propor a alforria em troca da prestação de serviços. Primeiro, por um prazo de cinco anos; depois, em troca da colheita da safra de café daquele ano; que, aliás, não se perdeu, colhida pelos mesmos escravizados que, nas fazendas, trabalharam praticamente em troca de abrigo nas senzalas e um ralo prato de sopa, já que livres, por força da Lei Áurea, sem que houvesse programas de inclusão social, não tinham outros meios de sobrevivência. Quanto às desordens apregoadas, não aconteceram.

Enquanto a opinião nacional opunha-se a prolongar a escravidão, medidas repressivas e milícias já não tinham efeito para os donos de escravizados. Foi inútil todo esforço para estancar as fugas para o Ceará. Por sinal, fugas em massa e rebeliões se tornaram tão frequentes — quase diárias —, nos derradeiros meses até o Treze de Maio, que os antigos capitães do mato já não conseguiam, sozinhos, contê-las. Chamadas a apoiar a repressão, as forças armadas ignoraram o apelo, o que agravou as tensões entre os militares e o governo e a Questão Militar — cujo desfecho foi o golpe de Deodoro, ao depor um primeiro-ministro, o visconde de Ouro Preto, que os militares julgavam hostil.

Já em 1887, em Itu, São Paulo, ocorrera um episódio emblemático. Cem escravizados, uma comitiva de evadidos, foram confrontados por uma tropa de cavalaria. Como chovia, os soldados não puderam disparar suas armas de fogo e atacaram com as espadas. Os negros bradavam: "Liberdade ou Morte! Viva a Liberdade! Aqui, ninguém se rende. Preferimos morrer!".

O confronto deixara já algumas vítimas, mas, a partir desse momento, ninguém mais precisou morrer, e os negros que se haviam libertado seguiram seu caminho.

Em outubro de 1887, o Clube Militar reivindicava junto à princesa regente que não fosse mais acionado para ações semelhantes. Tornara-se evidente que ninguém mais defenderia os interesses dos barões do café.

Como consequência dessa pulverização nas hostes escravistas, nada se comparou à explosão de quilombos, organizando-se em todas as partes, entre 1887 e meados de 1888. A cidade de Santos, no litoral paulista, se tornou santuário do abolicionismo. Grupos de mulheres bloqueavam as portas dos trens na estação que desembarcariam forças policiais para atacar os evadidos. Um número cada vez maior de cativos escapava para lá, e a polícia não conseguia entrar na cidade.

Nem por isso os conflitos deixaram de se fortalecer. A abolição estava longe de ser uma unanimidade. Os que a combatiam reagiam ferrenhamente, mesmo vendo os cativeiros murcharem e sendo acuados pela opinião pública. Não é exagero — como foi reconhecido na época, inclusive — entender que a Lei Áurea somente selou um fato consumado.

Já não havia escravidão no Brasil, efetivamente. A liberdade fora conquistada pelas diferentes frentes de luta, sob o pânico dos fazendeiros em relação a uma revolta em potencial e pela ação direta dos escravizados, que já não aceitavam o cativeiro. Do outro lado, restava, enraivecida, uma elite atrasada, dependente da mão de obra escrava e viciada no ócio branco, que resistiria até o último minuto.

E assim se chega ao momento em que a princesa Isabel, ocupando como regente o trono, surge para a história, protagonizando um episódio breve, mas significativo: a assinatura da Lei Áurea. A noite de 12 para 13 de maio pode ter sido a mais intensa da sua vida até então. Ela já tinha mais de quarenta anos. Seu pai, Pedro II, o

Conde d'Eu e Princesa Isabel.

imperador, estava na Europa em tratamento médico, por isso ela ocupava o trono como regente. Há controvérsias sobre o papel de seu marido, o conde d'Eu, nas vésperas da Lei Áurea, e se ele a aconselhou a assinar o documento — que provavelmente encerrava suas pretensões de suceder a dom Pedro II —, ou se lhe sugeria o contrário. Conta-se que Isabel era muito dependente em relação às opiniões do conde.

Finalmente, decidida a sanção imperial, o privilégio da assinatura coubera à princesa, com uma pena de ouro incrustada com pequenos diamantes que está atualmente no acervo do Museu Imperial de Petrópolis.

A Lei Áurea foi em si simples e direta, como se fosse possível encerrar o assunto em apenas dois artigos:

Art. 1º: É declarada extinta desde a data desta Lei a escravidão no Brasil.

Art. 2º: Revogam-se as disposições em contrário.

Era o encerramento, afinal, de uma tragédia que durava 350 anos no país; que agrediu irremediavelmente o continente africano; que deixou um rastro de dor e vergonha em nossa história e era a combinação, também, de múltiplas ações e modos de ver a abolição.

A multidão tomou as ruas, principalmente a do Ouvidor. Havia festa, comemoração, aclamação da princesa. Foi um breve e raro momento de popularidade da monarquia brasileira, geralmente alheia ao povo. Personalidades abolicionistas, como José do Patrocínio, comemoraram e saudaram Isabel, que assinou a lei e que passou para a história como o epíteto de "A Redentora". Mais tarde, ela escreveria breves cartas ao pai para lhe comunicar a proclamação, num tom que muitos interpretam como um pedido de aprovação. Conta-se que dom Pedro II recebeu a notícia de sua esposa, a imperatriz dona Teresa Cristina, e que, ao escutá-la, adoentado, murmurou: "Demos graças a Deus! Grande povo! Grande povo!". A seguir, chorou.

Já no Brasil, o barão de Cotegipe, defensor ferrenho dos escravocratas, resumiu: a princesa, segundo ele, "redimira uma raça, mas perdera um trono". Ato contínuo, os barões do café se bandeariam para o Partido Republicano, tornando-se ferozes opositores da monarquia. Aliás, a adesão geral aos republicanos foi escandalosa. A monarquia cairia sem ter quem a defendesse. A própria família real não ensaiou qualquer resistência, nem ao menos demonstrou disposição para a luta.

Isabel morreu no exílio, em 14 de novembro de 1921, aos 75 anos. O Treze de Maio foi feriado nacional até 1930, quando então a comemoração foi revogada por Getúlio Vargas. Na década de 1990, surgiu uma nova data, que os movimentos negros consideram de fato representativa de sua luta — o Dia da Consciência Negra, em 20 de novembro, dia da morte de Zumbi dos Palmares.

12. As consequências

A ABOLIÇÃO — OU SEJA, SUA OFICIALIZAÇÃO de fato pela chamada Lei Áurea — não provocou a catástrofe até então apregoada pelos escravagistas nem conseguiu atender às expectativas dos abolicionistas. A lavoura continuou tão próspera quanto antes, alimentada por um número crescente de imigrantes estrangeiros, que passaram a substituir a antiga mão de obra escravizada. Ao mesmo tempo, não houve uma ruptura com o atraso nem com a discriminação racial. A concentração da propriedade rural e a estrutura cultural se mantiveram firmes. O Brasil nunca se tornou a "democracia rural", proposta por André Rebouças. A integração do negro à sociedade está pendente ainda hoje. Os direitos plenos, defendidos por Luiz Gama e José do Patrocínio, jamais se efetivaram. Jamais se propiciaram moradia, alimentação, educação, segurança social, renda e empregos, como defendia Joaquim Nabuco. Mais de um século depois, continuam sendo uma pauta social a ser conquistada.

A Abolição libertou os brancos de um problema insolúvel, a escravidão, mas deixou os escravizados de lado. Assim como a Independência antes, e como faria a República, logo a seguir. Os escravizados — seu sofrimento, resistência e luta pela liberdade — foram convenientemente esquecidos pela história. Houve manifestações, como na *Revista Ilustrada*, que anunciava que a

Abolição fora feita "com lágrimas de júbilo sobre a raça redimida e levantando um altar ao esquecimento!". Em nome desse projeto nacional de apagamento do passado, se propunha que a partir daquele momento a palavra "escravo" já não teria mais significado na língua portuguesa e deveria ser eliminada. Algo semelhante fez Rui Barbosa, em 1890, como ministro da Fazenda de Deodoro, ao mandar queimar os registros sobre a escravidão no Brasil — os títulos de propriedade de escravizados e outros documentos — sob a alegação de que, assim, apagava uma mancha sobre a nossa história. Ao mesmo tempo, a medida convenientemente eliminava as provas com que fazendeiros, ex-proprietários de escravizados, mesmo já na República, ameaçavam entrar na justiça para obter indenização do governo pelos cativos libertados pela Lei Áurea.

O historiador Florestan Fernandes escreveu, no prefácio de um livro de Abdias Nascimento, militante histórico do movimento negro, que "da escravidão, no início do período colonial, até os dias que correm, as populações negras e mulatas têm sofrido um genocídio institucionalizado, sistemático, embora silencioso"[1]. Se considerarmos a situação de algumas periferias e comunidades das grandes cidades brasileiras, esse processo já não poderá ser tido como tão silencioso assim, já que ocorre em meio a tiroteios pesados e disparos de armas de grosso calibre. No entanto, Fernandes se referia a um momento anterior, no qual a falta de oportunidades, a miséria, combinadas ao achaque constante à identidade cultural, quando não a agressões diretas, como as que recaem sobre os santuários de culto afrodescendente, demonstram uma situação em que, por mais estranho e peculiar que possa parecer, a Abolição, em si, não pôs fim, mas agravou o genocídio.

Formalmente libertos, o negro e o mestiço não somente perderam a proteção que tinham como investimento e propriedade, como ainda se tornaram alvo indiscriminado de uma sociedade hostil, e sempre, em princípio, suspeitos preferenciais das ações

---

[1]. Abdias do Nascimento, *O genocídio negro brasileiro: processo de um racismo mascarado*. São Paulo: Perspectiva, 2016.

policiais. Foram condenados à periferia das cidades, à tutela do crime organizado, ao desrespeito constante em situações cotidianas e a um extermínio cultural e social que tem início na desigualdade das condições de moradia — mais sujeitas às intempéries e catástrofes —, educação, alimentação, saúde e segurança. São os reféns e contribuintes das milícias e de suas cobranças ilegais. Servem de gado eleitoral, às vezes forçados a votar no candidato mais favorável à continuidade de sua própria opressão. São o alvo do racismo estrutural que os discrimina, condena suas tentativas de ascensão social, camufla a discriminação de que são objeto e lhes veda oportunidades disponíveis aos demais brasileiros.

Se, ao longo do século XIX, tivemos teóricos com argumentos pretensamente científicos defendendo a eugenia, o branqueamento, como uma solução para a raça brasileira, hoje a temos reeditada, mesmo sem assumir o nome, principalmente onde predomina a ideologia de certas elites. É algo ostensivo desde o apagamento dos quilombos e da cultura quilombola até o enaltecimento do negro ideal sem identidade própria, diferenças e reivindicações reparató-

rias. É como se, ainda hoje, pensássemos numa via de desenvolvimento e prosperidade para o país que desconsiderasse o passivo com os negros e nosso histórico escravagista.

A Lei Áurea reconheceu oficialmente o que já era a realidade das fugas em massa e da proliferação de quilombos, das revoltas organizadas, da pressão pública e do que poderia ser aceito pela comunidade internacional. Era um processo já em curso, crescente, um tsunami nacional. O ato legal não significou em si a extinção da escravidão nem abriu um novo horizonte para a população majoritária do país. Tanto que foi uma votação tranquila e sem oposição, que, no entanto, não espelhava os conflitos dos bastidores. Os senhores de escravos não se conformaram com o não pagamento da indenização que reivindicavam. Logo, se bandeavam para o lado dos republicanos.

A assinatura da Lei Áurea foi a sentença de morte da monarquia.

13. Hoje

A ESCRAVIDÃO NÃO ESTÁ encerrada no Brasil. Vez por outra, se encontram pessoas em cativeiro e trabalhando em condições análogas à escravidão, mesmo nas grandes cidades, mas principalmente no meio rural. Mas esse não é o rastro mais evidente da mancha do escravismo no país.

Logo depois da Abolição, começou a aparecer com cada vez mais frequência a figura policial da "vadiagem", aplicada contra os ex-escravizados que vagavam pelas ruas sem trabalho nem qualificação. Em 1890, um defensor do escravismo até as vésperas da Lei Áurea, Alberto Brandão, do município de Vassouras, preparou um projeto de artigo do Código Penal que fosse aplicado "para forçar os libertos a retornar às fazendas que haviam abandonado". O crime de "vadiagem" permaneceu na lei brasileira — justificando a detenção de suspeitos na rua até bem recentemente. Condenavam-se ainda, por justificativas que beiravam ao horror alegadamente religioso, as festas típicas de negros, mas também a diversão dos mais humildes, a patuscada promovida nas ruas. A capoeira, herança da arte marcial africana — hoje cultuada no mundo inteiro —, foi catalogada no Código Penal como crime. O candomblé e os cultos de matriz africana, negados, como se não existissem em nosso legado cultural, e demonizados — infelizmente até hoje.

O samba era visto com desconfiança e reprimido. O violão, como nos conta Lima Barreto — escritor que sofreu como poucos a discriminação racial — em *O triste fim de Policarpo Quaresma* (publicado em folhetim em 1911), era apontado como instrumento musical de marginais. O romance narra a decepção de um patriota com a República, que defendera apaixonadamente.

A repressão militar republicana não se abateu somente contra José do Patrocínio. O poeta Olavo Bilac foi preso, jornais foram fechados, tudo para esconder uma ineficiência do modelo econômico da qual a elite queria culpar os negros e criminalizá-los, reescrevendo nossa história. O medo da abolição revelou uma nova pseudociência, a eugenia. Ela estaria na raiz do extermínio genocida dos judeus, ciganos, comunistas, homossexuais e outras populações repudiadas (ou negadas) pelo nazifascismo e pelos alardeadores de uma tal supremacia branca. Os campos de concentração foram sua expressão mais desumana.

No entanto, no Brasil houve firmes defensores do branqueamento forçado do povo, inclusive com argumentações revestidas de roupagem acadêmica. Chegamos por aqui, em 1929, a ter um Congresso Brasileiro de Eugenia, em que o antropólogo Roquette-Pinto previu o ano exato em que o Brasil poderia deixar de ser negro.

Não à toa, o hino da República, adotado oficialmente por Deodoro da Fonseca, com letra de José Joaquim de Campos da Costa de Medeiros e Albuquerque, proclama: "Nós nem cremos que escravos outrora/Tenha havido em tão nobre país!".

A já comentada ordem dada por Rui Barbosa em 1890 para que se queimassem todos os arquivos relativos à escravidão no Brasil também serviu para essa operação de apagamento do que foi a escravidão no Brasil.

Era somente mais uma narrativa *fake* para deturpar a história deste país, o último no mundo civilizado a abolir a escravidão e que teve a elite latifundiária mais reacionária e mais brutal, tanto na tortura física aos escravizados como na repressão à luta pela abolição. Uma ação que se estende aos episódios cotidianos e às estatísticas do país dos dias de hoje.

HOJE

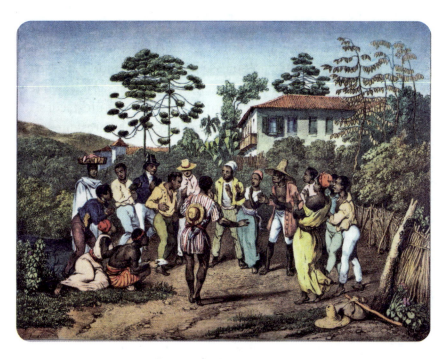

Festas e batuques negros.

Quanto mais se mantiver oculta essa história, menos risco se corre de o país se redimir, não somente sobre seu passado, mas também com o presente. Por isso, para evitar hoje essa transformação, não se conta o passado da escravidão e se tenta perpetuar essa história incompleta, negando que os cativos, trazidos à força da África, também foram protagonistas no processo em que se oficializou o fim do cativeiro. Tenta-se negar que a libertação dos escravizados passou por resistência, fugas, quilombos e muita luta. Ou, então, tenta-se reduzir a nossa história negra a exotismos, lendas, mitos ancestrais e imemoriais.

Como se as chacinas que ocorrem hoje em comunidades e a execução por milícias de lideranças e representantes dos mais pobres e vulneráveis fossem mera questão policial, e não social, enraizada em nosso passado. Como se a tentativa de cancelar a cultura afrodescendente não fosse mais uma expressão truculenta do preconceito e da discriminação. Como se essa matriz africana não existisse no espírito de nosso povo, em nossa cultura, nossa maneira de ver a vida e o mundo, em nossa identidade diante de outros povos. Como se não fosse nosso esse imenso patrimônio de miscigenação, a diversidade. Como se o ataque, sob diversas miras, a terreiros das religiões afrodescendentes e outras manifestações da ancestralidade africana, ocorrência bastante atual e presente entre nós, até mesmo nas manchetes dos noticiários, não fosse um aspecto visível da rejeição estrutural à nossa negritude. Como se essa herança não possuísse lugar na brasilidade nem tivesse de ser defendida e respeitada por nossas instituições e nossa república.

A esperança de superação da desigualdade social nesse país e nosso atraso exigem, centralmente, a reparação das sequelas dos três séculos e meio de escravização, que são espírito, carne e sangue de nossa história.

Para saber mais

Algumas sugestões de leituras para quem quer se aprofundar mais no assunto:

O trato dos viventes: formação do Brasil no Atlântico Sul, Luiz Felipe de Alencastro, Companhia das Letras, 2000.

Racismo estrutural, Silvio Almeida, Pólen, 2019.

Flores, votos e balas: o movimento abolicionista brasileiro, Angela Alonso, Companhia das Letras, 2015.

Onda negra, medo branco: o negro no imaginário das elites — Século xix, Celia Maria Marinho de Azevedo, Paz e Terra, 1987.

O Quilombo dos Palmares, Edison Carneiro, wmf Martins Fontes, 2011.

Tumbeiros: o tráfico de escravos para o Brasil, Robert Edgar Conrad, Brasiliense, 1985.

Da senzala à colônia, Emília Viotti da Costa, Editora Unesp, 2010.

Em costas negras: uma história do tráfico atlântico de escravos entre a África e o Rio de Janeiro, Manolo Garcia Florentino, Arquivo Nacional, 1995.

Casa-Grande & Senzala: formação da família brasileira sob o regime da economia patriarcal, Gilberto Freyre, Global, 2006.

Chica da Silva e o contratador dos diamantes: o outro lado do mito, Júnia Ferreira Furtado, Companhia das Letras, 2003.

Escravidão (3 volumes), Laurentino Gomes, Globo Livros, 2019--2022.

A vida dos escravos no Rio de Janeiro, 1808-1850, Mary C. Karasch, Companhia das Letras, 2000.

Escravismo no Brasil, Francisco Vidal Luna e Herbert S. Klein, Edusp/Imprensa Oficial do Estado de São Paulo, 2010.

Dicionário da escravidão negra no Brasil, Clóvis Moura, Editora da Universidade de São Paulo, 2013.

O genocídio do negro brasileiro: processo de um racismo mascarado, Abdias Nascimento, Perspectiva, 2016.

Rebelião escrava no Brasil: a história do Levante dos Malês em 1835, João José Reis, Companhia das Letras, 2003.

Liberdade por um fio: história dos quilombos no Brasil, João José Reis e Flávio dos Santos Gomes, Companhia das Letras, 1996.

Pequeno manual antirracista, Djamila Ribeiro, Companhia das Letras, 2019.

Dicionário da escravidão e liberdade, Lilia Moritz Schwarcz e Flávio dos Santos Gomes, Companhia das Letras, 2018.

A África explicada aos meus filhos, Alberto da Costa e Silva, Nova Fronteira, 2013.

APÊNDICE

ESCRAVIDÃO

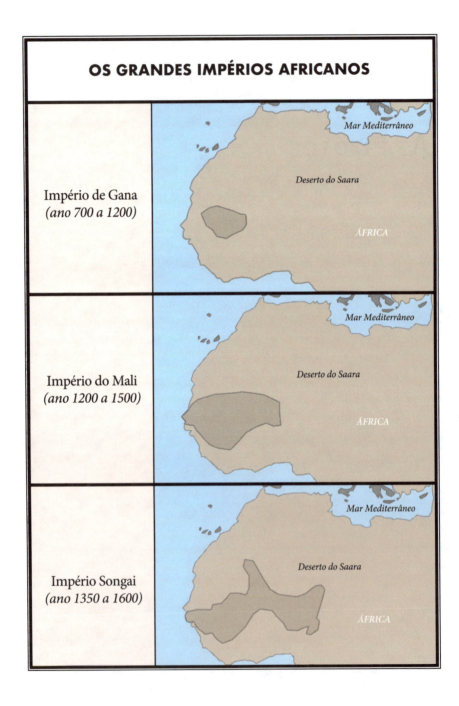

APÊNDICE

ESCRAVIDÃO

APÊNDICE

AS CORRENTES MARÍTIMAS E O TRÁFICO NEGREIRO

Dois grandes sistemas de correntes e ventos orientavam o comércio de pessoas escravizadas no oceano Atlântico. O primeiro, em sentido anti-horário, ao sul da Linha do Equador, era dominado pelos brasileiros e portugueses e favorecia as viagens de navios entre o litoral brasileiro e as regiões de Angola, Congo, Nigéria e Benim. O segundo, em sentido horário, ao norte da Linha do Equador, facilitava as viagens das embarcações negreiras que saíam da Europa, compravam cativos na região entre Gana e o Senegal e os vendiam no Caribe e na América do Norte. Essa rota era dominada por traficantes britânicos, holandeses e franceses.

ESCRAVIDÃO

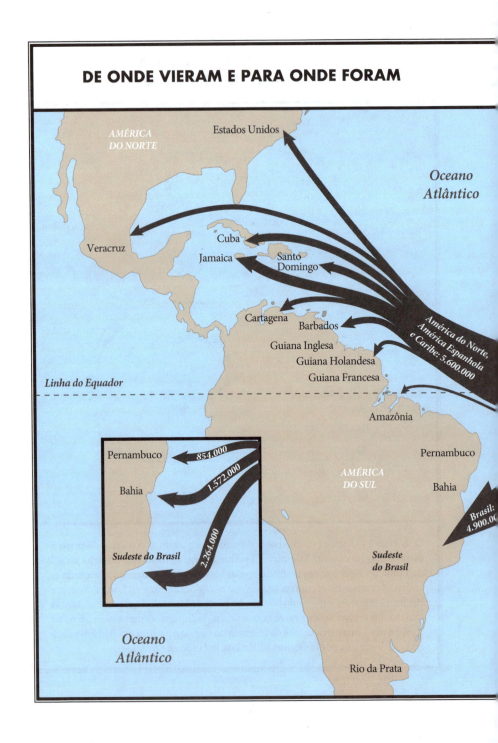

APÊNDICE

Entre 1501 e 1867, os navios negreiros embarcaram na África cerca de 12,5 milhões de cativos. Desse total, 10,5 milhões chegaram vivos à América. O número de mortos na travessia do Atlântico é estimado em 1,8 milhão. Os 200 mil restantes foram vendidos na Europa ou na própria África.

Mar Mediterrâneo

ÁSIA

ÁFRICA

Mar Vermelho

Senegâmbia — 1.500.000

Costa do Ouro — 1.200.000

Costa dos Escravos — 3.600.000

Costa oeste da África Central — 5.700.000

Sudeste da África

Moçambique

Madagascar

Oceano Atlântico

Oceano Índico

543.000

ESCRAVIDÃO

A ORIGEM DOS ESCRAVIZADOS BRASILEIROS

ÁFRICA

Senegâmbia — 126.000
Costa da Mina — 10.000
7.000
71.000
975.000
Costa dos Escravos — 142.000

Linha do Equador

Maranhão
Pernambuco — 142.000
854.000
Bahia — 1.550.000
3.865.000
Congo
Angola
Moçambique

AMÉRICA DO SUL

2.264.000

Rio da Prata — 67.000

Oceano Atlântico

337.000

Sete entre cada dez africanos embarcados para o Brasil vieram de Angola e do Congo. A segunda maior fornecedora de cativos foi a Costa dos Escravos, entre Benim e Nigéria. Cerca de 700 mil homens e mulheres morreram na travessia do Atlântico.

APÊNDICE

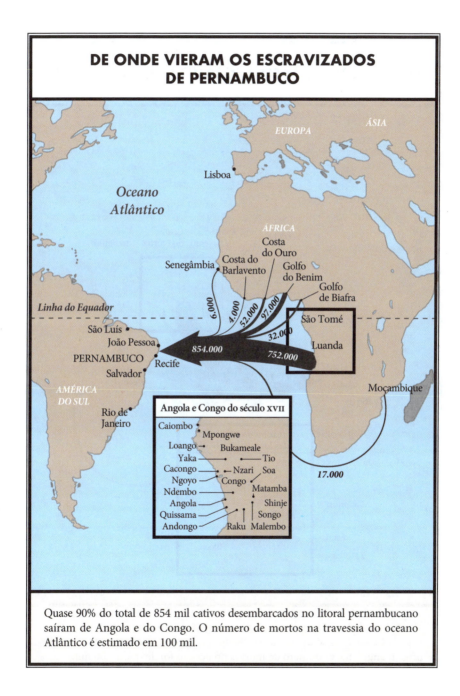

Quase 90% do total de 854 mil cativos desembarcados no litoral pernambucano saíram de Angola e do Congo. O número de mortos na travessia do oceano Atlântico é estimado em 100 mil.

ESCRAVIDÃO

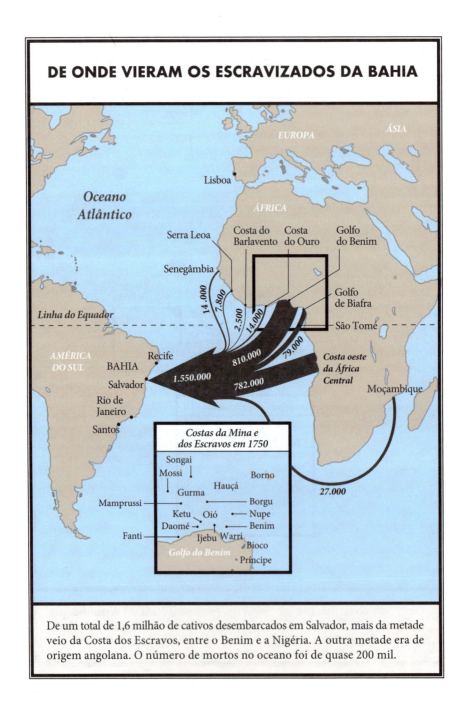

DE ONDE VIERAM OS ESCRAVIZADOS DA BAHIA

De um total de 1,6 milhão de cativos desembarcados em Salvador, mais da metade veio da Costa dos Escravos, entre o Benim e a Nigéria. A outra metade era de origem angolana. O número de mortos no oceano foi de quase 200 mil.

APÊNDICE

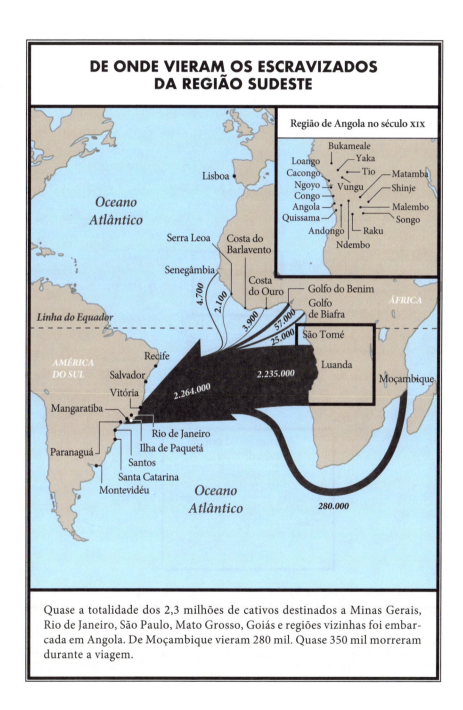

ESCRAVIDÃO

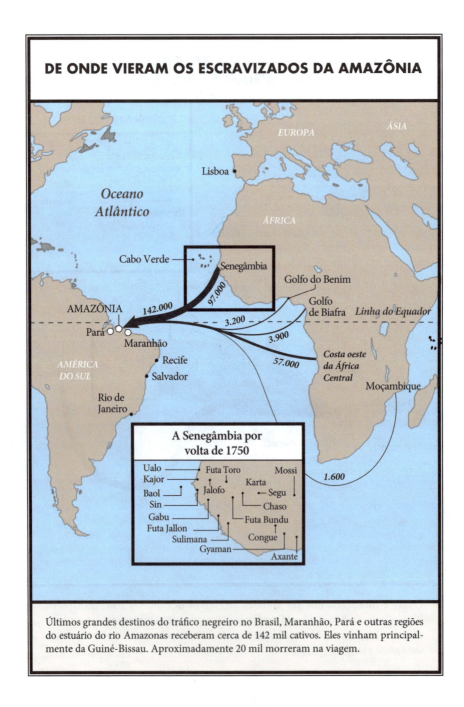

DE ONDE VIERAM OS ESCRAVIZADOS DA AMAZÔNIA

Últimos grandes destinos do tráfico negreiro no Brasil, Maranhão, Pará e outras regiões do estuário do rio Amazonas receberam cerca de 142 mil cativos. Eles vinham principalmente da Guiné-Bissau. Aproximadamente 20 mil morreram na viagem.

APÊNDICE

O AUGE DO COMÉRCIO DE GENTE

Período	Número
1501-1550	44.457
1551-1600	154.188
1601-1650	527.448
1651-1700	989.124
1701-1750	2.164.246
1751-1800	3.438.067
1801-1850	3.049.436
1851-1875	171.259

O século XVIII foi o período mais intenso do tráfico de africanos escravizados. Mais que a metade dos 10,5 milhões de cativos chegou à América entre 1700 e 1800, sendo 2 milhões só no Brasil. O segundo período de maior volume foi o século XIX.

ESCRAVIDÃO

OS CAMPEÕES DO TRÁFICO

Em primeiro lugar, portugueses e brasileiros foram responsáveis pelo transporte de 5,8 milhões de pessoas escravizadas, metade do total de 12,5 milhões de embarcados na África.

Em segundo, aparecem os britânicos, que, antes de se tornarem abolicionistas, traficaram cerca de 3,3 milhões de africanos para a América.

Franceses, espanhóis e holandeses ocupam as posições seguintes no ranking do tráfico, com, respectivamente, 1,4 milhão, 1,1 milhão e meio milhão de cativos transportados.

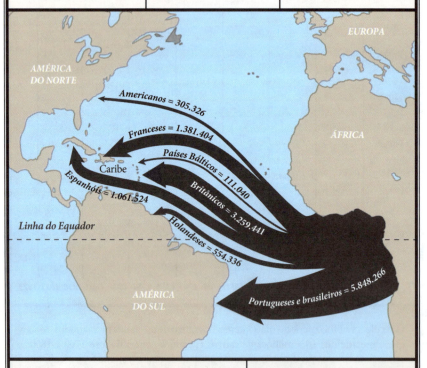

Americanos = 305.326
Franceses = 1.381.404
Países Bálticos = 111.040
Espanhóis = 1.061.524
Britânicos = 3.259.441
Holandeses = 554.336
Portugueses e brasileiros = 5.848.266

Uma em cada três viagens de compra e venda de pessoas escravizadas foi organizada no Brasil. O Rio de Janeiro foi o maior porto negreiro da história, seguido de Salvador e Liverpool, na Inglaterra. Essas posições foram definidas de acordo com o número de cativos transportados em navios que saíam ou chegavam em cada uma das localidades onde as viagens eram organizadas.

Rio de Janeiro:	1,5 milhão
Salvador:	1,3 milhão
Liverpool:	1,3 milhão
Londres:	829 mil
Bristol:	565 mil
Nantes:	542 mil
Recife:	437 mil
Lisboa:	333 mil
Havana:	250 mil

APÊNDICE

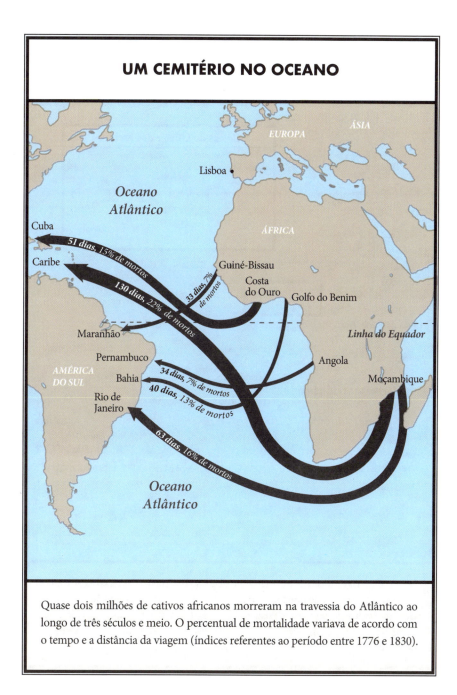

Quase dois milhões de cativos africanos morreram na travessia do Atlântico ao longo de três séculos e meio. O percentual de mortalidade variava de acordo com o tempo e a distância da viagem (índices referentes ao período entre 1776 e 1830).

ESCRAVIDÃO

OS PORTOS DE EMBARQUE NA ÁFRICA

Costas do Ouro e dos Escravos

- Tenerife
- Cabo Verde
- Portudal
- Goreia
- São Luís
- Freetown
- Sherbro
- Bissau
- Galinhas
- Monróvia
- Serra Leoa
- Cape Mount
- Bassa
- **Costa do Barlavento**
- São Tomé
- **Senegâmbia**
- Anomabo
- Castelo de Cape Coast
- Popo
- Jakin
- Badagri
- Ajudá
- Egbo
- Benim
- Acra
- Lagos
- Velho Calabar
- Elmina
- Offra
- Novo Calabar
- Bonny
- **Costa do Ouro**
- **Golfo do Benim**
- **Costa dos Escravos**
- Loango
- Malembo
- Cabinda
- Ambriz
- Luanda
- Benguela
- Santa Helena
- Kilwa
- Moçambique
- Mahajanga
- Quelimane
- MADAGASCAR
- Lourenço Marques
- Inhambane

Linha do Equador

Oceano Atlântico

Oceano Índico

Trópico de Capricórnio

ÁFRICA — ÁSIA

Havia centenas de locais de fornecimento de pessoas escravizadas na costa africana. Luanda, em Angola, de onde saíram 2,8 milhões de cativos, foi o maior de todos eles. Em muitos desses lugares existiam castelos e fortificações, caso de São Jorge da Mina (ou Elmina), em Gana, onde os escravizados comprados pelos europeus de reis e chefes africanos ficavam estocados à espera dos navios negreiros.

APÊNDICE

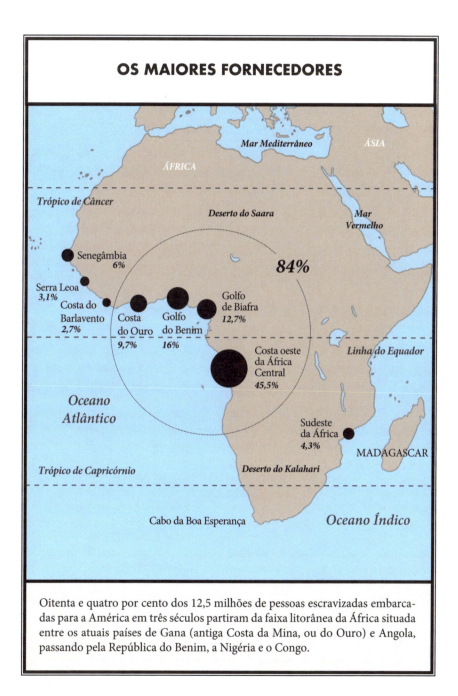

Oitenta e quatro por cento dos 12,5 milhões de pessoas escravizadas embarcadas para a América em três séculos partiram da faixa litorânea da África situada entre os atuais países de Gana (antiga Costa da Mina, ou do Ouro) e Angola, passando pela República do Benim, a Nigéria e o Congo.

Créditos das imagens por página

3. Jean-Baptiste Debret (The Picture Art Collection/Alamy/Fotoarena).
22. Johann Moritz Rugendas (Bridgeman Images/Keystone Brasil).
26. Johann Moritz Rugendas (Niday Picture Library/Alamy/Fotoarena).
29. Johann Moritz Rugendas (Niday Picture Library/Alamy/Fotoarena).
34. Geff Reis/AGB Photo Library.
36. G. Dagli Orti/De Agostini Picture Library/Getty Images.
37. Geff Reis/AGB Photo Library.
40. Oscar Pereira da Silva. *Desembarque de Pedro Álvares Cabral em Porto Seguro*, 1500. Óleo sobre tela. (Domínio público/Acervo Museu Paulista (USP)/Coleção Fundo Museu Paulista – FMP).
44. GL Archive/Alamy/Fotoarena.
46. Alamy/Fotoarena.
48. Jean-Baptiste Debret (agefotostock/Alamy/Fotoarena).
52. Johann Moritz Rugendas (Historic Collection/Alamy/Fotoarena).
53. Johann Moritz Rugendas (Historic Collection/Alamy/Fotoarena).
54. Johann Moritz Rugendas (Historic Collection/Alamy/Fotoarena).
55. Johann Moritz Rugendas (Fine Art Images/AGB Photo Library).
56. Images/Keystone Brasil.
57. Images/Keystone Brasil.
60. Johann Moritz Rugendas (Historic Collection/Alamy/Fotoarena).
61. Johann Moritz Rugendas (Historic Collection/Alamy/Fotoarena).
71. Jean-Baptiste Debret (ART Collection/Alamy/Fotoarena).
79. Johann Moritz Rugendas (Bridgeman Images/Keystone Brasil).
80. Geff Reis/AGB Photo Library.

82. Jean-Baptiste Debret (Pictorial Press Ltd/Alamy/Fotoarena).
83. Augustus Earle (The Picture Art Collection/Alamy/Fotoarena).
85. Thierry Frères a partir de Jean-Baptiste Debret (Acervo da Fundação Biblioteca Nacional).
87. Jean-Baptiste Debret (Geff Reis/AGB Photo Library).
90. Victor Meirelles (Alamy/Fotoarena).
92. Achille Devéria (Bridgeman Images/Keystone Brasil).
98. Peter Lely (Alamy/Fotoarena).
101. Antônio Parreiras (Alamy/Fotoarena).
104. Benedito Calixto (Alamy/Fotoarena).
108. Jean-Baptiste Debret (The Picture Art Collection/Alamy/Fotoarena).
110. Geff Reis/AGB Photo Library.
114. Oscar Pereira da Silva (Acervo do Museu Paulista).
126. Geff Reis/AGB Photo Library.
127. Geff Reis/AGB Photo Library.
128 (superior e inferior). Geff Reis/AGB Photo Library.
129. Geff Reis/AGB Photo Librar).
131. Geff Reis/AGB Photo Library.
132. Geff Reis/AGB Photo Library.
133. Geff Reis/AGB Photo Library.
136 (superior). Jean Leon Gerome Ferris (The Picture Art Collection/Alamy/Fotoarena).
136 (inferior). Aert Anthoniszoon (Niday Picture Library/Alamy/Fotoarena).
137. Heritage Image Partnership Ltd/Alamy/Fotoarena.
140. Granger, NYC (Alamy/Fotoarena).
152 (superior). Johann Moritz Rugendas (Alamy/Fotoarena).
152 (inferior). Acervo do Museu Paulista.
154. Geff Reis/AGB Photo Library.
156 (superior). Jean-Baptiste Debret. *Marimba. Promenade du Dimanche Après Midi* [Passeio de domingo à tarde]. 1826. Aquarela, 17,5 cm x 22,6 cm. MEA 0223. (Horst Merkel/Museus Castro Maya – Ibram).
156 (inferior). Jean-Baptiste Debret. *Le premier élan de la vertu guerrière* [Meninos brincando de soldados]. 1827. Aquarela, 15,3 cm x 21,6 cm. MEA 0300. (Horst Merkel/Museus Castro Maya – Ibram).
157. Geff Reis/AGB Photo Library.
158. Johann Moritz Rugendas (The Picture Art Collection/Alamy Stock Photo/Fotoarena).
167. Marcio Cintra. *Corpo, Alma e Fé - Negros Moçambiques*. 2018. Óleo sobre tela, 150 cm x 180 cm. Acervo particular.
170. Jean-Baptiste Debret (Art Images/Getty Images).

APÊNDICE

173. Geff Reis/AGB Photo Library.
179. The Picture Art Collection/Alamy/Fotoarena.
180. Geff Reis/AGB Photo Library.
182. AKG-images/Fotoarena.
189. Science History Images/Alamy/Fotoarena.
192. Johann Moritz Rugendas (Christie's Images/Bridgeman Images/Keystone Brasil).
203. History and Art Collection/Alamy/Fotoarena.
206. Pedro Américo. *Independência ou Morte*. Óleo sobre tela. 1888. (Museu Paulista).
217. Jean-Baptiste Debret (The Picture Art Collection/Alamy/Fotoarena).
220. Geff Reis/AGB Photo Library.
224. Jean-Baptiste Debret. *Marchand de fleurs et d'amandes de cocos* [Vendedor de flores e de fatias de coco]. 1829. Aquarela, 17,5 cm x 23,2 cm. MEA 0198. (Horst Merkel/Museus Castro Maya – Ibram).
227. Geff Reis/AGB Photo Library.
232. Johann Moritz Rugendas (Bridgeman Images/Keystone Brasil).
235. Johann Moritz Rugendas (Bridgeman Images/Keystone Brasil).
238. Frederick E. Forbes (British Library Board/TopFoto/AGB Photo Library).
242. Classic Image/Alamy/Fotoarena.
244. Dea/G. Dagli Orti/AGB Photo Library.
247. Reprodução de Emeric Essex Vidal. *Imagem panorâmica da cidade de Salvador*. Aquarela. c. 1835-183.
248. Jean-Baptiste Debret (Bridgeman Images/Keystone Brasil).
255. Jean-Baptiste Debret (Bridgeman Images/Keystone Brasil).
256. Jean-Baptiste Debret (Bridgeman Images/Keystone Brasil).
265. Rodolfo Bernardelli, 1885 (circa) (Museu Histórico Nacional/Ibram).
272. Angelo Tommasi. *Gli emigranti*. 1896. Óleo sobre tela, 262 cm x 433 cm. (Archivio Vasari/Mondadori Portfolio/Getty Images).
278. Angelo Tommasi. *Gli emigranti*. 1896. Óleo sobre tela, 262 cm x 433 cm. (Archivio Vasari/Mondadori Portfolio/Getty Images).
281. Victor Meirelles. *Abolição da Escravatura*. 1888. Óleo sobre tela. (Domínio público/Coleção Brasiliana Itaú/Itaú Cultural).
285. Karl-Ernst Papf. *Portraits of the Count and Countess of Eu*. Coleção do Musée Louis-Philippe – Château d'Eu. MLP 1972.118 / MLP 1972.119. (©Musée Louis-Philippe – Château d'Eu).
288. Leemage/Corbis/Getty Images.
291. Leemage/Corbis/Getty Images.
295. Johann Moritz Rugendas (The Picture Art Collection/Alamy Stock Photo/Fotoarena).

Este livro, composto na fonte Mercury Text, foi impresso em papel offset 75g/m², na Eskenazi. São Paulo, julho de 2023.